Rosemary Verey

Der Garten im Winter

Rosemary Verey

Der Garten im Winter

Otto Maier Ravensburg

Dieses Buch ist für meine Gartenfreunde auf beiden Seiten des Atlantik. Ich widme es allen, die ihren Garten auch dann noch schätzen, wenn der Boden schneebedeckt oder gefroren ist; die Frost und den Duft der Winterblüher genießen und die sich an sonnigen Tagen gerne draußen aufhalten. Der Garten im Sommer ist nämlich nur dann schön, wenn die Winterarbeit getan ist.

CIP-Titelaufnahme der Deutschen Bibliothek

Verey, Rosemary:
Der Garten im Winter / Rosemary Verey
[Übers. aus d. Engl.: Susanne Amberger-Ochsenbauer]. –
Ravensburg : Maier, 1989
Einheitssacht.: The garden in winter ‹dt.›
ISBN 3-473-46169-5

Titel der englischen Originalausgabe: "The Garden in Winter"

The Garden in Winter wurde bearbeitet und gestaltet von Frances Lincoln Limited,
Apollo Works, 5 Charlton Kings Road, London NW5 2SB

Übersetzung: Dr. Susanne Amberger-Ochsenbauer
Umschlaggestaltung: Ekkehard Drechsel
Umschlagfotos: Andrew Lawson (vorn), R.C. Balfour (hinten)
Satz: Type&Data Fotosatz, Wangen
Gesamtherstellung: Kwong Fat Offset Printing Co. Ltd., Hong Kong
Printed in Hong Kong

92 91 90 89   4 3 2 1

ISBN 3-473-46169-5

Inhalt

Plädoyer für den Garten im Winter

Die meisten Menschen denken bei der Gestaltung ihres Gartens nur an schönes Wetter. Damit beachten sie aber nur die eine, einfache Hälfte der Sache. Naßkaltes Winterwetter, Eis und Schnee sollten auch bedacht werden. Für einen echten Gärtner ist die Anlage eines Gartens für den Winter eine der größten Herausforderungen. Wenn Ihr Garten im Winter gut aussieht, gehören Sie zu einer kleinen Schar von Menschen, die fähig ist, die Natur des Gartens nach ihrem Willen zu gestalten. Gehören Sie nicht zu dieser Gruppe, dann zeigt Ihnen dieses Buch, wie Sie die Unbilden des Winters – Eis, Schnee und kalten Wind – in Ihrem Garten meistern können. Die meisten Gärtner unter uns lieben das Frühjahr und den Sommer, wahre Gärtner lieben auch den Winter. Lernen Sie Ihren Garten neu kennen, betrachten Sie ihn unter dem Aspekt dieser kalten aber reizvollen Jahreszeit. Sie werden Ihren Garten neu schätzenlernen!

Auch ich mußte die Liebe zu meinem Garten im Winter erst entwickeln. Schon vor vielen Jahren begann ich mir Gedanken darüber zu machen. Ich bemerkte, daß im Winter die Landschaft ausgesprochen attraktiv aussieht, während mein Garten eher tot wirkt. Ich fing an zu beobachten. Mir fiel auf, daß sich Landschaft und Garten mit wechselnder Jahreszeit seltsam wandeln. Im Sommer wirken unsere Gärten mit ihrer leuchtenden Farbenpracht wie in Feststimmung, während die Landschaft mit ihren zahllosen Grünschattierungen und den gelegentlichen Flecken wilder Blüten eher ernst anmutet. Im Winter ist es umgekehrt. Die Landschaft reizt mit ihren Braun- und Grüntönen und mit den leuchtenden Punkten der Beeren in den ansonsten kahlen Hecken. Die Gärten dagegen wirken, bis sich im März das Frühjahr ankündigt, meist kahl.

Der Winter enthüllt die einfache Struktur dieses kleinen Gartens. Im Sommer ist er belaubt und nach innen gekehrt, mit Efeu im zentralen Beet, der über die zum Mittelpunkt des Gartens führenden Backsteinwege kriecht. Im Winter öffnet sich die Anordnung, das Geäst der Laubbäume außerhalb enthüllend. Deutlich abgesetzte Beete, eingefaßt mit Buchsbaum, werden durch einen Mantel aus Schnee hervorgehoben.

Ich wollte im Winter Leben in meinen Garten bringen – Herbst und Frühling sollten sich die Hände reichen. Der Winter sollte als Jahreszeit nicht nur in der freien Landschaft, sondern auch in meinem Garten zu seinem Recht kommen.

Ich erinnerte mich an den Ausspruch des großen Gärtners und Gartenbuch-Autoren Christopher Lloyd: »Ein Jahr ohne einen Winter käme mir gänzlich verkehrt vor. Er ist eine Notwendigkeit, nicht nur ein notwendiges Übel... Es ist eine Vermenschlichung, das Fallen der Blätter und den Beginn des Winters für traurig zu halten: die übliche dumme Art, mit der wir Dinge von unserem eigenen Standpunkt aus betrachten.«

Zunächst mußte ich meine vorgefaßten Meinungen über alles mögliche über Bord werfen – über das Wetter und die Tageszeit, über das Arbeiten im Garten nur dann und wann, über die Pflanzen, die mir gefielen oder auch nicht. Ich mußte lernen, die andersartigen Düfte im Winter zu erkennen, die Farbe und Struktur von Baumrinden zu beachten, Flechten und Moose an den Mauern zu entdecken, die Öffnung von Winterknospen und das Durchbrechen von Zwiebelblumen durch den Boden zu beobachten – zuerst mit den Blättern oder manchmal zuerst mit den Blüten wie beim Winterling. Ich mußte lernen, welche Beeren die Vögel nicht sofort verschlingen, und herausfinden, wo die tief am Himmel stehende Sonne die stärksten Schatten auf den Rasen wirft.

Ich begann zu erkennen, daß die Anlage meines Gartens im Winter sogar noch wichtiger ist als in den anderen Jahreszeiten. Denn man erkennt die Grundstruktur, weil das Auge nicht durch prächtige Blätter oder Blüten abgelenkt wird. Das Gerüst eines Gartens muß deshalb im Winter entstehen. Wege, Hecken, Alleen und Durchblicke werden dann sehr deutlich seine Erscheinung bestimmen. Ich mußte ebenfalls erkennen, daß sich die klare und spärliche Schönheit des Winters deutlich unterscheidet von der Frische der Frühlingsblüte, der Üppigkeit des Sommerflors oder der Vielfalt des Herbstlaubs.

Darüber hinaus lernte ich manches durch die Untersuchung der Pflanzen. Ich begann mir Gedanken darüber zu machen, welche Pflanzen ihren Schmuck – Blatt, Beere oder Blüte – den Winter hindurch behalten würden. Ich entdeckte jene, deren Schönheit nur mit Beginn des Winters erscheint. Dabei hatte ich hauptsächlich gedankliche Barrieren zu überwinden – z.B. die Ansicht, daß Pflanzen entweder nur für den Winter oder nur für den Sommer geeignet sind. Betrachten Sie einmal jeden Baum oder jeden Strauch als ein Gartenelement, das sich über 12 Monate verändert. Dies fordert Überlegung und Phantasie, ist aber sicherlich auch lohnender, als die Tür zum Garten im Oktober zu schließen und sie bis zum darauffolgenden März nicht mehr zu öffnen. Ich lernte, beim Pflanzen in drei Dimensionen zu denken, d. h. Pflanzen in Etagen in die Erde zu setzen. Zwiebelblumen bohren sich durch die Bodenoberfläche oder breiten sich unter Sträuchern aus, an denen Kletterpflanzen emporwachsen. Ich lernte, Pflanzen so im Garten zu plazieren, daß sie sich Jahreszeit für Jahreszeit, Farbe für Farbe und Struktur für Struktur wie Spiegelbilder ergänzten.

Wenn unsere Gärten mehr sein sollen als Gräber, die feierlich an die Schönheit des Sommers erinnern, müssen wir beginnen, unsere Augen zu gebrauchen. Zu oft liegt das Problem darin, daß wir zwar schauen, aber nicht sehen. Es gelingt uns nicht, die Schönheit um uns herum auch im Kleinen zu würdigen. Heute, an einem Tag mitten im Dezember, herrscht glänzendes Licht. Die Luft ist kalt und frisch, der Himmel blau, die Erde schwarz, die Blätter und der Himmel reglos, die Wolken erscheinen als dünner Dunst am Horizont. Die einzige sichtbare Bewegung ist der eilige Flug der Finken, Meisen, Spatzen und gelegentlich des Zaunkönigs; sie sind auf der Suche nach Futter in Büschen und Rabatten. Die Pflanzen der kühl-gemäßigten Breiten sind »nicht nur dem Winter gut angepaßt, sie brauchen diese Jahreszeit sogar und könnten ohne sie nicht existieren. Das armselige Erscheinungsbild, das Rosen in den Tropen abgeben, läßt erkennen, daß Pflanzen wie diese sich ohne Winter selbst verzehren. Andere brauchen die Kälte, um die physiologischen Veränderungen zu vollziehen, die es ihnen ermöglichen, im nächsten Frühjahr die Ruhe zu durchbrechen. Ohne die Kälte sind sie verloren und bleiben für immer im Ruhezustand«. (Christopher Lloyd)

Dann gibt es diese prächtigen Tage, wenn der Boden mit Schnee bedeckt ist. Ich mag den Schnee, besonders in den Augenblicken, wenn ich mit gutem Gewissen im Haus bleiben und von drinnen beobachten kann. Es ist schön, selbst wenn der Schnee dick herabfällt und ich den Garten nur durch einen Schleier betrachten kann.

Am Abend zuvor waren die Wolken schwer geworden. Man ist nicht überrascht, am nächsten Morgen in diesem vertrauten weißen Licht aufzuwachen, das von der Zimmerdecke strahlt und eine Spiegelung des Schneeteppichs von draußen darstellt. Schauen Sie hinaus: Alles ist sauber und rein. Wenn der Schneefall leicht war, heben sich die Konturen der Sträucher und Bäume klar ab. Wenn die Sonne scheint, haben die Schatten klare, starke Umrisse. Es herrscht eine einhüllende Stille; vertraute Klänge werden verschluckt, entfernte Geräusche rücken näher. In den ersten paar Stunden verwischt noch kein menschlicher Fußtritt die Oberfläche. Da und dort sieht man die Spuren eines Kaninchens, Hasens oder manchmal eines Fuchses, die auf der Suche nach dem Frühstück eine Abkürzung durch den Garten genommen haben. Ich versuche intensiv, jeden davon zu überzeugen, sich vom unberührten Schnee fernzuhalten.

Starker Schneefall verändert die Konturen des Gartens. Jeder Strauch ist gänzlich eingehüllt, jeder Baum biegt sich unter der ungewohnten Last. Diese schützende Decke sichert empfindliche Pflanzen vor scharfem Frost und Kälte. Es ist weit besser, sie bleiben bedeckt, als daß der Schnee zu schnell schmilzt und der Saft in den Stämmen gefriert. Aber für mich ist dieser Vorteil zweitrangig gegenüber der Schönheit des Gartens unter dem Schnee.

Frost übt auf mich eine sonderbare Anziehungskraft aus. Der Garten ist reifüberzogen, die Stämme altersgrau behaart und die Blätter durch den Rauhreif scharf umrissen, als wäre ein in Silberbronze getauchter Pinsel mit viel Fleiß um jedes einzelne herumgezogen worden. Die Fetthennen, die Efeublätter, die braunen Samenstände des Brandkrauts *Phlomis fruticosa* haben ihre Farbe nach Silber oder Grau gewechselt. Alles hat ein leichtes und zerbrechliches Aussehen angenommen. An solchen Tagen, wenn das Gras gefroren und der Boden hart ist, sollten Sie nicht auf Ihrem Rasen laufen. Tun Sie es doch, bleiben Ihre Fußtritte zurück; zuerst als Druckstellen im Reif und später als unerwünschte braune Flecken. Natürlich gibt es einige Tage mit tödlichem Frost. Danach werden wir tage- oder sogar wochenlang nicht wissen, ob ein Strauch ihm erlegen ist oder nicht. Wenn ja, wird es stets einer sein, dessen Verlust uns besonders schmerzt.

Sogar der glühendste Verehrer des Winters muß mit regendurchtränkten Tagen rechnen, wo es einem Alptraum gleichkommt, den Elementen zu trotzen. Schlägt dann noch der Wind gegen das Fenster, verspüren nur wenige von uns einen Anreiz zum Hinausgehen. Die Wirklichkeit ist ganz anders. Machen Sie einen Spaziergang, und irgendwie ist der Wind nie so grimmig und der Regen nie so unerfreulich, wie Sie es sich vorgestellt hatten. Sie werden Fasane in ihrem Wintergefieder sehen, Hasen, die sich zwischen den Stoppeln ducken, Clematisranken in den Hecken, Hagebutten und Schlehen inmitten der Gerippe von Disteln und Wiesenkerbel. Wenn Sie nach Hause zurückkommen, werden Ihre Wangen glühen, und Sie werden mit positiver Einstellung an den Tag herangehen.

Ein Bogen aus Eiben entsteht. Rauhreif und winterliches Sonnenlicht bringen den Farbkontrast zwischen den dunklen Eibenhecken im Vordergrund und der silbrigen Weite des reifbedeckten Grases dahinter zur Geltung und betonen einen dramatischen Übergang von einem formalen Garten – komplett mit Statuen – zu einer natürlichen Obstwiese.

Einige von uns werden durch die Elemente tage-, wenn nicht wochenlang zum »Lehnstuhlgärtnern« gezwungen. Aber selbst wenn wir uns vor die Tür wagen können, brauchen wir doch auch Zeit, um unsere neuesten Gartenbücher zu lesen, Kataloge durchzublättern oder Millimeterpapier für neue Entwürfe herauszuholen. Wenn die Tür geschlossen ist und die Vorhänge zugezogen sind gegen die Ablenkung von draußen, können Sie sich Ihren Garten im Abstrakten vorstellen, Pläne schmieden und die Listen von Sommer- und Winterpflanzung zusammenstellen.

Es gibt eine Vielzahl von anderen gärtnerischen Arbeiten, die Sie drinnen in Angriff nehmen können – Ihre Gemüsefruchtfolge kann geplant werden, Blumentöpfe müssen geschrubbt, Etiketten geschrieben werden. Und wenn die Bäume schwanken und sich im Sturm neigen, ist der Tag gekommen, an dem Sie Ihren Windschutz planen sollten.

Als Übung, Ihren eigenen Garten im Winter zu »sehen«, schauen Sie zunächst die Bäume und Sträucher an, die um ihrer Frühlings- oder Sommerblüten willen gepflanzt wurden oder wegen ihrer hübschen Blätter oder ihrer Herbstfärbung. Sie strahlen im Winter einen anderen Reiz aus. Jeder hat seinen eigenen Wintercharakter, mit Knospen von unterschiedlicher Gestalt, Größe, Farbe und Struktur. Die Winterknospen der Birken sind silbrig-braun, dünn und spitz, die der Eberesche *Sorbus sargentiana* rot, dick und klebrig und diejenigen von *Sorbus* 'Embley' dunkelrot und stechend wie Nadeln. Die schwarzen Knospen der Esche sitzen an den Enden ihrer aufwärts strebenden Zweige. Die Blattknospen der Pfingstrose *Paeonia delavayi* sind tiefbraun – falls sie schwarz aussehen, dürften sie abgestorben sein. An Weihnachten erscheinen die Knospen des Flieders überraschend grün. Die Blütenknospen der Parrotia (*Parrotia persica*) sind klein und pechschwarz; im Februar brechen sie dann plötzlich auf, um eine winzige scharlachfarbene Blüte zu entfalten. Die befilzten Knospen der Magnolie *Magnolia* x *soulangiana* 'Lennei', die den ganzen Winter über vorhanden sind, öffnen sich manchmal, um ein paar frühreife Blüten zu zeigen. Sie alle warten gemeinsam auf die wärmeren Tage des Frühlings. Der Zeitpunkt, an dem sie die Farbe ändern oder sich öffnen, wird jedes Jahr unterschiedlich sein – nicht dramatisch, aber mit genug interessanten Variationen, um Ihr Interesse am Schauen, Beobachten und Entdecken aufrechtzuerhalten.

Der Winter mit seinem beißenden Frost bringt auch unerwartete Farben mit sich, z.B. bei den Mahonien, die wir wegen des Winterdufts und ihrer Form pflanzen: Einige ihrer stechenden Blätter färben sich durch die Kälte feuerrot. Auch die geruchlose gewöhnliche Mahonie (*Mahonia aquifolium*) sollte nicht verachtet werden. Sie verdient Bewunderung wegen ihrer dunkel glänzenden Blätter, die im Winter rubinrot werden.

Die tiefstehende Wintersonne vollführt neue Kunststücke mit dem Licht. Haben Sie bemerkt, wie sie die Blätter an den immergrünen Bäumen einfängt? Während der Wintermonate heben die Sonnenstrahlen die Profile der Bäume und Büsche hervor; viele der goldenen Blätter glühen intensiver als im Sommer. Meine vier 'Golden King'-Stechpalmen in der Nähe des Hauses, der etwas entfernte goldene Liguster und der Euonymus, der den Birnbaum emporklettert, sie alle werden durch den Lichteinfall vergoldet, und der Glanz ihrer Blätter wechselt mit der Wanderung der Sonne von Ost nach West.

Im Winter bereichern regnerische Tage die Farben im Garten. Wenn das Wasser in Pfützen auf unregelmäßigem Pflaster steht, ziehen durchweichte dunkelbraune Blätter das Auge an. Die Gartensitze werden dunkler grau oder glänzen silbrig im kargen Sonnenlicht. Auch meine Steinmauern ändern ihre Farbe, wenn sie regengesättigt sind; ihre Flechten und Moose treten dunkler hervor.

Der Winter verleiht den Pflanzen eine außergewöhnliche Farbintensität. Jedes Jahr, in der Mitte des Winters, finde ich plötzlich orangefarbene Juwelen auf dem nassen Weg. Die Samenkapseln der Iris *Iris foetidissima* sind aufgeplatzt und haben ihre Beeren überallhin geschleudert und geschossen – oder hat eine Maus sie davongetragen? Dieses Jahr bemerkte ich zum ersten Mal, hinter den Blättern des gelben Euonymus versteckt, prächtige orangefarbene Beeren mit zinnoberroter Mitte und die ungewöhnlich geflügelten Stämme des Spindelstrauches *Euonymus alata*.

Sogar an trüben, sonnenlosen Tagen sehen die blaßrosa Beeren der Eberesche *Sorbus hupehensis* gegen den dunkelgrauen Himmel wie Blüten aus, und die blaßgrünen Blüten der Nieswurz *Helleborus foetidus* und der Wolfsmilch *Euphorbia characias* scheinen wie mit leuchtender Farbe besprüht. Die hängenden Blütenköpfe der Euphorbie, im Schutz einer Hecke gepflanzt, entfalten kurz ihre auffallenden schwarzen, von Grün umgebenen Tupfen; es ist immer schade, wenn die Blüten dieser Pflanze erfrieren, noch bevor sie Zeit hatten, sich zu öffnen. Immer wieder bezaubert mich in meinem Gemüsegarten der Anblick von Radicchio und Rotkohl. So wird sogar das mühsame Pflücken des Rosenkohls zur Freude.

Sind die flaumigen Samenstände der im Herbst blühenden Waldreben, besonders von *Clematis tangutica*, trocken und scheint die Sonne durch sie hindurch, dann schauen sie aus, als wären sie aus feinsten Federn zusammengesetzt. Perfekt in ihrer Symmetrie warten sie darauf, sich bei einem starken Wind abzulösen und ihre Samen weit zu verstreuen. Pflücken sie eine Handvoll! Sie halten sich in der Vase unverändert. Dagegen werden im Dezember die Samenstände von Phlomis ziemlich hart und ihre Stengel braun und zerbrechlich. Die Steinfrüchte des Efeus durchlaufen eine aufsehenerregende Metamorphose. Eine Woche lang sind sie braun und ihre Fruchtblätter verwachsen; nur ihre vollkommene kugel-

Das Winterlicht erfaßt die fedrigen Samenstände der im Herbst blühenden Waldrebe *Clematis tangutica* und hebt die scharlachorangen Hagebutten von *Rosa rugosa* 'Rubra' hervor. Diese Pflanzen erlauben eine subtilere Verbindung von Farben und Strukturen im Winter, als es ihre Blüten und Blätter im Sommer ermöglichen. Leuchtend gefärbte Hagebutten treten als überraschende Punkte zwischen den sanfteren Schattierungen von Grün, Grau, Braun und Gelb auf.

Wegen seiner positiven Eigenschaften in Duft und Farbe ist der Schneeball *Viburnum* x *bodnantense* einer der besten im Winter blühenden Sträucher. Er trägt von Dezember bis in den Februar doppelte Büschel wohlriechender rosaroter Blüten an seinen laublosen Stielen. Er ist widerstandsfähig und frosthart, und man kann sich darauf verlassen, daß er willkommenen Duft und unerwartete Farbkleckse in den strengsten Monaten des Winters hervorbringt.

förmige Gestalt scheint bemerkenswert. Dann, wenn sie sich öffnen, zeigen sie plötzlich einen Tag lang grüne Streifen; am Tag darauf sind sie ganz grün, mit Ausnahme der fünf braunen, jetzt am Rand gespaltenen Fruchtblätter.

Entscheidend für das Lernen ist es, jede sich abzeichnende Veränderung zu bemerken. Gelingt Ihnen dies, können Sie Ihren Garten attraktiv für den Winter gestalten. Schreiben Sie sich auf, welche Entwicklungen zu welchen Zeitpunkten einsetzen. Beachten Sie dabei die Unterschiede von Jahr zu Jahr. Nach ein paar Jahren werden Sie feststellen, daß Sie Ihren Garten so gut wie Ihren besten Freund kennen. Außerdem macht es Spaß, ein solches Tagebuch zu führen.

Als Lohn für die Aufmerksamkeit für die Veränderungen im Garten während des Winters erfahren Sie, wie die Natur ein Gleichgewicht zwischen pflanzlichem und tierischem Leben herstellt. Samen- und früchtefressende Vögel können ohne ihre natürliche Nahrung nicht überleben; Pflanzen keimen leichter, nachdem ihre Samen von Vögeln verdaut und ausgeschieden wurden, oft in ziemlicher Entfernung von den Elternpflanzen. Jeder profitiert vom anderen.

Ein Garten ohne Vögel wäre in der Tat langweilig. Im Sommer erfreue ich mich an ihrem Gesang und ihren Jungen. Im Winter liebe ich ihren schnellen Flug quer durch den Garten, ihre räuberischen Einfälle in die Hagebutten, ihre plötzlichen Gesangseinlagen, wenn die Sonne auch nur kurz scheint. Wenn die Futtervorräte der Natur knapp werden, unzugänglich in Eis und Schnee, dann scharen sich die Vögel um die Futterhäuschen. Plötzlich erscheinen die ersten Meisen oder Hausspatzen. An wirklich kalten Tagen picken hungrige, ungeduldige Meisen, ihr Recht fordernd, tatsächlich gegen die Fensterscheiben. Es ist aufregend, wenn die unerwarteten Besucher kommen – der Grünspecht, der in der Nähe lebt, oder ein paar Wacholderdrosseln, die, aus den Hecken kommend, »zufällig« auf den Garten gestoßen sind. Manchmal ist ein Vogel dabei, den ich nicht kenne; und dann wird das Vogelbestimmungsbuch herausgeholt.

Ein anderes Vergnügen – im Winter vielleicht überraschender als im Sommer – ist der Duft. Es gibt so viele Sommerdüfte, daß es häufig schwierig ist, einem spezielle Aufmerksamkeit zu schenken. Die Düfte des Winters sind wegen ihrer Seltenheit um so auffälliger; am Mittag nimmt man sie am stärksten wahr, wenn noch Wärme in den Sonnenstrahlen liegt. Überlegen Sie sich die Plazierung duftender Sträucher sorgfältig, denn es gibt nur wenige. Ordnen Sie sie in Ihrem Garten in Abständen an, so daß Sie beim Vorbeigehen einen Duft nach dem anderen genießen können. Bei einigen – wie dem im Winter blühenden Geißblatt und der Winterblüte – weht der Wohlgeruch durch die Luft, andere müssen gepflückt und in der Hand gehalten oder ins Haus gebracht werden.

Es wird oft dazu geraten, im Winter duftende Sträucher in die Nähe des Hauses zu pflanzen, um sie genießen zu können, ohne zu weit in den Garten hineingehen zu müssen. Früher habe ich dies auch getan, halte es heute aber nicht mehr für richtig. Vielleicht ist der wichtigste Grund für die Änderung meiner Haltung, daß die Mehrzahl duftender Sträucher uninteressante, sogar derbe Blätter hat. Es sind die letzten, mit denen man im Sommer herausragende Plätze in Torwegen oder Rabatten nahe dem Haus besetzen würde. Verwenden Sie dort höchstens einen Strauch, mehr nicht. Wir sollten in den Garten gehen, um die Düfte zu finden. Wer weiß, was uns noch auf dem Weg begegnet? Ich liebe es, durch den Teil mit den Sträuchern zu schlendern und an einem Schneeball mit verlockendem Duft entlangzustreifen. Meine zwei Favoriten für Winterduft sind die Schneebälle *Viburnum farreri* und *Viburnum* x *bodnantense* – wunderbare Sträucher für den Wildgarten wie für das Strauchbeet, wo man sie als Gerüst für sommerblühende Clematis benutzen kann.

Es gibt noch einen anderen, leicht einsehbaren Grund dafür, daß Sie Ihre Winterduftpflanzen im ganzen Garten pflanzen können und nicht direkt am Haus: Im Sommer duftende Pflanzen können dadurch Freude bereiten, daß ihr Geruch durch die offenen Fenster ins Haus weht. Aber wer möchte schon die dabei im Winter einfallende kalte Luft um des Duftes willen in Kauf nehmen? Besser, Sie schneiden einige Zweige, bringen sie ins Haus und lassen die Fenster geschlossen.

Immergrüne Pflanzen haben ihr eigenes Aroma. Zerreiben Sie ein Blatt des Lebensbaumes *Thuja plicata*, und ich garantiere Ihnen, Sie werden an Petersilie erinnert. Eiben haben ihren speziellen, fast mysteriösen Geruch. Gehen Sie durch einen Kiefernwald, schließen Sie Ihre Augen, und Sie können sich vorstellen, gerade ein Bad in Latschenkiefernöl zu nehmen. Streifen Sie an einem trockenen Tag einen Rosmarinstrauch, um den Geruch freizusetzen; an einem regnerischen Tag wird die Strohblume *Helichrysum italicum* (syn. *H. angustifolium*) Sie an Curry erinnern.

Ganz abgesehen von den Pflanzendüften hat der Winter seine eigenen typischen Gerüche. Nebel zum Beispiel – in diesen Morgenstunden, wenn die Luft schwer ist, dick und dunstig, erscheint uns seine Feuchtigkeit noch durchdringender als Regen. Aber, was ich am liebsten mag, ist der Geruch des Bodens, eines schweren braunen Bodens, gut gedüngt oder bedeckt mit Lauberde. Die Düfte des Winters sind bald frisch und leicht, bald schwer und süß. Ein Duft, an den wir uns alle seit Kindertagen erinnern, ist der rauchige, holzige Geruch des Funkenfeuers. Es ist ein Kampf, ein Funkenfeuer in Gang zu bringen und es durch dauerndes Schüren am Glimmen zu halten. Der unvergeßliche beißende Rauch steigt uns in die Nase.

Mir macht es Freude, im Winter etwas im Garten zu finden, mit dem ich mein Haus dekorieren kann. Zu Beginn des Winters ist diese Aufgabe einfach. Der Herbst dehnt mit Geschenken wie Beeren, Samenständen und den letzten noch vorhandenen Rosenblüten, Penstemonarten, Astern, Liriope und den wundervollen Stiefmütterchen und Veilchen seinen Einfluß aus. Aber was, wenn der Frost schließlich diese Blumen vernichtet hat? Soll es bis ins Frühjahr nichts geben? Es macht Spaß, hinauszugehen und einen Blumenstrauß zu pflücken. Er sieht um diese Jahreszeit bescheiden aus, doch ist er aus dem eigenen Garten – und das zu einer Zeit, in der Blumen in der Landschaft und in den Gärten anderer Leute rar sind. Weil eine einzelne Blüte im Winter genau soviel wert ist wie ein ganzer Strauß davon im Sommer, besteht ein ganz wesentlicher Teil meiner Vorrede aus der Bitte an Sie, so viele Winterblüher wie nur möglich in Ihrem eigenen Garten zu pflanzen.

Der Garten wird sich sicher von Winter zu Winter und von Land zu Land unterscheiden. Ich bin mir wohl bewußt, daß in vielen Teilen Europas der Winter länger und kälter ist als bei uns in Großbritannien – der Schnee tiefer, der Zeitpunkt des Tauens dramatischer und der Beginn des Frühjahrs schneller. Ich denke, daß die Aufgabe, meinen Garten während des Winters zu pflegen, viel einfacher ist als die anderer Gartenfreunde. Aber wenn Gott das Wetter standardisiert hätte, wäre die Hälfte der Freude am Gärtnern verlorengegangen.

Raum, Struktur und Muster

Wenn Sie einen Garten betreten, der im tiefsten Winter in gutem Zustand ist, werden Sie erkennen, daß dies auf die Einteilung in Bereiche, auf die Muster, die durch Wege und Mauern gebildet werden, auf die Gestalt der Sträucher, die Schatten der Immergrünen und die Silhouetten der Baumstämme und -zweige zurückzuführen ist. Das ist die Art von Garten, den Sie an Wintertagen von Ihrem Fenster aus genießen können. In ihm werden Sie beim Arbeiten Ihre Freude finden, während Sie das Schwellen und Öffnen der Knospen an den Sträuchern beobachten. Lassen Sie uns hoffen, daß das Wetter uns beides erlaubt.

Will man einen Garten so anlegen, daß er auch im Winter reizvoll bleibt, dann sollte man sich einen übergreifenden Rahmenplan, einen Grundriß und ein Pflanzschema erarbeiten. Der Rahmen wird durch die vertikalen Elemente bestimmt – Hecken, Mauern und Bäume – der Grundriß durch Wege, Gestalt der Rabatten und Rasenbereiche. Das sind die überdauernden Merkmale, die mehr oder weniger in jeder Jahreszeit gleichbleiben, deren Charakter aber während des Winters, wenn die Farben weniger ablenken, deutlicher hervortritt. Natürlich muß diese Struktur des Gartens auch hinsichtlich ihrer Wirkung im Sommer geplant werden.

Recht treffend werden meine Gedanken von Sir Roy Strong wiedergegeben, dem ehemaligen Direktor des Londoner Victoria und Albert Museums und passionierten Gartenfreund: »Was mich am winterlichen Garten fasziniert, ist, daß er den wahren Test für den Gartengestalter darstellt. Ohne Laub und Stauden steht oder fällt der kompositorische Wert eines Gartens mit den zugeschnittenen Immergrünen, den Bäumen und Sträuchern und der exakten Standortwahl für Statuen, Urnen und Durchsichten. Man wird daran erinnert, daß die Gartenkunst, als sie während der manieristischen Phase der Renaissance aufkam, in ihrer Wirkung nicht von Blumen ausging. In gewisser Hinsicht wirkt der Garten wie eine Kirche in der Fastenzeit. Ohne ihre Einrichtungsgegenstände, ohne von Verzierungen abgelenkt zu werden, konzentriert sich das Auge wieder auf die Reinheit der Architektur.«

Diese Winteransicht enthüllt die Einzelheiten seines für alle Jahreszeiten geeigneten Aufbaus. Eine Schneedecke akzentuiert die symmetrische Anordnung der immergrünen Hecken, die die achsenförmigen Wege säumen und jeden Gartenraum einschließen. Eine Fülle von Blüten und Blattfarben in den Sommermonaten versprechend, bilden aufrechte laubabwerfende Sträucher eine perfekte Ergänzung für eine streng formale Anlage.

Die Art, wie der Raum in einem Garten aufgeteilt ist, entscheidet grundlegend über sein Aussehen. Wollen Sie ihn mit festen Trennelementen wie Mauern und Hecken untergliedern, oder mit einem Spalier, verflochtenen Bäumen, einer Gruppe von Sträuchern oder einer steinernen Kolonnade? Verflochtene Bäume sind Hecken auf Stelzen, mit einem Muster von Stämmen, zwischen denen Sie hindurchsehen und -gehen können (s.S.42); eine Kolonnade bildet eine ähnliche Einteilung. Mauern und Hecken ohne Ein- und Ausgänge schneiden den Blick vollständig ab. Andere Elemente erhalten die Spannung oder erlauben flüchtige Blicke dahinter. Die Entscheidung liegt bei Ihnen.

Ein erster Eindruck bleibt oft noch erhalten, wenn andere schon verblaßt sind. Seit ich 1960 begann, meinen Garten neu zu gestalten, habe ich viele andere Gärten besichtigt. Den Eindruck eines bestimmten Gartens vergesse ich nie. Ich habe mich an alle Lektionen erinnert, die er mich gelehrt hat.

Deutlich erinnere ich mich an einen kleinen Garten. In ihm gab es einen Platz, einen Zwischenraum, eine Allee und einen Obstgarten, und dies alles auf einer Fläche von nicht mehr als etwa 18 Quadratmetern. Der Garten bestand aus einem schmalen Streifen, flankiert von Hecken, die sich am Ende in eine Ausbuchtung öffneten. Jedes Element war in sich geschlossen, jedes hatte seinen eigenen Charakter. Der Besucher wurde sanft von einer Stimmung zur anderen geführt. Ich besuchte ihn im Hochsommer, doch es war deutlich, daß das Design und die Pflanzung auch für den Winter angelegt waren. Der kleine Platz hatte einige Immergrüne und Muster aus einer Buchseinfassung, der nächste weckte das Interesse durch hübsches Pflaster und ein paar Kräuter, die Allee war aus glänzenden grünen Stechpalmen gebildet und der Obstgarten aus sorgfältig geschnittenen Bäumen. So klein der Garten war, man hielt ihn für geräumig.

Ein weiteres Bild habe ich deutlich im Kopf: Von einem Vorgarten aus, der einladend bepflanzt war, spazierte man zur Seite des

Oben: Ein schmiedeeisernes Tor in einer dichten immergrünen Hecke erlaubt einen flüchtigen Blick in diesen schneebedeckten Garten.

Rechts: Der Winter erweitert die Perspektive. Vom Knotengarten quer hinüber zur Seite des Hauses treten in einiger Entfernung die Eiben deutlich hervor, während im Vordergrund kugelig geschnittene 'Golden King'-Stechpalmen Winterfarben und -formen liefern.

Landhauses. Zunächst stieß man auf eine kleine Fläche von Buchs eingefaßten Beeten. Sie waren voll von Sommerblumen. Ich kann mich nicht mehr erinnern, welche es waren – es war der Gesamteindruck, der mich ergriff. Kletterpflanzen wuchsen die Hauswand empor. Und immergrüne Sträucher und Hecken waren so gepflanzt, daß sie den Garten von der Dorfstraße her versteckten. Alles hatte den gleichen Maßstab – der Zwergbuchs, die kleinen Beete, deren Größe mit der des Hauses harmonierte. Zwischen den Beeten gab es enge, gepflasterte Wege und einen Sitzplatz. Er bildete einen Mittelpunkt. Er diente abends als Platz zum Draußensitzen. Ein grober Steinbogen in der Mitte einer Rosenhecke führte in den nächsten Teilbereich, diesmal ohne strenge Formen. Er unterschied sich im Charakter: zum Überquellen mit Blumen gefüllt, mit einem Weg, der sich in Schlangenlinien zwischen zufällig eingeteilten Beeten hindurchwand. Der Inhalt, nicht die Form, waren hier das Wesentliche. Im Winter wäre dies ein Ort gewesen, den man, ohne ihn zu beachteten, einfach durchquert hätte, um unter einem weiteren Torbogen hindurch in einen eindrucksvollen Quergang zu kommen – hohe Stechpalmen auf der einen Seite und eine Reihe aus Weißdorn, kugelig zugeschnitten, auf der anderen. Dies war die Begrenzung des Gartens. Wenn man nach rechts auf die Stechpalmen zuging, eröffnete sich ein weiterer, deutlich abgegrenzter Bereich. Hier umschloß eine Hecke oder ein Zaun eine Wiese mit Obstbäumen und Rosen.

Meinen Garten habe ich weniger als eine Aneinanderreihung von Räumen im Freien, sondern eher als ein weiträumiges Haus aufgefaßt. Er ist von Mauern und Hecken umgeben. Die Trennlinien zwischen den einzelnen Bereichen werden durch niedrige Ziergartenrabatten, unterbrochen durch hohe Sträucher, durch offene Gitter und durch verflochtene Linden gebildet. Man hat das Gefühl, von einem Bereich zum anderen zu gehen, ohne feste Begrenzungen überwinden zu müssen. Haben im Herbst die Sträucher ihre Blätter verloren, wird die Anlage sogar noch offener – die Durchblicke werden breiter und der Überblick umfassender. Die Immergrünen treten deutlicher hervor – besonders die Eiben, die im zentralen Blickfeld des Hauses liegen. Hinter ihnen wirkt der weiße Stamm einer Sandbirke wie ein exakt gesetztes Satzzeichen. Durch das feine Netzwerk seiner Zweige scheint der Blick weiter und weiter zu gehen. Die Gitter sind im Sommer mit Kletterpflanzen bewachsen. Im Winter bilden sie die Abgrenzung zwischen Teichgarten und Parterre. Durch den kleinen klassischen Tempel in der einen Richtung und durch die Lindenallee und den Goldregengang in der anderen entstehen überraschende Ansichten. Der Naturgarten ist durch einen mit Rosen bepflanzten Bereich abgesondert.

Der Garten von Sir Roy Strong ist auf einem Feld in Herefordshirc angelegt. Er entwickelte sich über einen Zeitraum von 12 Jahren. Eine Serie von Fotografien, die jedes Jahr gemacht wurden, zeichnet die Entwicklung der Hecken und Formbäume auf – denn das ist es, woraus der Garten gänzlich besteht. Sein Design betont Geometrie und Architektur. Es basiert auf Gärten aus dem 16. Jahrhundert, in denen harte Oberflächen, Treppenstufen, Terrassen, Statuen und Urnen, gestutzte Hecken und Formbäume tonangebende Strukturelemente waren. Ein großer Teil der Gärten wurde auf Papier entworfen, aber Strong entwarf seinen »Serpentine-Walk«, indem er ihn in weißer Farbe auf das ungemähte Gras malte. Durch die formale Anlage werden auf Schritt und Tritt andere Ausblicke von der Hauptallee aus eröffnet, und neue Überraschungen erwarten Sie, wenn Sie einen kurzen Blick durch eine Lücke in der Hecke in einen kleinen verborgenen Garten werfen. Der ganze Ort strahlt etwas Mysteriöses aus, hervorgerufen durch seine geschlossenen Bereichc, auf die man unvermutet trifft. Verschiedene Gefühle bedrängen einen, wenn man von einem dieser abgeschlossenen Plätze zum nächsten geht – eine Allee entlang oder auf einen Ausblick zu, im flachen Gelände oder bergauf.

Die Hecken der Hauptallee aus dunklen Eiben sind im Abstand von etwa zwei Metern gepflanzt, an den Seiten öffnen sich Gartenbereiche mit abfallenden Stufen, betont durch sorgfältig plazierte Urnen und durch Taxushecken, die sogar in »Stufen« geschnitten sind. Das abrupte Ende der Allee wirkt überraschend. Man erwar-

Links: Sogar im Winter werden die Perspektiven in diesem Garten unterbrochen. Hecken lassen eine Reihe von Räumen im Freien entstehen, wie eine Serie von Bühnenbildern, von denen jedes die Ausstattung für eine andere Szene liefert. Der Garten wird von Lorbeer, durchsetzt mit Koniferen, eingefaßt. Ein Backsteinweg durchkreuzt den Garten, mit einem Kreis aus Bruchsteinen in der Mitte, der eine Sonnenuhr trägt. Im Frühjahr und Sommer reicht die Farbpalette von Weiß gesprenkelt mit violetten Schattierungen bis Purpurrot, aber der Garten ist so geplant, daß er das ganze Jahr hindurch einen guten Eindruck hinterläßt.

Oben: Immergrüne Hecken ergeben einen dauerhaften Hintergrund für sorgfältig plazierte Skulpturen.

tet dort das Tor zum Paradies; statt dessen steht dort eine bequeme Bank, auf der man seinen Gedanken nachhängen kann. 1987 wurde die Hecke durchschnitten, um den Ausblick zu erweitern und einen weiteren Gang zu schaffen, hinab in einen neuen Garten mit kontrastierender, formloser, natürlicher Anpflanzung, das herbeigesehnte Paradies.

Die Hecken in diesem Garten bestehen meist aus Eiben, manchmal Buchen, gelegentlich Lorbeer und Zypressen, alle leicht zu schneiden und zu gestalten, alle immergrün mit Ausnahme der Buche, deren gelbbraune Blätter an windigen Wintertagen rascheln.

Ihr eigener Garten wird seine Ordnung in Abhängigkeit von der Größe, den Untergliederungen und der Ausstattung entwickeln. Diese wird neben Ihren persönlichen Vorlieben den Grundtenor Ihrer Planung bestimmen. Genau wie in der Architektur, wo beispielsweise Größe und Anzahl von Fenstern in einer harmonischen Beziehung zur Fläche der Wände stehen sollte, muß das Verhältnis zwischen bepflanzten und unbepflanzten Flächen im Gleichgewicht gehalten werden.

Gärten, die im Winter in einem interessanten Zustand erscheinen, entstehen nicht durch Zufall. Sie sind das Ergebnis von Entwürfen, die zunächst auf Papier skizziert, dann betrachtet und vervollkommnet wurden. Ich glaube, die Gärten, die langsam entstehen, sind die besten. Man denkt sich Entwürfe aus, beobachtet die Veränderung der Räume und Muster, nimmt teil an seiner Entwicklung. Und darin besteht ein wesentliches Moment der Freude an einem Garten.

Oben: Das schwarze Geäst der Eichenzweige bildet eine klare Silhouette vor dem Winterhimmel. An milden Tagen bietet allein das komplizierte Muster der bloßen Zweige schon einen imposanten Anblick, aber unter einem Mantel aus Reif ist die Wirkung atemberaubend – die kleineren Zweige wirken wie Blütendolden gegenüber den dunklen Linien des älteren Holzes.

Rechts: Im Winter steht die Sonne tiefer am Himmel, und die Schatten wirken am Nachmittag am dramatischsten. Die feingliedrigen Silhouetten dieser Bäume mit ihren aufwärts strebenden Zweigen werfen zu dieser Tageszeit lange, dunkle Schatten nach Osten. Ihre schwarze Färbung tritt durch das Fehlen ablenkender Blatt- und Blütenfarben um so stärker hervor.

SILHOUETTEN UND SCHATTEN

Mit der Gartenkunst verhält es sich wie mit jeder anderen Kunst: Sie lehrt, aufmerksam zu sein, Pflanzen zu betrachten und sich an sie zu erinnern, so daß deren Gestalt in Gedanken klar vor Augen steht. Es ist wichtig, ein solches Gedächtnis zu pflegen. Es ermöglicht, die Nachbarn für Bäume und Sträucher besser auszuwählen oder, wenn sie freistehen sollen, sich ein Bild von ihren Silhouetten und Schatten zu machen und sie entsprechend einzuplanen.

Die Silhouetten der Bäume treten in der niedrigstehenden Sonne im Winter klar umgrenzt vor dem Himmel hervor. Wenn ich unterwegs bin, versuche ich oft, einen Baum an seinen Umrissen zu erkennen. Ulmen, Eichen, Eschen und Buchen haben ihren charakteristischen Habitus. Dieser wird durch die Art bestimmt, wie ihre Zweige vom Stamm aus nach oben, horizontal oder nach

Rechts: Eine solche Ansammlung von Koniferen erscheint im Sommer gleichförmig und uninteressant, aber durch den Dunst eines frostigen Wintermorgens schaffen die Silhouetten, der Wechsel in Höhe und Gestalt und die sanften Abstufungen von Grau und Grün Mannigfaltigkeit und Farbe. Das sichelförmige, hügelige Beet mit Heidekraut und Koniferen bildet einen ungewöhnlichen Anblick.

Unten: Es scheint an Zauberei zu grenzen, daß die Samenstände von Phlomis auf ihren feinen, zerbrechlichen Stengeln das schlimmste Winterwetter überleben, aber sie bleiben sogar nach einem Schneefall aufwärts gerichtet und unverletzt. Ihre warme, braune Farbe bildet einen starken Kontrast zum schneebedeckten Boden.

unten wachsen. Das gleiche gilt für die Bäume und Sträucher in unseren Gärten.

Die Gestalt der Bäume, die Sie auswählen, wird den Garten beherrschen, sie bestimmen die Entfernungen zu anderen Anpflanzungen, und sie bilden den Mittelpunkt für die Gesamtanlage Ihres Gartens. Der Gartengestalter David Hicks empfiehlt, bei der Entscheidung, welche Art von Silhouette – hängend, horizontal, aufrecht – an welcher Stelle des Gartens paßt, Schwarzweißfotos zu Hilfe zu nehmen. Legen Sie Transparentpapier darüber und zeichnen Sie Ihre Pflanzideen nach. Sie werden sofort sehen, was wo am besten wirkt. Setzen Sie diese Methode auch für die Planung anderer Elemente ein: den Standort von Bäumen, für wichtige Sträucher, für die Konturen neuer Beete und den Verlauf neuer Wege.

Es mag sein, daß Sie in Ihrem Garten Bäume mit einer breiten Krone bevorzugen, wie viele Ahornarten sie haben. Sorbusarten besitzen breite bis runde Kronen; runde Kronen bieten Weißdorn (*Crataegus*), Lederhülsenbaum (*Gleditsia triacanthos*) und die meisten der Kirschen- und Apfelarten. Einige der Apfelbäume – darunter *Malus* 'Golden Hornet', 'Red Jade' und 'John Downie' – sind oft so mit Früchten überladen, daß ihre Zweige nach unten hängen, obwohl sie normalerweise runde Kronen bilden. Als immergrünen Baum mit runder Krone würde ich die Steineiche (*Quercus ilex*) wählen, gezogen auf einem 90 bis 120 cm hohen Stamm und dann laufend in Form geschnitten. Die immergrüne Portugiesische Lorbeerkirsche (*Prunus lusitanica*) kann genauso behandelt werden.

Die Auswahl an Bäumen mit hängenden Zweigen ist kleiner, aber alle sehen im Winter wegen ihrer Umrisse gut aus. Die Sandbirke (*Betula pendula* 'Youngii') wächst kuppelförmig, mit Zweigen, die den Boden erreichen können. Die Zwergmispel *Cotoneaster* 'Hybridus Pendulus' hat steife, starke Zweige und einen üppigen Behang roter Beeren. Die Purpurweide (*Salix purpurea* 'Pendula') besitzt einen schmalen Habitus und attraktive, purpurfarbige, vertikal hängende Zweige. Die purpurblättrige Form der Hängebuche bildet einen dicken Umhang aus Ästen und Zweigen, der sogar im Winter ein gutes Versteck für Kinder abgibt. Ein passender Platz zum Pflanzen von Frühlingszwiebeln findet sich unter den Zweigen der Zierkirsche *Prunus* x *yedoensis* 'Perpendens'. Weder diese Prunusart noch andere hängende Kirschen kommen bis zum Frühling zum Blühen, aber beide haben im Winter eine charakteristische Gestalt.

Säulen- und pyramidenartige Baumformen gibt es in großer Zahl, sowohl immergrüne als auch laubabwerfende. Es ist schwer, Immergrüne auszuwählen, ohne sie irgendwo wachsen gesehen zu

haben. Koniferen beispielsweise variieren stark in Farbe und Dichte. Es empfiehlt sich deshalb, entweder einen Botanischen Garten oder einen anderen für die Öffentlichkeit zugänglichen Garten aufzusuchen, in dem die Bäume mit Namen versehen sind. Der Vorteil aufwärts gerichteter Baumformen ist die geringe Bodenfläche, die sie bedecken. Ich empfehle Ihnen die Pyramidenpappel, einen hohen Baum für eine etwas entferntere Pflanzung oder als Begrenzung, die Balsampappel wegen ihres Duftes und den Spitzahorn (*Acer platanoides* 'Olmsted') wegen seiner aufrechten grünen Säule im Sommer.

Von den immergrünen Sträuchern mit attraktiven Silhouetten würde ich den Kirschlorbeer *Prunus laurocerasus* 'Marbled White' und die niedrige, kompakte Sorte 'Otto Luyken' vorschlagen, außerdem die kuppelförmige Duftblüte *Osmanthus decorus* (syn. *Phillyrea decora*) und die rundliche Strauchveronika (*Hebe rakaiensis*), deren symmetrische Gestalten dem Wintergarten Form geben und die an vielen Stellen verwendet werden können, wo ein Abschlußpunkt oder ein anderer Akzent gesetzt werden soll.

Als laubabwerfende Sträucher mit besonderen Silhouetten und interessantem Geäst sind der Schneeball *Viburnum plicatum* 'Mariesii' und der Hartriegel *Cornus controversa* zu empfehlen, beide mit horizontal wachsenden Ästen. Aufwärts strebende Äste, die eine deutliche vertikale Linie ergeben, bieten die Silberweide *Salix alba* 'Britzensis' (syn. *S. a.* 'Chermesina') und *S. alba* ssp. *vitellina*, wenn man sie bis nahe zum Boden kappt.

Einige Bäume und Sträucher sind wie manche Menschen – sie haben keine gute Figur. Zu den laubabwerfenden Sträuchern, die nicht gerade modellhaft gebaut sind, gehören Deutzien, Weigelien, Kolkwitzien und der Schneeball *Viburnum* x *bodnantense*. Die Winterblüte (*Chimonanthus praecox*) hat gelbe Blüten und wächst schnell, jedes Jahr um 60 bis 90 cm. Sie sollten sie nahe am Haus pflanzen, um ihren Duft im Vorbeigehen einzufangen. Leider ist sie aber im Sommer nicht gerade einer der elegantesten Sträucher. Ihr ausladendes Erscheinungsbild im August und September läßt sich mildern, indem ihr eine Clematis zugesellt wird, die jedes Jahr einen starken Schnitt erfordert. Ich bin ständig dabei, neue Plätze für spätblühende Clematis zu suchen. Verbannen Sie diese Sträucher nicht aus Ihrem Garten, sondern plazieren Sie sie dort, wo sie mit ihren Nachbarn verschmelzen können. Nutzen Sie die gefälligen Formen als Hauptfiguren und pflanzen Sie diese entschlossen in die erste Reihe.

Schatten können eindrucksvoller wirken als die Objekte, von denen sie ausgehen. Ein hoher Spalierzaun und die Silhouette eines einzelnen Baumes bilden eine ungewöhnliche Kombination, aber es sind die von ihnen ausgehenden Schatten, die das Spaliermuster gegenüber den knorrigen Baumästen zur Geltung bringen.

Winterschatten sind augenfälliger als die Schatten des Sommers – lang, weil die Sonne tief steht. Sie spielen eine wichtige Rolle im Schauspiel des winterlichen Gartens. Sie unterscheiden sich zu Beginn und am Ende des Tages in Gestalt und Richtung, in Intensität und Schärfe der Umrisse. Ihre Intensität wird durch das Material, auf das sie fallen – Steinpflaster, Backsteine, Kies oder Gras –, beeinflußt. Thomas D. Church, ein amerikanischer Gartenbuch-Autor, faßte einmal die Spiele der Schatten so zusammen: »Ob Laub-, Nadel- oder immergrüner Baum, ihre Schatten sind mittags weich und gedrängt, aber lang und dramatisch bei Sonnenuntergang – sie bieten willkommenen Schutz und interessante Muster.«

Einer meiner Freunde ist gerade dabei, aus dem Gelände an seinem neuen Haus einen Garten zu machen. Als ich dort war, plante er gerade, hohe, freistehende Bogengänge in drei Himmelsrichtungen aufzustellen – Ost, Süd und West –, um Schattenwurf in Richtung des Hauses und der Blumenbeete zu haben. Dreimal täglich werden die Bögen als Schatten auf dem Boden erscheinen und die Form der Blumenbeete hervorheben.

Eine Freundin plante einen »natürlichen« Teich und entschied sich, ihn in der Nähe eines großen Bergahorns anzulegen. Eines Abends überlegte sie, welche Größe der Teich haben sollte, als sie sah, daß der Schatten des Bergahorns genau auf den richtigen Platz fiel und einen perfekten Umriß skizzierte.

John Ruskin hatte keine Zweifel an der Bedeutung der Schatten. Er schrieb 1854: »Sobald die Sonne scheint, sind sie in Wahrheit die auffallendsten Erscheinungen in einer Landschaft.« Ruskins Beobachtung wurde mir eindringlich bewußt, als ich durch einen Eibentunnel ging. Welche Überraschung, als ich aus dem gedämpften Licht in die Wärme und den Sonnenschein hinaustrat!

An klaren Wintertagen sind die Schatten schärfer. Sie kommen richtig zur Geltung, wenn der Boden schneebedeckt ist. Unsere Lindenallee führt von Nordost nach Südwest. Wenn ich nach dem Frühstück in sonnigen Morgenstunden vom Tempel hinüber zum Springbrunnen blicke, liegen die Schatten flach über dem Gras und zeichnen ihr eigenes Bühnenbild. Bis Mittag hat sich die Sonne über die Bäume erhoben, und der Zauber ist verschwunden. Die Eiben, die am Weg entlang stehen, im rechten Winkel zur Lindenallee, werfen Schatten, die zuerst in die eine Richtung fallen und am späten Nachmittag in die andere.

Sehen Sie sich die Schatten in Ihrem Garten an. Sie werden sie überall entdecken. Einige sind zufällig entstanden, andere wirken wie geplant. Eine Pergola ohne die Blätter ihrer Kletterpflanzen

Oben: Ein beeindruckender Weg in Form einer doppelten Allee: ein Grasweg, flankiert von verflochtenen Linden und Eiben. Im Frühjahr stoppen Tausende blasser Narzissen den Schritt, aber im Winter hat man das unwiderstehliche Gefühl, bis zur Urne, die vor einer Kulisse aus dunkelsten Immergrünen steht, durchgehen zu müssen.

Rechts: Der Winter enthüllt die Struktur des Gartens. Es zeigen sich sorgfältig und geschickt ausgewogene Proportionen. Vor einem Hintergrund aus uralten Eiben wurde eine hohe Buchenhecke streng geschnitten, um den Eindruck einer Mauer zu erwecken; Bögen verbinden sie mit einer äußeren Hecke aus immergrünen Formsträuchern. Sanfte Schatten fallen auf die Statuen, die den Eingang zu einem der Hauptwege markieren.

wirft natürlicherweise Schatten in einer gleichmäßigen Reihe von Kreisen. Ein durchbrochenes Holz- oder Eisentor zeichnet ein kompliziertes Muster auf den Boden. Ein chinesisches Chippendale-Geländer erzeugt auf dem Boden der Brücke ein bemerkenswertes Bild.

ALLEEN UND DURCHBLICKE

Alleen und Durchblicke sind die Elemente des Gartendesigns, die den Garten in die Landschaft integrieren. Sie bestimmen den Blick auf den Garten und aus ihm heraus. Alleen sind wie Gürtel – sie binden die Bestandteile eines Gartens zusammen. In einem

kleinen Garten haben sie die gleiche Funktion wie ein Korridor in einer Wohnung. In einem großen bilden sie die Grundlinien der Anlage. Durchblicke zeigen die versteckte Fülle des Blickfeldes – die Ansichten, die niemand in einem Garten vermutet hätte. Sie tun sich bald hier, bald dort auf, um die Landschaft außerhalb des Gartens oder andere Bereiche im Garten dem Blick zu öffnen.

Lord Buchan lenkte meine Aufmerksamkeit auf Durchblicke und Alleen und auf den Unterschied zwischen ihnen. Als er mit mir einen Rundgang durch meinen Garten machte, meinte er beiläufig: »Ich finde es schön, wie Sie Durchblicke innerhalb Ihrer Beete gestalten.« Ich mußte erst überlegen, was er meinte, bis ich erkannte, daß sich seine Aussage darauf bezog, wie ich es hohen Pflanzen erlaubte, sich vor niedrigen zu etablieren. Wir machen das wahrscheinlich alle, bis wir mehr über den Habitus und die Höhe von krautigen Pflanzen und Sträuchern gelernt haben. Traditionsgemäß werden Pflanzen in Beeten der Höhe nach gestaffelt, mit den niedrigsten im Vordergrund. Meine Pflanzung war nicht sehr gut durchdacht, und so entstanden manchmal Durchblicke zum Hintergrund des Beetes.

Diese zufällige Bemerkung veranlaßte mich zum ersten Mal, über Durchblicke und Alleen nachzudenken. Ich fragte mich, was die beiden unterscheidet. Eine Allee ist ein regelmäßiges Gebilde. Sie ist ein Weg, normalerweise flankiert von symmetrisch gepflanzten Laubbäumen oder Immergrünen, manchmal auch von getrimmten Hecken. Sie hat einen Ein- und Ausgang, der von einem Bereich in einen anderen und oft von einer Hauptachse zur nächsten führt. Sie kann in einem Blickfang enden, den Betrachter in eine andere Richtung lenken oder einfach einladen, in die Ferne hinauszugehen. Ich halte es für einen Mangel an Phantasie, eine Allee mit einer Mauer und einer Kletterrose zu beenden.

Ein Durchblick kann abgegrenzt sein – entlang einer Allee – oder ohne strenge Formen zustande kommen. Eine Allee ist immer gerade und relativ eng, wogegen ein Ausblick breit oder schmal sein kann. Er kann sich auf einen einzelnen Mittelpunkt konzentrieren oder sich in die Landschaft hinaus öffnen. Der Blick kann direkt zu ihr führen oder zufällig unterbrochen sein. Er kann sich auf den Innenraum des Gartens beschränken oder die Landschaft mit einbeziehen. Alleen werden durch den Winter in ihrer Wirkung verstärkt, wogegen Durchblicke etwas von ihrem Einfluß verlieren. Im Sommer wird die strenge Form einer Allee durch die Blätter gemildert, ihr Grün ist nur eines unter vielen anderen. Im Winter fungiert das weiche Rasenband einer Allee als Kontrast zu den braunen laublosen Wänden; wenn die Hecken immergrün sind, ist der architektonische Einfluß der Allee um so stärker. Durch- und Ausblicke jedoch leiden, denn sie haben ihr Überraschungselement eingebüßt – der Blick wird nicht mehr gefesselt, wenn jeder Baum und jede Hecke durchschaubar wird. Die Landschaft ist dem Blick vollständig geöffnet.

In meinem Garten bildet ein Gang aus Linden und Goldregen das zentrale Element. Die Allee endet bei einer Steinsäule. Auf halbem Weg und im rechten Winkel zur Allee öffnet sich ein zufälliger Ausblick, der durch eine Rabatte und eine Öffnung in der Eibenhecke bis zu einer Steinstatue reicht.

Alleen und Durchblicke sind im Sommer zum Bummeln da, im Winter zum Anschauen und Genießen aus der Ferne. Ich habe genausoviel Vergnügen daran, im Winter aus meinem Fenster auf das Meer von roten Zweigen oben auf meiner Lindenallee zu schauen, wie daran, im Hochsommer durch sie hindurchzugehen.

Ausblicke können zufällig oder geplant zustande kommen – durch das Fällen eines Baumes oder das Schneiden von »Fenstern« in eine Hecke. Durch Stutzen von Blättern und kleinen Zweigen entsteht eine Öffnung, die einen neuen und oftmals unerwarteten Blick ermöglicht. »Fenster« können in einem kleineren Garten, in dem sie einen kurzen Blick in den angrenzenden »Raum« erlauben, genauso effektiv wirken.

Runde Fenster und Türen bleiben mit weit größerer Wahrscheinlichkeit im Gedächtnis haften als die üblichen rechtwinkligen. Einmal sah ich einen Garten, dessen Tor mich schon von weitem faszinierte. Je näher ich herankam, desto deutlicher sah ich den immergrünen Baum dahinter als Mittelpunkt. Im Winter, mit wenig ablenkenden Pflanzen im Vordergrund, ist das Tor sogar noch wirkungsvoller. In einem anderen Garten sah ich ein rundes Tor in der roten Ziegelmauer, das von einem neugepflanzten Buchsbaumgarten in den Rosengarten führt. In einem dritten Garten gab es einen kreisrunden Durchblick in einer Ziegelmauer, durch den der vertieft angelegte Rosengarten erspäht werden konnte.

Ein Durchblick läßt sich auch erzeugen, indem man eine Serie von Bögen zu einem Mittelpunkt hin aufreiht oder einfach einen Weg in die Ferne führt. Man könnte sich vorstellen, durch ein Tor direkt quer durch den Garten zum Sommerhaus zu schauen. Eine Eibenhecke auf der einen Seite und eine aus Rosen auf der anderen begleiten das Auge zum Gebäude, besonders im Winter, wenn die näher liegenden Beete niedrig und ohne Laub sind.

Ein Ausblick muß jedoch nicht geradeaus führen. Er kann einen Knick haben und zum Weitergehen und Entdecken des dahinter liegenden Teils verlocken. Biegungen werden meistens in Tunnels und Pergolen angebracht. Beispielsweise ließe sich eine sanfte Windung aus hochkletternden Rosen und Clematis an Bögen einbauen. Der Tunnel aus Goldregen könnte sich langsam durch den Garten winden. Der wiederkehrende Rhythmus des Netzwerkes seiner bloßen Zweige wirkt interessant, und Zwiebelblumen könnten ihm im Februar Farbe verleihen. Eine streng geformte, gewundene Pergola in einer sanften Biegung verlaufend und architektonisch aus Lattengerüst gebaut, böte mit einem Wechsel im Niveau am Ende eine zusätzliche Attraktion.

Eine Allee muß in einen Blickpunkt münden – einem Sommerhaus, einer Säule, Urne oder Statue, plaziert in einer Nische oder einer Ausbuchtung einer Hecke. Sie kann sich auch teilen und als Angelpunkt einer weiteren Allee fungieren. Welchem Typ sie auch immer entspricht, sie sollte sich von ihrem Hintergrund abheben, vom klaren Himmel oder von einer dunklen Hecke. Es gibt große Gärten mit nicht weniger als fünf Alleen, drei davon mit einer Querachse, jede mit einem speziellen Blickpunkt endend.

Wenn Sie eine Allee anlegen, sollten Sie die Wirkung der Perspektive ausnutzen, um Dinge höher oder niedriger erscheinen zu lassen. Auf einer Anhöhe in etwa 30 m Entfernung sieht ein 1,20 m hoher Obelisk mindestens 1,80 m hoch aus; im Gegensatz dazu wird ein Gegenstand am niedrigeren Ende einer Allee eher kleiner und gedrungener wirken. Als das Standbild einer jagenden Dame so plaziert wurde, daß sie durch eine Lücke in der Eibenhecke zu sehen war, wurden mir zum ersten Mal die Unebenheiten im

Die gebogene Pergola bietet sowohl Durchblicke an den Seiten als auch die Perspektive einer Allee. Die niedrigen, gewölbten Spalierbögen und die Längsträger, die im Sommer den Pflanzen als Stützen dienen, werfen im Winter Schatten auf den Boden und haben genügend Abstand voneinander, um Sonnenlicht durchzulassen.

Parallele Reihen pyramidal geschnittener Eiben in regelmäßigen Abständen unterstreichen die ebene, gefrorene Rasenfläche vor dem Haus. Sie führen von einer doppelten Treppenflucht in den Park und bilden eine achsenförmige Schneise. Obwohl es ein einfacher Entwurf ist, bringt er Spannung und Eleganz hervor und erinnert an den terrassierten Vordergrund eines französischen Renaissanceschlosses.

Rasen bewußt: Um ihre Füße zu sehen, mußte sie auf einen Sockel gestellt werden.

Es gibt auch Möglichkeiten, eine längere Allee vorzutäuschen. Die Bäume oder anderen Objekte, die Sie benutzen, können um so kleiner gewählt werden, je weiter sie zurückweichen: Ein normalerweise mannshohes Objekt, wie beispielsweise ein Bogen, braucht nur einen Meter hoch zu sein, falls man ihn nicht zum ständigen Hindurchgehen benutzen möchte. Das Freilichttheater bei der Villa Marlia nahe Lucca in Italien ist ein Beispiel dieser Täuschungskunst: Dunkelgrüne, dicht getrimmte Seitenflügel lenken das Auge auf die Kulisse der erhöhten Grastribüne. Die Kulisse besteht aus einer hohen, von drei Bögen durchbrochenen Eibenhecke, in denen jeweils eine Statue sitzt. Bevor man nicht auf die Bühne klettert, merkt man nicht, daß die Figuren verkleinert sind und daß man sich beim Durchschreiten der Bögen bücken muß. Die umschlossene, gänzlich grüne kreisrunde Bühne mit den Flügeln des Auditoriums liegt am Ende einer langen Grasallee.

Farbe kann den Eindruck der Länge ebenfalls verstärken. Helle Farben wie Weiß und Gelb fallen ins Auge und sehen im gleichen Abstand dichter aus als dunkle; daher sollten Farben von Blättern im Hintergrund am ruhigen Ende der Farbskala liegen – tiefes Purpur, Heidefarben oder Blautöne.

Blumenrabatten wirken manchmal spannender, wenn sie als »Doppelbeete« angelegt werden und Alleen bilden, um z.B. mit einem grasbedeckten Weg dazwischen zum Haus zu führen. Auch ein Gartenhaus mit steilem Dach könnte den Endpunkt einer Allee aus Doppelbeeten bilden. Die Beete lassen sich auf halbem Weg durch einen runden Teich und Eiben unterbrechen. Mir gefällt solche Ansicht im Winter, wenn die Farbe eines steinernen Gartenhauses hervortritt und die erhöhten Mauern eines Teiches zum Hinsetzen einladen. Rabatten mit einem Hintergrund aus Eibenhecken und höheren säulenförmigen Eiben wirken im Winter dramatisch. Sogar im bescheidenen Bauerngarten kann eine Allee aus Doppelbeeten zu jeder Seite des Weges vom Tor zur Eingangstüre hinführen.

Alleen großen Stils wie in Parkanlagen werden immer etwas Aufregendes an sich haben. Moderne Interpretationen mit dramatischen Wasserläufen sind vielleicht weniger bekannt wie z.B. eine Allee, die auf ihrer gesamten Länge von einem schmalen Wasserlauf begleitet wird, der über eine Reihe von Stufen zu einem See in einiger Entfernung fließt. Zuerst von Graspfaden, dann von niedrig gestutzten Hecken und schließlich von Baumgruppen flankiert, ergibt sich eine Anordnung ganz im Geiste der französischen Gärten aus dem 17. Jahrhundert.

George London und Henry Wise, führende Gartenarchitekten des frühen 18. Jahrhunderts, schufen einen wundervollen Garten mit Durchblicken, die sich über Rasen und Wasser zu den Wäldern hin erstrecken. Die Alleen mit ihrem alten Baumbestand wirken heute noch imposanter als damals.

Sie mögen daran zweifeln, ob Betrachtungen in so ehrgeizigem Maßstab irgendeine Bedeutung für unsere heutigen kleinen Gärten besitzen. Es gibt jedoch Möglichkeiten, Alleen und Durchblicke, an denen man sich ohne viel Arbeit erfreuen kann, sogar im bescheidensten Garten einzurichten.

Doppelrabatten bieten die Möglichkeit, Alleen auf Größen wie in Bauerngärten zu verkleinern. Genausogut kann man aber auch in einem intimen Bereich des Gartens kleine Alleen schaffen, indem man einen Weg mit niedrigen, zierlich zugeschnittenen Sträuchern säumt. Kugeln oder Pyramiden aus Buchs eignen sich ideal, ebenso Zwergkoniferen mit ihrem niedlichen Wuchs. Unsere Buchsbaumkugeln im sogenannten Frühlingsgang kommen im Winter, wenn es sehr wenig Laub gibt, gut zur Geltung. Im Sommer werden sie von den verschiedenen krautigen Pflanzen fast verdeckt. Wenn diese gestutzten Sträucher im Rasen jedoch als Akzente längs einer Auffahrt gesetzt werden, kommen sie das ganze Jahr über zur Geltung. Dafür braucht man eine Strauchart, die voll winterhart ist. Eine formale Anordnung, die auf dem Rhythmus der Wiederholung beruht, kann durch den Tod einer einzigen Pflanze zerstört werden.

ARCHITEKTONISCHE DETAILS

Die architektonischen Details des Gartens – Wege, Mauern, Stufen, Terrassen, Statuen – spielen im Winter eine größere Rolle als im Sommer. Ihre Hauptfunktion besteht darin, die Übergänge zwischen einzelnen Gartenbereichen zu erleichtern, besonders dort, wo große Unterschiede im Niveau auftreten. Sie dienen außerdem als Wegweiser für Ein- und Ausgänge, um Richtungswechsel zu markieren, und als ständige Einfassung schutzbedürftiger Gartenbereiche.

Architektonische Einzelheiten sollten im Garten niemals dominieren, sondern die Muster und Charakteristika der Natur betonen. Im Winter tauchen die Mauern, die eine Clematis stützten, ihre steinernen Strukturen, die durch die Pflanzen im Sommer versteckt waren, und die Symmetrie der Gartenanlage als strukturgebende Elemente wieder auf.

Die Ausprägung der Wege kann vielfältig sein: ein einfaches Band, ein ausgetretener Pfad durch einen Heidegarten, ein durch ein Wäldchen führender gemähter Grasstreifen oder ein geometrisches Ziegel- oder Kieselsteinmuster. Wenn das Laubwerk abgestorben ist, tritt das Muster der Wege deutlicher hervor. Die Farbe der Materialien sollte zur Umgebung passen; manchmal wirken beispielsweise Ziegel in steinigem Gelände gut. Graswege sehen mit einer Einfassung aus Ziegel- oder Bruchstein hübsch aus. Wege mit harter Oberfläche können ein Muster aufweisen – abwechselnd Ziegel- oder andere Steine mit Kies. Es lassen sich

endlose Muster ausdenken. Der Eindruck des Musters wird den Garten zusammenhalten, besonders im Winter, wenn man sich dessen mehr bewußt ist.

Weil Terrassen und gepflasterte Flächen bleibende Charakteristika darstellen, ist es wichtig, sich ausgiebig Gedanken über das zu verwendende Material zu machen. Wählen Sie ein Pflaster, auf dem man gut gehen kann, und ein Muster, das zum Haus paßt. Bei freier Wahl und uneingeschränkten Mitteln würde ich immer Naturstein dem von Menschenhand geschaffenen Produkt vorziehen, vor allem, wenn er auf die gewünschte Form zugeschnitten werden kann. Er sieht wunderbar aus, kann aber bei Nässe glatt sein. Naturstein läßt sich mit Ziegelsteinen als Einfassung jeder Platte oder in einem Korbflechtmuster kombinieren. Gegen Mosaikpflaster habe ich eine Abneigung; es vermag keinen Beitrag zum winterlichen Bild zu leisten.

Im Sommer sind Mauern gewöhnlich mit Pflanzen bedeckt, während man im Winter die bloßen Bauelemente sieht. Wenn Sie Glück haben, besitzen Sie vielleicht eine Quadersteinmauer aus dem 18. Jahrhundert oder auch eine aus Bruch- oder Ziegelsteinen. Verwenden Sie, falls eine neue Mauer entstehen soll, möglichst heimisches Material. Mauern sind teuer, aber einmal gebaut, verursachen sie wenig Aufwand. Stellen Sie sicher, daß die Fundamente einwandfrei sind und in regelmäßigen Abständen Dehnungsfugen enthalten. Denken Sie an den Einbau von Pfeilern als Verstärkung und Dekoration und die Notwendigkeit von Übergängen zu niedrigeren Gartenteilen. Wichtig ist eine passende Mauerkrone als Schutz vor Regen und Frost. Alte Mauern bieten einen herrlichen Platz für Kletterpflanzen. Ratschläge zu Kletterpflanzen, die sich auch für den Winter eignen, finden Sie auf Seite 53.

Was läßt sich mit Stufen anfangen? Sie sind auf jeden Fall mehr als nur Zugang, denn sie können dekorativ wirken und werden im Winter am stärksten ins Auge fallen. Damit man leicht hinauf- und hinuntergehen kann, müssen sie flach genug sein. Die Höhe der Setzstufen sollte nicht mehr als 11 cm betragen – die offizielle Empfehlung lautet 11 bis 15 cm – und die Tiefe der einzelnen Trittflächen mindestens 30 cm. Eine enge Treppe wirkt unschön und ist schwierig zu begehen. Legen Sie die Stufen so breit wie möglich an und geben Sie ihnen eine elegante Linienführung. Wenn die Treppe z. B. zu einem Rasenplatz oder einer Terrasse führt, läßt man die Stufen nach unten hin breiter werden. Runde Stufen mit einem Absatz auf halber Höhe sind ebenfalls eine elegante Lösung.

Eine Stützmauer auf beiden Seiten der Treppe ist ein ausgezeichneter Platz, um überhängende Sträucher zu pflanzen; auch andere, wie Lavendel und Rosmarin, die hoch genug werden, daß man ihre duftenden Blätter berühren kann. Pflanzen lassen die

Links: Frost und silbriges Winterlicht verwandeln den Terrassengarten in ein Bühnenbild. Jede Spur der reichhaltigen Sommerbepflanzung ist verschwunden. Die feinen Details und die disziplinierte Einfachheit der Gestaltung kommen zum Vorschein. Holzbänke, Lattenzäune, alte steinerne Pfeiler und immergrüne Pyramidenformen verleihen dem flachen Garten Blickpunkte.

Unten: Bleibende Charakteristika geben dem winterlichen Garten Struktur. In meinem Garten liefert eine alte Steinmauer, bedeckt mit den Grün- und Goldtönen des Efeu *Hedera colchica* 'Sulphur Heart', den perfekten Standort für eine Statue. Eine dünne Schneeschicht und das nachmittägliche Sonnenlicht betonen die Silhouette, die Linien und den Schatten dieser Dame mit dem blumengefüllten Korb.

Rechts: Die Fäden eines Knotengartens werden am besten einfach gehalten. Hier habe ich ein verschlungenes Muster aus Buchs und Edelgamander angelegt, aufgefüllt mit verschiedenen Kieseln. Die Ecken werden von leicht erhöhten, abgerundeten Buchsbaumkugeln markiert. Die vier Stechpalmen (*Ilex* x *altaclarensis* 'Golden King') an den Ecken liefern Akzente mit Höhe, die den Knoten mit Haus und Garten verbinden.

Unten: In den Wintermonaten werden die strukturgebenden Elemente im Garten sichtbar. Der Kieselsteinweg, die geschnittenen Hecken und die geometrischen Formen bilden jetzt einen deutlicheren Blickfang, weil sie nicht durch einen Überfluß an üppigem Laub und Blüten abgeschwächt oder versteckt werden.

Konturen einer Treppe weicher erscheinen. Eine bestimmte Zahl Immergrüner – Efeu, Strauchveronika, Singrün und Heckenkirsche *Lonicera pileata* mit den Iris *Iris histrioides* und *I. reticulata* um sie herum – vermittelt die Wirkung auch im Winter. Wenn die Stufen am Ende einer niedrigen geraden Mauer liegen, könnte eine Biegung der geeignete Platz für Ihre Nieswurz *Helleborus orientalis* sein.

In einem mit strengen Formen angelegten Garten wirken geneigte Rasenflächen generell unschön. Falls möglich, sollte man den Garten terrassieren. Statten Sie eine Terrasse, an der Sie oft entlanggehen, mit vielen interessanten Details aus, z.B. Immergrünen und Winterblühern. Fällt der Blick von oben prinzipiell auf Ihre Terrasse, reduziert man die Bepflanzung auf zwei oder drei Arten in entsprechend großen Gruppen. Der Bereich oberhalb der Terrassenmauer muß selbstverständlich gut entwässert sein; wählen Sie für diesen Standort Sträucher, die diese Bedingungen lieben, wie Lavendel, Nelken und andere »Graublättrige«.

Statuen und Urnen spielen in der Gartenarchitektur eine große Rolle; die Auswahl eines geeigneten Standortes ist deshalb wichtig. Gut plaziert, können sie den Mittelpunkt einer Allee oder das zentrale Element eines abgeschlossenen Gartens bilden. Frei aufgestellt, mit einer Eibenhecke als Hintergrund, wiederholt einer Mauerkrone entlang plaziert, zu zweit den Weg durch ein Tor umrahmend – es gibt viele Möglichkeiten. Urnen stehen am besten auf einem Sockel oder einer Mauer, Statuen wirken durch ihre eigene Höhe.

Statuen im Garten sind etwas sehr Persönliches: Vielleicht sind sie, wie manche Bilder, schon seit Generationen im Besitz der Familie. Ich hänge sehr an meinen Statuen und möchte die Möglichkeit haben, sie oft betrachten zu können.

»KNOTEN-« UND KRÄUTERGÄRTEN

Knotengärten, zierlich getrimmte, dreidimensionale, ineinander verschlungene Linienmuster sind für mich im Sommer wie im Winter die perfekte Verzierung für jeden Garten (s. Abb. rechts). Sir Francis Bacon schrieb über Gärten des frühen 17. Jahrhunderts: »Das Anlegen von Mustern oder Figuren mit verschiedenfarbigen Erden auf der Gartenseite unter den Fenstern des Hauses ist nichts als Spielerei: Man sieht genauso gute Muster auf Torten.«

Gärten, die in geometrischen Mustern aus fortlaufenden Linien von niedrigen, gestutzten immergrünen Sträuchern oder Kräutern angelegt waren, kamen im 16. Jahrhundert in Mode. Im Land herrschte Frieden. Kaufleute und Gutsbesitzer schmückten ihre Häuser mit edlen Eichenmöbeln und getäfelten Wänden, mit Wandgemälden und dekorativen Stuckdecken. Wenn die Damen Stickarbeiten fertigten – man beachte ihre Kleider auf Porträts –, müssen die Herren wohl nach draußen geschaut und sich gefragt haben, wie man mit Mustern ihre Gärten interessanter gestalten könnte.

Bücher aus dieser Zeit zeigen eine Reihe sorgsam ausgearbeiteter Muster. »L'Agriculture et Maison Rustique« zeigt, daß ein Knotenmuster, ob verschlungen oder nicht, aus ununterbrochenen Fäden bestehen muß. Die Bücher aus dem 16. und frühen 17. Jahrhundert schlagen vor, Lavendel, Gamander, Thymian, Rosmarin und andere langsam wachsende Kräuter für die Streifen zu verwenden und das Darüber und Darunter der Verknüpfung mit kontrastierenden Farben zu unterstreichen. Obwohl es damals viel weniger Blumenarten gab als heute, war der Pflanzplan wichtig. Das Auffüllen der Zwischenräume erfolgte mit Kräutern – schwach wachsenden wie Poleiminze, Raute, Kamille, Basilikum – Veilchen und Gänseblümchen. Ein höheres Kraut oder ein gestutzter Baum betonte den Mittelpunkt. Parkinson schlug sogar vor, »fremdartige Blumen« aus dem Ausland zu verwenden, um den »Knoten« im Frühjahr und Sommer zu verzieren.

Wenn die »Fäden verknüpft« waren, wurde der Boden dazwischen mit farbiger Erde aufgefüllt. Die empfohlenen Farben traten in den Farben der Wappen auf, was darauf schließen läßt, daß die frühesten bekannten Muster auf Wappenmustern beruhten. Die fünf Farben waren Rot (gebrochene Ziegelsteine, fein gemahlen), Gelb (Ton, Sand oder Flandrische Ziegel), Schwarz (reiner Kohlengrus), Weiß (Kreide) und Blau (Kohle und Kreide gemischt).

Heute heben bei Anwendung des gleichen Prinzips verschiedenfarbige Kiesel, die sauberer und einfacher zu verwenden sind, das Muster sehr klar hervor. In Südeuropa und in Ländern mit intensiverem Licht sind, besonders zur Winterzeit, blaßgefärbte Marmorsplitter eine Alternative.

Mein Kräutergarten liegt direkt vor meiner Küchentür. Als Reihe von aneinandergrenzenden Rauten angelegt, tritt er deutlich hervor, anstatt sich unauffällig in eine Rabatte einzufügen. Niedriger geschnittener Buchs trennt die einzelnen Abschnitte, die eine Mischung von Kräutern beherbergen. Sie versorgen die Küche das ganze Jahr über mit Aroma und Würze: Petersilie, Salbei, Thymian, Raute, Ysop, Sauerampfer und gelber Majoran.

Wie in den Büchern aus dem 17. Jahrhundert mit den spezifischen Knotenmustern können Sie überall um sich herum Ideen finden – auf historischen Bucheinbänden, Stuckdecken, alten Handschriften, Broschen, orientalischen Teppichen und historischer Kleidung.

Für einen Knotengarten brauchen Sie einen passenden Platz, vorzugsweise in der Nähe des Hauses. Er muß eben sein, damit das Muster voll zur Geltung kommt, wenn man von einem höheren Standpunkt aus darauf hinabschauen kann. Der erhöhte Weg rund um den rekonstruierten historischen Knotengarten in Hatfield House in Hertfordshire ist ein perfektes Beispiel: Zuerst stehen Sie über dem Knoten und genießen das Muster, dann gehen Sie hinunter und betrachten die Pflanzung. Das Muster bildet gestutzter Buchs, und die Zwischenräume sind ausschließlich mit Blumen besetzt, die es schon im frühen 17. Jahrhundert gab. Man hat selten eine ideale Umgebung oder einen imposanten Hintergrund, aber ein einfacher verschlungener Knoten läßt sich durchaus an einer Stelle anlegen, die im Winter und Sommer vom Haus aus gesehen werden kann.

Ein einfaches Muster mit verknüpften Linien von Buchs und Edelgamander, aufgefüllt mit kontrastierenden Kieseln verschiedener Struktur oder Farbe und mit einem höheren, geschnittenen, immergrünen Strauch als Mittelpunkt oder zur Betonung der Ecken, entfaltet im Winter die beste Wirkung.

Gestalten Sie das Muster so einfach wie möglich, denn die ganze Schönheit eines Knotens beruht auf seiner Pflege. Es kostet einige Mühe, ihn in Form zu halten. Mein eigener Knotengarten besteht aus zwei Mustern mit verschlungenen Fäden. Ursprünglich hatten wir Kräuter verwendet, aber wir merkten bald, daß sie zu ungleich wuchsen und es unmöglich war, sie ordentlich in Form zu halten. Wir gaben Lavendel, Fieberkraut und Thymian auf und pflanzten – mit Ausnahme eines Fadens aus Edelgamander (*Teucrium chamaedrys*) und eines Mittelpunktes aus Phillyrea – durchweg Buchs in verschiedenen Grünschattierungen. Das wirkt hübsch. Wenn der Buchs höher wird, sieht man den Kies weniger, und das ganze Muster bekommt Bewegung.

Für mich bedeuten Kräuter Beete, und Kräuterbeete bedeuten Muster. Gesäumt von gestutztem Buchs bleiben die Beete während des Winters gepflegt und interessant, während die Kräuter selbst zum großen Teil in der Erde ruhen oder nicht gerade attraktiv wirken. Es gibt keinen Ersatz für Buchs, wenn es um Einfassungen geht: Edelgamander, Heiligenkraut, Lavendel und Eberraute können zwar verwendet werden, man muß sie jedoch nach ein paar Jahren immer wieder neu pflanzen, wogegen Buchs zeitlos ist.

***Skimmia japonica* 'Rubella', eine männliche Form dieser Skimmienart, bildet eine immergrüne Kulisse für den Kräutergarten. Er trägt im Winter große Rispen roter Knospen, die sich im zeitigen Frühjahr öffnen und weiße Blüten mit gelben Antheren hervorbringen.**

Es empfiehlt sich, vor Beginn der Planung eine Liste von Lieblingskräutern anzufertigen und ihnen den entsprechenden Platz zuzuordnen. Notieren Sie ihre Wuchshöhe und ob sie immergrün sind (Lorbeer, Salbei und Rosmarin). Lassen Sie auch Platz für die im Sommer blühenden einjährigen Kräuter wie Ringelblumen, Kapuzinerkresse, Dill oder Kerbel. Denken Sie daran, genügend Wege oder Trittsteine mit einzubeziehen, um den Boden nicht festzutreten.

Natürlich wird das Muster Ihres Kräutergartens von dem zur Verfügung stehenden Platz abhängen. Ich habe mich entschieden, meinen als Muster sich berührender Rauten anzulegen, jede davon mit Buchs eingefaßt. Ein anderes Beet zeigt ein Schachbrettmuster mit in wechselnden Quadraten gepflanzten Kräutern. Unabhängig vom Muster können die Ecken mit Buchsbaumkugeln oder -pyramiden, mit aufrechtem Wacholder oder Rosmarin betont werden.

Es ist nicht notwendig, sich nur auf gerade Linien zu beschränken; ich kenne einen sehr hübschen, halbkreisförmigen Kräutergarten, der sich strahlenförmig von der Küchentür her ausbreitet. Er ähnelt einem halbierten Rad, mit Trittsteinen anstelle der Speichen. Im Sommer sind sie von Kräutern überwachsen, im Winter wird das Auge von den Wegen und Sträuchern geleitet.

Nicht jeder wünscht sich sein Kräuterbeet als streng geformte Anlage: Kräuter lassen sich ohne weiteres im Stil des Bauerngartens in andere Beete und Rabatten mit einbeziehen, z.B. zwischen süß riechendem Geißblatt und Rosen. Purpurfarbener und grauer Salbei, gelber Thymian und Fieberkraut passen im Winter wie im Sommer gut in eine gemischte Rabatte. Ein Sitzplatz mit Laube und Lorbeerbüschen könnte in der Mitte von zwei Beeten ein formales Element hinzufügen, im Winter mit Lavendel und Rosmarin umrandet.

Ein formal strenger Kräutergarten wird am besten in die Nähe des Hauses passen, während ein zwangloses Arrangement weiter entfernt liegen sollte – aber nicht zu weit, weil sonst der Koch nicht genug Zeit zum Holen von Petersilie und Minze findet.

Der Kräutergarten könnte mit einer niedrigen, geschnittenen Hecke aus Sträuchern mit attraktivem Laub noch betont werden und damit eine gute Winterkulisse abgeben. Zierquitten könnte man mit dem Feuerdorn *Pyracantha atalantioides* (syn. *P. gibbsii*) pflanzen und im Sommer mit Geißblatt verflechten; Die Strauchveronika *Hebe* 'Autumn Glory', die immergrün ist und bis Dezember blüht, könnte mit der Skimmie *Skimmia japonica* 'Rubella' kombiniert werden. Eine niedrige Rosmarinhecke ist eine andere Möglichkeit und stets eine Freude: Denken Sie an das Vergnügen, Kissenbezüge, Taschentücher, ja sogar Ihre Geschirrtücher zum

Trocknen und Aufsaugen des Duftes auf Rosmarin zu legen. Aber seien Sie gewarnt: Die Winterhärte von Rosmarin und vielen anderen Sträuchern aus dem Mittelmeerraum hängt sehr vom Boden und den Temperaturen ab. Staunässe ist fatal.

FORMBÄUME

Bäume in Form zu schneiden ist eine der ältesten Gartenkünste. Durch sie gelangt man, gerade in der Winterzeit, zu ebenso reizvollen Ergebnissen wie durch die Anlage von Knotengärten.

Menschliche Fußtritte und Tierspuren im Schnee zeigen, daß die Vertraulichkeit und Abgeschiedenheit dieses intimen Gartens gestört wurden. Eine schöne geometrische Anlage und klar geformte Sträucher bilden die Grundausstattung dieses Gartens. Durch die leichte Schneedecke bekommt die formale Struktur des Gartens Gewicht und Glanz.

Immergrüne werden geschnitten, um Akzente zu setzen, oder kunstvoll zu phantastischen Gestalten geformt.

Ein paar Buchsbaumkugeln, -spiralen oder -pyramiden zu jeder Seite der Eingangs mögen genügen. Eine leichte, aber häufige Pflege mit der Schere hält sie während des ganzen Jahres perfekt in Form; sie werden im Winter Ihr ganzer Stolz sein. Ein gelegentlich gestutzter Strauch vermag einen speziellen Punkt in der Rabatte zu betonen, z.B. die Ecken eines Gartenbereiches oder die Rosen- und Kräuterbeete. Mehr Ehrgeiz verlangt das Erfinden komplizierter Formen an bestimmten Stellen des Gartens oder für einen ganzen Gartenbereich. Es gibt zahllose Möglichkeiten.

Sie könnten sogar William Lawsons Rat aus »A New Orchard and Garden« von 1618 befolgen: »Betrachten Sie nun mit Freuden Ihrer eigenen Hände Arbeit ... wie Ihre Bäume in anmutiger Ordnung stehen, wohin Sie auch sehen ... Ihr Gärtner kann Ihren kleinen Gehölzen die Gestalt von bewaffneten Männern im Felde geben, bereit zur Schlacht, von schnell laufenden Windhunden oder witternden Jagdhunden, die das Reh verfolgen oder den Hasen jagen. Diese Art von Jagd wird weder Ihren Acker noch Ihr Geld verschwenden.«

Von den 30er Jahren bis zum Zweiten Weltkrieg reiste Harvey Ladew, ein begeisterter Jäger, jeden Winter von Baltimore in den USA nach England zum Jagen. Wieder zu Hause, schuf er aus Formbäumen eine Jagdszene mit Jäger und Hunden, die im direkten Blickfeld vor seinem Haus quer über das Feld zu galoppieren scheinen. Formen wie diese brauchen Jahre, um perfekt zu werden. Andererseits ist es überraschend, wie mit der entsprechenden Vorstellungskraft bald die Figuren erkennbar werden, die sich der Gartenarchitekt vorgestellt hat.

Welche Bäume und Sträucher eignen sich am besten zum Schneiden und Formen? Es ist offensichtlich, daß Pflanzen mit kleinen Blättern am saubersten gestaltet werden können. Immergrün oder laubabwerfend – für eine gute Wirkung im Winter sollten Sie Gehölze wählen, die ihre Blätter behalten. Eibe und Buchs werden mit dem Alter in der Qualität besser, wogegen die schneller wachsenden Arten schwieriger zu kontrollieren sind. *Taxus baccata*, die Gemeine Eibe – die beste Art für Formbäume –, ist in den meisten guten Gartencentern zu finden.

Ein Garten mit einer Jagdszene aus Formsträuchern, komplett mit Pferd, Jäger und Hunden. Die Figuren, aus Eibe geschnitten, erzeugen eine einzigartige Erscheinung; sie treten im Winter wie überdimensionale Schachfiguren gegenüber den laublosen Bäumen hervor. Rote Bänder fügen an Weihnachten einen Hauch von Farbe hinzu, der sich auffallend vom Dunkelgrün der Eibe und dem schneebedeckten Boden abhebt.

Prüfen Sie die Gestalt Ihrer Pflanzen sorgfältig. Davon hängt ab, was Sie letztlich aus ihnen machen können. Außerdem müssen sie erst anwachsen, bevor mit dem Schneiden begonnen werden darf.

Nathaniel Lloyd beschrieb in seinem Buch »Garden Craftsmanship in Yew and Box« (1925), dem mit Abstand besten zu diesem Thema, wie man gutgewachsene Eiben in Formbäume umwandelt. Wenn Sie in einen alten Garten kommen, eine überwachsene Eibenhecke vorfinden oder eine, die Sie verkleinern wollen – denken Sie nach! Vielleicht ist es möglich, in Abständen höhere Triebe zu retten und sie zu Pyramiden zu gestalten oder in Kugeln oder ganz andere Formen umzuwandeln und die Hecke damit zu krönen.

Buchs läßt sich unter Umständen nicht so geschmeidig formen wie Eibe; konventionelle Kegel, Pyramiden, Kugeln und Spiralen sind am besten geeignet. Solche einfachen Formen verleihen einer Pflanzung Stil. Entsprechend der angestrebten Höhe wären für Formen bis 3 m Höhe *Buxus sempervirens*, für relativ kleine die Zwergform *B. sempervirens* 'Suffruticosa' zu wählen.

Ich bin eine begeisterte Sammlerin von Buchs, von dem es viele verschiedene Arten und Sorten gibt. Als Lawrence Johnston starb, hinterließ er Nancy Lindsay seinen berühmten Garten in Südfrankreich. Sie brachte Stecklinge von vielen seiner Pflanzen zurück nach England. Die Pflanze von Nancy, die ich am meisten schätze, ist der wirkungsvolle gelblaubige *Buxus sempervirens* 'Latifolia Maculata' (syn. *B. sempervirens* 'Aurea'). Das Muster aus Blaßgrün und Gelb variiert von Blatt zu Blatt, aber als Gesamtwirkung während des Sommers ergibt sich Gold, übergehend in eine aufregende Bronzefärbung, die den ganzen Winter anhält. Wo er als Einfassung im Gemüsegarten steht und stark gestutzt wurde, liefert er eine prächtige goldgelbe Farbe, speziell am jungen Austrieb.

Ein weiterer Favorit ist die Sorte *Buxus sempervirens* 'Elegantissima'. Vor vielen Jahren kaufte ich zwei Pflanzen. Wir haben aus diesen und mehreren Stecklingen Kugeln für die beiden Seiten des Tores geformt, das in den Gemüsegarten führt.

Kürzlich entdeckte ich in einem Garten eine Reihe aufwärtsgerichteter Buchsbäume, etwa 1,80 m hoch, doch nicht viel breiter als 30 cm im Durchmesser. Es wurde mir versichert, daß sie niemals getrimmt oder zusammengebunden worden seien, um sie in dieser perfekten säulenartigen Gestalt zu formen. Die Gartenbesitzerin gab mir freundlicherweise ein paar Stecklinge. Sie könnten leicht ein attraktiver Ersatz für einige der aufrecht wachsenden Koniferen werden, die so viele Leute pflanzen.

Ich ziehe den Wacholder *Juniperus communis* 'Hibernica' den verschiedenen säulenförmigen Zypressen vor. Sein Habitus ist dichter und eindrucksvoller. Mein einziger Vorbehalt ist, daß Wacholder ab einem Alter von etwa 20 Jahren oft alt und ausgefranst aussehen; man sollte deshalb immer junge Exemplare kultivieren, um sie bei Bedarf austauschen zu können. Wacholder sind genaugenommen keine Formbäume, denn abgesehen von einem sehr sporadischen Ordnen widerspenstiger Triebe und einem gelegentlichen Schnitt gegen das Überschreiten der erwünschten Höhe benötigen sie keine Aufmerksamkeit.

Ich habe die Scheinzypresse *Chamaecyparis lawsoniana* 'Ellwoodii' vor einer Terrassenmauer an einem Fahrweg in einer Reihe abwechselnd mit grauem Heiligenkraut gepflanzt. Das ist zwar keine Formbaumanordnung, aber die Bäume müssen alle zusammengebunden werden, damit sie der Schnee nicht auseinanderdrückt. Sie brauchen einen jährlichen Schnitt, wenn man sie mit flacher Oberkante haben möchte.

Auch ein bereits im Garten etablierter Strauch läßt sich in eine Kugel oder Pyramide umwandeln oder in Schichten gestalten. Im Mittelalter wurden sogenannte Estraden angefertigt, das sind flache, runde, mit Blumen gefüllte, an einem vertikalen Pfosten befestigte Metallkörbe. Die Idee wurde vermutlich aus buddhistischen Ländern, wo Stupas oder Reliquienhüte mit dreifachen Schirmen überdacht wurden, nach Europa gebracht. Im Buddhismus verkörpert ein Schirm die Königswürde. Dem König allein war es gestattet, in seinem Schatten zu sitzen. Die drei Schichten – das Wort in Sanskrit ist triratna – vertreten die drei Kleinode des Buddhismus, seine drei Gelübde: »Der Buddha ist meine Zuflucht, das Samgha ist meine Zuflucht (die Klostergemeinschaft), das Dharma ist meine Zuflucht (die Lehre).« Wenn Sie Ihre Bäume in drei Schichten beschneiden, bedenken Sie, daß damit der Baum der Erleuchtung, unter dem Buddha saß, symbolisiert wird.

»Hecken auf Stelzen« sind eine historisch bekannte Art, Bäume zu formen. Mein Lindengang mit roten Ästen (*Tilia platyphyllos* 'Rubra'), der vor vielen Jahren angelegt wurde, ist jetzt gut ver-

Eine »Hecke auf Stelzen« bildet eine leichte, elegante Zwischenwand, wirft interessante, durchbrochene Schatten und erlaubt Blicke zwischen den Stämmen hindurch. Der karmesinfarbene Schleier auf der Lindenallee (*Tilia platyphyllos* 'Rubra'), der durch die jungen, laublosen roten Zweige hervorgerufen wird, wirkt außerordentlich dekorativ, besonders in der frühen Morgen- oder späten Nachmittagssonne.

wachsen. Die Linden werden im frühen Juni an den Seiten stark in Form geschnitten und der neue Austrieb im August oder September noch mal in Ordnung gebracht; die oben wachsenden Zweige werden dann belassen. Dadurch entsteht der verblüffende rote Schleier, der eine meiner liebsten Winteransichten abgibt. Jedes Frühjahr, sobald der Saft steigt, muß ich die Zweige wieder stark zurückschneiden, um den ganzen Zyklus von neuem zu starten.

In einem Garten wurden rund um eine umgebaute Scheune drei Reihen von Linden in Kreuzform als Schutz gegen die Straße gepflanzt. Es ist viel Arbeit, den Wuchs zu regulieren, aber es lohnt sich.

Das Netzwerk der laublosen Zweige verflochtener Hainbuchen kann ebenfalls wundervoll aussehen, besonders, wenn es durch eine leichte Schneedecke herausgehoben wird. Es gibt Beispiele, wo sie in doppelten Baumreihen paarweise gepflanzt sind, einzeln in einer Reihe wachsen oder kreisförmig eine Doppelreihe bilden, mit einem Weg, der rund um die beiden Baumreihen führt.

Jeder Baum, der auf Schnitt reagiert, kann zur Anlage von »Hecken auf Stelzen« verwendet werden. Bei einem kleinen Landhaus in meinem Dorf habe ich einen winzigen Garten vor einem Salonfenster mit der Mehlbeere *Sorbus aria* 'Lutescens' eingegrenzt. Sie sind jetzt drei Jahre alt und beginnen, das erwünschte Bild zu zeigen: im Sommer einen leichten Schirm aus weichen grauen Blättern, im Winter ein attraktives Muster verflochtener Zweige.

Der vorteilhafteste unter den höheren immergrünen Formbäumen ist die Portugiesische Lorbeerkirsche (*Prunus lusitanica*). Sie wurde im Jahr 1912 wieder modern, als sie in Form sorgfältig gestutzter »Pilze« mit 1 bis 1,50 m hohen Stielen von einer Firma ausgestellt wurde. Für mich ist sie der Inbegriff der Eleganz: Im Winter glänzen ihre dunkelgrünen Blätter, und sie kann stark geschnitten werden, um gleichmäßige Kuppeln oder alle anderen Formen zu bilden. Man könnte sie genauso als Hecke auf Stelzen ziehen.

Die Sorte 'Myrtifolia' besitzt einen pyramidenförmigen Habitus und kann als winterharter Ersatz für Lorbeerbäume in Kübeln gelten. Wir haben eine Pflanze von *P. lusitanica* 'Variegata', die als normaler Strauch wächst; sie ruft immer die Bewunderung von Kennern hervor, die wissen, wie schwierig sie zu beschaffen ist. Stellen Sie sich vor, welche Begeisterung eine Reihe sorgfältig geschnittener Pflanzen dieser Sorte hervorrufen würde, wenn sie in Kübeln vor Ihrem Haus stünden. Vielleicht ein Tagtraum, aber einer, den Landschaftsgärtner nicht ausschließen sollten. Wir sehen zu, wie unsere Kinder wachsen, warum sollten wir das gleiche nicht bei unseren Sträuchern tun? Der echte Gärtner besitzt Geduld; wir dürfen nicht dauernd einen fix und fertigen Garten herbeisehnen.

Auf Stämmen gezogene Stechpalmen gehören seit Generationen zu den Standardelementen der Gartenarchitektur. Heute verkaufen genügend Baumschulen gute Exemplare, die Sie dann mit der Baumschere bearbeiten können. Es ist ein Strauch, den Sie sich sorgfältig anschauen müssen, bevor Sie sich entscheiden, wie Sie ihn formen. Wenn er pyramidenförmig mit waagerechten Zweigen wächst, wird er sich ideal in Schichten schneiden lassen. Wenn er rund und füllig ist, wird man herrliche einzelne Kugeln oder eine Reihe von Kugeln an einem Hauptstamm übereinander erzielen können. Aus der Distanz betrachtet und mit etwas Vorstellungkraft, wird sich für jeden Baum die passende Form finden lassen.

Quercus ilex, die Steineiche, wird für herkömmliche hohe Hekken in Italien häufig verwendet; wenn man bedenkt, daß sie dort Jahrhunderte kultiviert wurde, sollten wir uns der Möglichkeiten, die sie bietet, mehr bewußt sein. An den Seiten eines Torweges oder als Betonung am Übergang von einem Gartenbereich zum nächsten würde ein Paar hübsch aussehen. Ich kann sie mir auch als ordentlich getrimmten Bogen vorstellen.

In kleinerem Maßstab eignen sich die grün- oder gelblaubigen Formen des Ligusters *Ligustrum ovalifolium* und der Heckenkirsche *Lonicera nitida*, die sich kurzfristig zu Formbäumen schneiden lassen. Sie wachsen schnell, hängen jedoch leicht über, wenn man sie nicht pflegt. Stark geschnitten, bilden speziell Lonicera innerhalb weniger Jahre gute Formen. Gelbe Liguster als Hochstammkugeln markieren die Ecken einiger Beete in unserem Küchengarten und erfüllen schon nach zwei Jahren (90 cm höher) voll ihren Zweck. Unsere kleinen gelblaubigen Hochstammlonicera wachsen in Töpfen, die ihre Wurzeln einengen und ihre Wachstumsgeschwindigkeit verlangsamen. Wenn Sie mit dem Schnitt bis genau vor dem Wachstumsbeginn im Frühjahr warten, werden die Lonicera den ganzen Winter über lustige goldene Köpfe haben, die fast wie Punkfrisuren aussehen.

Ein weiterer Strauch, mit dem Sie kugelige Hochstammbäumchen gestalten können, ist der Spindelstrauch *Euonymus fortunei*. Die Kronen brauchen zwei Jahre, um sich zu verbreitern. Durch ständiges Stutzen wird eine dichte Kugel daraus. Sie können die Hochstämmchen in Container oder Kübel setzen oder sie an den Rand eines Rasenplatzes oder einer Blumenrabatte pflanzen.

Diese Ideen sind alle auf Gärten im gemäßigten Klima abgestellt. In kälteren oder heißeren Klimata wird man an die dortige Umgebung besser angepaßte Bäume und Sträucher auswählen, in Südeuropa z. B. Rosmarin, in tropischen Klimata exotische Hibiscusarten und in den USA vielleicht die von sich aus pyramidal wachsende Stechpalme *Ilex opaca* 'Arden'.

An der Ostküste der USA ist es Mode – mehr im Zimmer als im Garten – kleinblättrigen Efeu und Kletter-Ficus über Moosstäbe oder mit Moos gefüllte, phantasievoll geformte Drahtgitter wachsen zu lassen. Es ist eine Kunst, wirklich gute Exemplare anzufertigen.

In den Büchern von Jane Loudon aus dem 19. Jahrhundert und später von Shirley Hibberd wird dargestellt, wie man Bogengänge und Lauben mit Efeu bedeckt. Wenn sie gut geschnitten werden, erscheinen sie wie Formbaumpflanzungen. Ich würde im Sommer blühende Clematis neben und durch den Efeu wachsen lassen, und zwar Arten, die im Frühjahr stark zurückgeschnitten werden müssen wie die Waldreben *Clematis* 'Jackmanii Superba', *C. tangutica* oder eine der Viticellasorten.

GEMISCHTE HECKEN

Hecken aus Sträuchern verschiedener Farben und Strukturen, hauptsächlich aus Immergrünen, sind im Winter als Schutz wie auch für die Lebendigkeit des Gartens von besonderem Wert. Eine Hecke, die aus einer einzigen Art besteht, wirkt einheitlich und dann gut, wenn sie dicht und ordentlich gezogen ist. Dagegen bietet eine kombinierte Hecke die Möglichkeit, Blattform, Größe, Struktur und Farbe zu variieren. Die einzigen Nachteile ergeben sich aus dem unterschiedlichen Wachstumsverhalten der Pflanzen und der Schwierigkeit eines gleichmäßigen Schnitts. Eine Eiben- oder Buchsbaumhecke wird schon in jungem Alter akkurat aussehen, während eine kombinierte Hecke etwas ungleichmäßig und ungenau wirkt, solange ihre verschiedenen Bestandteile nicht zusammengewachsen sind.

Welche Sträucher lassen sich am besten kombinieren? Buchs und Stechpalmen in grünen und panaschierten Formen werden zusammen mit Eiben (*Taxus baccata*) die Hauptstützen bilden. Sie sind alle verläßlich winterhart. Eiben wachsen von den drei Arten am schnellsten; alle benötigen nach dem ersten Jahr einen kräftigen Schnitt, damit sie dicht bleiben und jeder Strauch bis unten gut dekoriert ist. Die dicken, harten, dunkelgrünen Blätter des Buchs *Buxus sempervirens* 'Handsworthensis' machen diese Form für hohe Hecken und Schutzpflanzungen hervorragend geeignet.

Eine sechsjährige Hecke aus Buchs und Eibe ist das ganze Jahr über eine Freude; ihre dichte Struktur vermittelt das Gefühl der Sicherheit. Die Gesamtwirkung ist außerordentlich angenehm;

Goldfarbener Liguster, panaschierte Stechpalmen und gelbbraune Buchen säumen den Grasweg zum gotischen Gartenhaus. Zu charakteristischen Formen geschnitten, die Gestalt und Struktur ihrer Blätter ergänzen, erzeugen sie eine bemerkenswerte Anordnung von Winterfarben.

mit seinen kleineren Blättern verleiht ihr der Buchs eine Spur von Leichtigkeit. Ich mag diese Einfachheit, die durch die Verwendung von nur wenigen Straucharten zustande kommt.

Eine Hecke sollte eine Mauer verkörpern oder ersetzen können. Wenn sie sich – im Schnitt betrachtet – zur Basis hin nach außen erweitert und nach oben verjüngt, bleibt sie dicht. Falsch geschnitten, könnte sie leicht schwach und schütter werden.

Andere Immergrüne für Hecken sind die Duftblüten *Osmanthus* x *burkwoodii* mit kleineren spitzen und *O. heterophyllus* mit glänzenden, stacheligen Blättern. Beide sind weniger gebräuchlich als die Portugiesische Lorbeerkirsche. Ich bin im Winter auch begeistert vom Kreuzdorn *Rhamnus alaternus* 'Argenteovariegata'; die grau marmorierten Blätter sehen interessant aus, wenn sie zusammen mit dunkelgrünen Stechpalmen oder Buchs gepflanzt werden. Sollen Koniferen mit einbezogen werden, müssen sie das Stutzen vertragen, wie z.B. der schnell und stark wachsende Lebensbaum *Thuja plicata*. Die Sorte 'Atrovirens' hat glänzende grüne Nadeln.

Kathleen Meserve hat es fertiggebracht, eindrucksvolle Stechpalmen zu züchten, indem sie sehr schön aussehende Sorten mit winterharten gekreuzt hat. Die jetzt berühmten Stechpalmen *Ilex* 'Blue Maid' und 'Blue Stallion' werden vielleicht noch übertroffen von den neuesten aus der China-Gruppe: 'China Girl' und 'China Boy'. 'Blue Princess' und die reich fruchtende 'China Girl' sind ausgezeichnet für Hecken geeignet. 'Dragon Lady' besitzt ein auffallendes, schmal-pyramidales Profil.

Für den, der Stechpalmen liebt, sind die Meserve-Sorten das Höchste, aber leider nicht überall erhältlich. Durchweg winterhart, wunderschön und reichlich fruchtend, können sie als ungewöhnlicher Bestandteil einer kombinierten Hecke, als Solitär oder als verläßliche einfache Hecke Einsatz finden.

Um das Gesamtbild mit gelblaubigen Sträuchern aufzuhellen, würde ich das Geißblatt *Lonicera nitida* 'Baggesen's Gold' und den Liguster *Ligustrum ovalifolium* 'Aureum' wählen. Beide wachsen schnell und benötigen nur einen leichten Rückschnitt Mitte des Sommers. Graue Farbtöne bringen entweder *Hippophae rhamnoides*, der Sanddorn, oder die Zypresse *Cupressus glabra* 'Conica'.

Planen Sie Ihre Pflanzung sorgfältig. Für eine kombinierte Hecke ist ein Aufriß so wichtig wie ein Grundriß. Sie müssen berücksichtigen, daß die verschiedenen Sträucher gleich hoch werden und ineinander verwachsen müssen. Sie dürfen nicht wetteifern, sondern sollen sich verbinden und einen Gesamteindruck wechselnder Strukturen und Farben bilden, der aus der Entfernung ausgewogen wirkt. Eine kombinierte Hecke muß gepflegt aussehen. Mit zu vielen verschiedenen Sträuchern werden Sie kein harmonisches Bild zustande bringen. Jede Art sollte einen guten Abschnitt von etwa einem Meter Breite einnehmen. Die Einzelpflanzen von Buche und Hainbuche werden im Abstand von 30 cm, Stechpalmen, Prunus und Osmanthus mit etwa 60 cm Abstand gepflanzt.

Sollten sich später einmal Lücken an der Basis auftun, werden sie mit Buchs (*Buxus sempervirens*) ausgefüllt. Ein robuster Ersatz, der sogar unter ziemlich kümmerlichen Bedingungen noch gut gedeiht.

Noch eine Anmerkung, bevor wir die kombinierten Hecken verlassen: Sie benötigen einen gut vorbereiteten Boden und kontinuierliche Pflege. Glauben Sie nicht, daß Sie nach dem Pflanzen mit einem jährlichen Schnitt auskommen werden. Hält beispielsweise eine Pflanze nicht mit den anderen mit, dann müssen Sie diese gezielt düngen. Denken Sie immer daran: Hecken sind lebende Mauern, ein grünes Stück Architektur.

Die feine Hecke aus mit ineinander verwobenen Eiben, Buchs und Stechpalmen ist das Ergebnis jahrelanger sorgfältiger Pflege. Aus der Hecke ließ man oben in Abständen Stechpalmen als 60 cm hohe Kegel herauswachsen. Sie verleihen der dichten Masse von immergrünem Laub Blickpunkte und Eleganz.

Winterbilder

Beim Anlegen eines neuen Gartens oder beim Umgestalten eines bestehenden ist in der Regel die Planung für den Winter nicht vorrangig. Im Frühling, Sommer und Herbst werden Sie Gärten besucht und die Pflanzen notiert haben, die Ihnen gefallen und die Sie nun einsetzen wollen. Ihr Notizbuch wird mit Namen von Rosen, von Bäumen, von Zwiebel- und Sommerblumen gefüllt sein – Pflanzen, an denen Sie besonderen Gefallen finden und die den Garten von März bis November schmücken werden.

Soll der Garten im Winter attraktiv aussehen, werden andere Kriterien die Zusammensetzung der Pflanzung bestimmen. Krautige Pflanzen sind verschwunden und die Laubbäume kahl. Drei oder mehr Monate wird der Überfluß der Natur gestoppt sein; deshalb ist es doppelt wichtig, Pflanzen ausgewählt zu haben, die neben laublosen Bäumen und auf der bloßen Erde ihre Schönheit entfalten. Machen Sie sich Notizen. Noch besser sind Fotografien. Mit ihrer Hilfe können Sie den Stand vom letzten Jahr weiter verbessern.

Ich stelle mir meinen Garten gern als Serie von Bildern vor. Jedes führt weiter zum nächsten und verschmilzt mit ihm.

DER BLICK NACH DRAUSSEN

Im Winter besteht ein wichtiger Teil des Gärtnerlebens darin, aus dem Fenster zu schauen. Sie mögen sich nach der Gartenarbeit sehnen und auch abgehärtet sein, doch Regen, Frost und Schnee machen die Gartenarbeit oft unmöglich. »Wie das Wetter auch immer sei, es gibt da draußen einen Garten«, bemerkte einmal Allen Paterson, der Direktor eines Botanischen Gartens. »Es mag unmöglich sein, dort zu arbeiten (vielleicht haben Sie auch keine Lust dazu), aber Sie könnten zu Ihrem Fenster hinausblicken; denn es wäre töricht, die visuellen Vergnügen nicht zu genießen.«

Die drei Fenster, durch die Sie am meisten schauen, befinden sich im Schlafzimmer, im Wohnzimmer und in der Küche. Sie müssen sich über jedes Blickfeld Gedanken machen. Ich habe das Glück, daß ich von meinem Schlafzimmer aus die Hauptachse des Gartens überschauen kann, wo aufstrebende Eiben einen Steinweg flankieren. Der Weg führt weiter durch ein eisernes Tor in der Steinmauer und lenkt das Auge weiter zu einer Sandbirke mit besonders weißer Rinde. Es gibt Wintertage, an denen der Himmel von Wolken verdunkelt wird; doch plötzlich bricht die Sonne durch und beleuchtet diesen fast geisterhaften Baum. Solche Effekte wären längst nicht so eindrucksvoll, wenn sie zu oft vorkämen; es ist die Seltenheit des Augenblicks, die zählt. Jeden Morgen gibt mir mein Weg ein Gefühl der Erwartung – ich muß aufstehen, hinausgehen und den Garten genießen, manchmal auch durch das Tor in die Welt dahinter flüchten.

Ich kenne einen Garten, der das Gefühl erzeugt, der Blick gehe weiter und weiter. Hervorgerufen wird dies durch eine Öffnung in einem Baumstreifen, der das Feld hinter dem Garten abgrenzt – eine Idee, die Le Nôtre entwickelte, als er seine großen Kreationen schuf, zuerst für Fouquet und dann für den Sonnenkönig im Versailles des 17. Jahrhunderts. Wer das Glück hat, auch den Grund hinter dem Garten zu besitzen, sollte darüber nachdenken, dort Bäume mit attraktiver Rinde oder imposanter Gestalt zu pflanzen.

Wenn Ihr Garten von einer Mauer, einem Zaun oder einer Baumreihe umgeben ist, mag der Blick von unten eingeschränkt sein, vom oberen Stockwerk aus fällt er indes hinter die Begrenzung. Ihre Pflanzung wird davon abhängen, was dahinter liegt und ob Sie es verstecken oder genießen wollen. Ein überwältigender Blick über die Landschaft darf nicht durch übertriebene Kleinkrämerei im Vordergrund abgelenkt werden. Wenn Ihr Ausblick in die Ferne nicht besonders attraktiv ist, konzentrieren Sie sich darauf, im Vordergrund Interesse zu wecken. Wenn es Wald oder Strauchwerk gibt, legen Sie einen deutlichen Weg an, gerade oder mit Windungen. Wenn der Garten nach außen hin abfällt, werden Sie von oben auf Ihre Sträucher sehen, und Ihre Bäume werden kürzer

Der Blick aus einem Fenster ist im Winter unwiderstehlich. Die schwarzen Eiben werfen lange Schatten auf den schneebedeckten Rasen in Richtung das Kräutergartens. Die niedrigen Buchsbaumhecken, die den Kräutergarten umrahmen, treten im Winter klar hervor. Im Sommer, wenn die Kräuter höher werden, erscheinen die Rauten aus Buchs weniger deutlich.

erscheinen. Wenn das Gelände ansteigt, wird das Gegenteil der Fall sein.

Sollte das Schlafzimmerfenster den Blick auf eine Terrasse eröffnen, dann bedenken Sie, daß Sie auf dieser Terrasse nur während des Sommers sitzen, Sie sie aber das ganze Jahr über sehen. Auf eine Terrasse gehört eine Fülle von Kübeln und Trögen. Ihre Bepflanzung beschreibe ich auf den Seiten 62 bis 65. Halten Sie jedoch die wärmste Ecke frei, damit genügend Platz bleibt, um die kurzen Augenblicke mit Wintersonne zu genießen.

Die Pflanzen rund um die Terrasse werden wahrscheinlich in der Hauptsache Frühjahrs- und Sommerblumen sein, aber auch einige Immergrüne sollten nicht fehlen. Außerdem sind für diese speziellen Wintertage Winterdüfte sehr wichtig. Die Seidelbastarten *Daphne mezereum* und *D. blagayana*, die im Winter blühenden Schneeballarten, Sarcococca und Winterblüte liefern sie.

Gruppen von Zwiebelblumen sollte es auch geben, in Kombination mit niedrigen Sträuchern und Pflanzen, die ihre Blätter im Winter behalten – Krokus mit Nelken, gelbe Narzissen mit Raute, die Iris *Iris reticulata* mit Rosmarin oder Zistrosen. Die glänzendgelbe *Iris danfordiae* sollte in einer Ecke versteckt werden. Schneeglöckchen bahnen sich ihren Weg sogar durch teppichbildenden Thymian und Efeu. Efeublätter bilden einen guten Hintergrund für Schneeglöckchen in einer Wintervase. Ich habe deshalb das Schneeglöckchen *Galanthus elwesii* zwischen den Efeu *Hedera helix* 'Luzii' gepflanzt – eine exzellente Kombination im Januar. Efeu bildet, wenn man ihn schneidet und pflegt, eine gute Einfassung für eine streng geformte Fläche. Ein festes Band bilden kleinblättrige Sorten wie 'Glacier' oder 'Sagittifolia'.

Andere immergrüne Sträucher für eine geschützte Terrasse am Haus sind die Kronwicke *Coronilla valentina* ssp. *glauca*, dicht und wüchsig, die dunkelgrüne Strauchveronika *Hebe* 'Autumn Glory' mit purpurfarbenen Stielen und die purpurlaubige *Hebe* 'Mrs. Winder', außerdem Sycopsis (*Sycopsis sinensis*) mit ledrigen Blättern und gelben Blüten im Februar, Kamelien in mehreren Sorten. Der Schmetterlingsstrauch *Buddleja auriculata* mit cremefarbenen Blüten bildet einen lebhaften Farbklecks, wie auch die Grevillea *Grevillea rosmarinifolia*, deren tiefgrüne Blätter blasse Unterseiten haben.

Wo endet die Terrasse? Sie kann einfach in den Garten übergehen, zum Rasenplatz oder zur Rabatte werden. Wenn Sie Abgeschlossenheit und Umrahmung vorziehen, legt ein Geländer, eine niedrige Mauer oder ein hübsch gestrichener hölzerner Lattenzaun die Grenze zwischen Terrasse und Garten fest.

Im Idealfall beruhigt der Blick aus dem Arbeits- oder Wohnzimmerfenster. Hier gibt es keinen Weg, der zum Entlanggehen einlädt und damit von der Arbeit ablenkt. Für mich ist das einer der wichtigsten Ausblicke. Hier wird man wahrscheinlich im Winter um Stunden länger sitzen als im Sommer. Daher sollte der mit der Jahreszeit wechselnde Charakter sorgfältig geplant werden.

Wenn Sie den Grundriß für das Beet festlegen, das man vom Wohnzimmer aus sieht, bedenken Sie, daß speziell dieser Anblick wie ein vom Fenster eingerahmtes Stilleben wirkt, das Sie gewöhnlich immer aus dem gleichen Winkel sehen. Dagegen enthüllen Beete sonst im Garten immer neue Ansichten, wenn man an Ihnen entlanggeht.

Pflanzen Sie Sträucher, die im Winter wirken, und füllen Sie die Lücken mit krautigen Pflanzen. Prüfen Sie von Ihrem Standpunkt im Haus aus mit dem Plan in der Hand, wo die Sträucher plaziert werden sollen. Stellen Sie im Garten Stangen in der passenden Höhe auf, um die Positionen zu markieren. Falls das zu schwierig ist, tun es auch ein paar große Gegenstände wie Eimer und Schubkarren. Bedeckt mit Schattenmatten oder Säcken markieren sie z.B. den Standort der immergrünen Sträucher. Gabel und Spaten können die laubabwerfenden Sträucher wie Deutzien und Päonien vertreten. Denken Sie daran, die Anlage aus allen möglichen Blickwinkeln zu betrachten und jede Jahreszeit zu berücksichtigen. Es ist wichtig, die Grundpflanzung richtig zu entwerfen, damit nicht später Elemente ausgetauscht werden müssen.

Die weiter entfernten Rabatten müssen für die Monate, in denen z.B. Stauden ruhen, so bepflanzt worden sein, daß genügend Substanz vorhanden ist, wie Höhe, Konturen und Umrisse. Höhe kann durch Laubbäume in Hochstammform gegeben sein, solange sie nicht zu dichtes Laub tragen, das im Sommer starken Schatten auf das Beet wirft. Der Lederhülsenbaum *Gleditsia* 'Sunburst' mit seinen verzweigten Dornen ist ideal und kann durch starken Rückschnitt im Frühjahr in der gewünschten Höhe gehalten werden.

Mittlere Höhen bringen im Sommer blühende Sträucher wie Strauchpäonien, Geißklee, Deutzien, Philadelphus und Spiersträucher (*Spiraea* x *vanhouttei*). Im Winterlicht wirkt die Rinde dieser Sträucher äußerst farbenprächtig. Schneiden Sie ihre dicht hängenden »Röcke« weg und pflanzen Sie Gruppen frühblühender Zwiebelblumen um sie herum – Krokus, Scilla, Narzissen und Traubenhyazinthen. Später wachsende krautige Pflanzen werden ihr absterbendes Laub verstecken.

Die Konturen bilden die dichteren Immergrünen – Duftblüte (*Osmanthus burkwoodii*), Zypressen und Wacholder – in horizontaler und aufwärts strebender Gestalt. Sie erzeugen im Winter, mit Abstand betrachtet, einen starken Rhythmus und bewahren die Beete davor, flach und uninteressant auszusehen.

In einem kleinen Garten werden alle Ansichten ineinandergeschoben; phantasievolle Bepflanzung muß Vorrang vor großen Gesten haben. Farbzusammenstellungen erzeugen die Perspektiven und ermuntern das Auge, von einer Gruppe zur nächsten zu wandern. Dieser Garten sieht im Sommer mit den blauen, grauen und purpurfarbenen Blumen, die das viele Grün in den Hintergrund drängen, üppig, belaubt und abgeschlossen aus. Im Winter muß man die stärkere Wirkung des Rasens berücksichtigen. Die Landschaft außerhalb ist sichtbar, und die immergrünen Sträucher dominieren in Gestalt und Farbe innerhalb des Gartens.

In meinem Garten macht mir im Winter ein immergrüner Wacholder (*Juniperus* x *media* 'Pfitzeriana'), der neben Heiligenkraut (*Santolina chamaecyparissus*) wächst und mit Wollziest (*Stachys byzantina*, syn. *S. lanata*) unterpflanzt ist, große Freude. Wir haben die niedrigeren Zweige des Wacholders weggeschnitten, um ihn auszulichten und ihm eine attraktivere Form zu geben. Er sieht jetzt eleganter aus, und seine niedrigeren Zweige zeigen ein wundervolles Dunkelrot. In diesem Beet belassen wir an einigen der krautigen Pflanzen die Blütenstiele bis zum Frühjahr, besonders beim Brandkraut (*Phlomis russeliana*, syn. *P. viscosa*) oder Monarda (*Monarda didyma*). Ebenso verfahren wir mit verschiedenen Gräsern – ihre trockenen Samenstände sehen mit Schnee

oder Reif bedeckt wie Skelette aus. Die Meisen und Finken haben auch ihre Freude daran; sie schaukeln auf den Stielen und picken sorgsam jedes erreichbare Samenkorn heraus.

Die entfernte Rabatte kann eine Mauer, eine Hecke oder einen Zaun als Hintergrund haben, die im Winter alle deutlicher hervortreten, wenn die Pflanzen im Beet niedrig oder verschwunden sind. Wenn Sie eine immergrüne Hecke besitzen, speziell eine gemischte (s. Seite 45), werden Sie das ganze Jahr über etwas Interessantes finden.

Auf der anderen Seite bietet eine Mauer wunderbare Möglichkeiten für Kletterpflanzen und Sträucher, die etwas Schutz benötigen. Wählen Sie Arten mit auffallendem Winterlaub oder Blüten. Buntblättrige Efeusorten – *Hedera helix* 'Goldheart' und *H. colchica* 'Sulphur Heart' (syn. *H. c.* 'Paddy's Pride') – sind gute Beispiele. Das Gelb beider Efeuarten kann sich in einem der verläßlichsten Winterblüher unter den Sträuchern, dem Winterjasmin (*Jasminum nudiflorum*), widerspiegeln.

Warum sollten allerdings andere Sträucher, die geschnitten werden können, im Winter nicht ebenfalls gute Muster an den Mauern erzeugen können? Stechpalmen kommen, obwohl sie am Anfang langsam wachsen, bald in Schwung. *Ilex* x *altaclarensis* 'Golden King' und *I. aquifolium* 'Silver Queen' sind einen Versuch wert; sie geben, stark zur Wand zurückgeschnitten, ein originelles Bild ab, weil sie ihre panaschierten Blätter an kalten Wintertagen deutlich zeigen. Bei genügend Platz (etwa 3 m) an einer Südwand würde ich eine Sorte der Japanischen Aprikose (*Prunus mume*) wegen ihrer duftenden Winterblüten pflanzen. Als Russell Page, einer der großen Gärtner der Nachkriegszeit, sah, wie gut ein *Fremontodendron californicum* wuchs, bemerkte er: »Warum ziehen Sie ihn nicht als Spalier an der Wand?« Warum auch nicht, denn das Laub ist hübsch. An Weihnachten sind gewöhnlich ein paar Blüten geöffnet, und er blüht den ganzen Sommer in Schüben weiter.

Vor Jahren hat mich folgender Text von Thomas Morus fasziniert: »Was den Rosmarin betrifft – ich lasse ihn über alle meine Mauern klettern, nicht nur, weil meine Bienen ihn lieben, sondern auch, weil er das Kraut der Freundschaft ist, davon ein Zweig eine stumme Sprache spricht.« Eine Bestätigung dessen gab Hentzner,

Eine Blumenrabatte, vom frühen Frost verzaubert: Die Blätter des Frauenmantels (*Alchemilla mollis*) sind mit Rauhreif überzogen, und die Köpfe der Fetthennen haben die Farbe von Braun nach Silbergrau gewechselt. Immergrüne Buchsbaumkugeln, die im Sommer kaum auffallen, wenn die Bepflanzung mit Blumen starke vertikale Farbgruppen erzeugt, geben dem Beet im Winter eine rhythmische Gestaltung.

ein deutscher Chronist aus dem 16. Jahrhundert; er hatte berichtet, daß in Hampton Court Rosmarin an den Wänden entlang wachse. Der Versuch mit Rosmarin in meinem eigenen Garten gelang sehr gut. Es ist der einzige Rosmarin im Garten, der dem letzten strengen Winter standgehalten hat. *Garrya elliptica* mit ihren im Winter erscheinenden Quasten kann auch in dieser Art gepflanzt werden.

Der Spindelstrauch *Euonymus fortunei* 'Variegatus' ist eine meiner liebsten immergrünen Kletterpflanzen, auch wenn er anfangs lange braucht, um nach oben zu wachsen. Seine kleinen, gold und silbrig glänzenden Blätter leuchten im späten Winter auf, wenn sich die bereits jungen Blätter wieder zeigen. Jede dieser immergrünen Kletterpflanzen kann im Sommer als Gerüst für zartere Gewächse dienen, z.B. für Schönranke, Prunkwinde oder Wicke.

Denken Sie jetzt über das Blickfeld vor Ihrem Küchenfenster nach. Viele von uns verbringen viel Zeit in der Küche, die z.B. als Frühstücksraum und als Treffpunkt für die Familie genutzt wird. In modernen Häusern wird versucht, die Küche zu einem sonnigen Raum zu machen, z.B. mit einem großen Fenster. Wenn Sie täglich von Ihrer Spüle oder Ihrem Tisch aus den gleichen Anblick vor sich haben, müssen Sie genauso sorgfältig über die Pflanzung nachdenken wie beim Blick aus dem Arbeitszimmer.

In alten Häusern waren die Küchen selten nach Süden gerichtet, sie lagen häufig auf der Ost- oder sogar Nordseite. Meine Spüle steht vor einem Nordfenster. Wir haben unser Bestes getan, um die kleine abgeschlossene Fläche, auf die man vom Fenster aus sieht, mit einem üppigen Winterjasmin (*Jasminum nudiflorum*) aufzuhellen. Seine gelben Rispen ergeben wunderschöne Blumensträuße. Die Knospen öffnen sich in der Wärme des Zimmers schnell. Zusätzlich wächst dort die Kletterrose 'American Pillar', die es trotz der fehlenden Sonne fertigbringt, im Juli üppig zu blühen.

Ein weiterer, im Winter blühender Strauch, der Schatten bevorzugt, ist das aufrecht wachsende Geißblatt (*Lonicera fragrantissima*). Es bildet oft einen Teil meiner Tischdekoration an Weihnachten, zusammen mit der Winterblüte (*Chimonanthus praecox*), die jedoch die Sonne liebt. Einer meiner liebsten Sträucher mit Blüten, die die Januartage erhellen, ist der Schneeball *Viburnum tinus*, aber er verträgt keinen zu tiefen Schatten. Wenn die Mauerseite mit dem Küchenfenster selbst im Schatten liegt und groß genug ist, stellt die Hortensie *Hydrangea petiolaris* eine gute Wahl dar; am Fuße der Mauer könnten Kamelien wie *Camellia japonica* oder *C. reticulata* wachsen. Die Sorte 'Captain Rawes' besitzt wundervolle halbgefüllte Blüten, die sich von Februar bis in den frühen Mai öffnen. Seidelbast (*Daphne mezereum*), ein sehr wichtiger Strauch für den Winter, gedeiht im Schatten und blüht manchmal auch schon im Februar.

Aus diesem Fenster wird ein Blick auf eine eindrucksvolle Anordnung immergrüner Formsträucher eröffnet. Ihre Formen, die wechselnden Farben und Strukturen ihres Laubes werden von der Wintersonne angestrahlt. Ein schmaler Kiesweg führt das Auge über die Vielfalt der Formen hinaus in die dahinter liegende freie Landschaft. Das strenge Straucharrangement steht im krassen Kontrast zu seiner Umgebung.

Viele immergrüne Bodendecker lieben ebenfalls Schatten – Bergenien, Nieswurz, Taubnessel, Kaukasus-Vergißmeinnicht, die Mahonie *Mahonia aquifolium* mit auffallenden bronzeroten Winterblättern, das Lungenkraut *Pulmonaria officinalis* (manchmal im Januar in Blüte) und der Steinbrech *Saxifraga* x *urbium* mit hübschen Blattrosetten. Die meisten Efeusorten werden im Schatten überleben und ihre panaschierte Färbung behalten. Vinca ist eine ideale Abdeckung, solange man es in Schach hält; wenn es im Winter geschnitten wird, blüht es im Frühjahr viel reichlicher. Das Heidekraut (*Calluna vulgaris*) mit seinen vielen Formen ergibt auf kargem, saurem Boden einen schönen Winterfarben-Teppich. Die Schattierungen des Laubes sind im Winter am besten und reichen von Dunkel- bis Hellgrün und von sanften bis zu aufregenden Goldtönen. Die Sorte 'Silver Queen' besitzt schöne silbrig graue Blätter.

Ich halte eine Tür, die direkt von der Küche in den Garten führt, für sehr wichtig. Ob Sommer oder Winter, am Morgen führt mein erster Gang zur Tür, um sie zu öffnen und hinauszuschnuppern, um mich mit dem Tag anzufreunden und ein Gefühl für das Wetter zu bekommen. Dies ist der Platz für den Kräutergarten – praktisch zum Kochen und nahe gelegen um des Duftes willen.

DER ZUGANG ZUM HAUS

Der Zugang zu Haus und Vorgarten ist genauso wichtig wie die Ansichten, die sich vom Haus aus ergeben. Es ist zwar einfach, mit den Frühjahrspflanzen und dem Überfluß des Sommers eine Welt aus Farben entstehen zu lassen, aber die übrigen Monate erfordern eine sorgfältige Planung. Für einen schmalen Fahrweg würde ich eine Rahmenpflanzung aus Solitärgehölzen oder kleinen Gruppen immergrüner Bäume und Sträucher empfehlen, die ein schmales Beet mit variierenden Formen, Größen, Strukturen und Schatten bildet. Es ist vernünftig, das Beet mit einer niedrigen Mauer gegen unerwünschtes Befahren zu schützen.

Oben: Die Zwergmispel (*Cotoneaster horizontalis*), bedeckt mit roten Beeren, wurde sorgfältig gestutzt. Ordentlich geschnittene Geißblätter (*Lonicera nitida*) schmücken die Tür zu beiden Seiten. Die warmen Farben dieses Eingangs heißen im Winter willkommen.

Rechts: Trauerweide, geschnittener Buchs, blühender Schneeball und Gruppen von Schneeglöckchen erzeugen eine Menge interessanter Silhouetten und unerwarteter Farben, die den Zugang zu diesem Landhäuschen im Winter so anziehend machen wie im Sommer, wenn die einfache Anlage mit einer Masse von Blumen- und Blattfarben eingehüllt ist.

Beginnen Sie mit den sich niedrig ausbreitenden Wacholdern – *Juniperus sabina* 'Tamariscifolia' und *J. horizontalis* 'Glauca' – im Vordergrund des Beetes. Sie können einen Kontrast zu den langen kriechenden Trieben der Zwergmispel *Cotoneaster dammeri* bilden, einem immergrünen Strauch mit weit in den Winter hinein haltbaren Beeren. Im letzten Winter fiel mir dieser Strauch in einem Botanischen Garten auf; er wuchs entlang eines vielbenutzten Weges über einer 30 cm hohen Stützmauer.

Oberhalb der Wacholder brauchen Sie eventuell einige Höhenakzente, d.h. von flammen- oder pyramidenförmigem Wuchs. Koniferen sind dafür am besten geeignet, speziell Chamaecyparis, auch Wacholder, Thujen und Eiben. Versuchen Sie, neben dem Wacholder *J. communis* 'Hibernica' die Scheinzypresse *Chamaecyparis pisifera* 'Filifera Aurea' zu pflanzen, denen Sie genügend Platz einräumen müssen. Ihre goldfarbenen, peitschenartigen Zweige kontrastieren gut zum aufrechten Habitus des Wacholders. Ein paar verstreut gepflanzte Koniferen sorgen im Winter für Gewicht und Dauerhaftigkeit. Sie sollten jedoch nicht dominieren. Bevor Sie Ihre Wahl treffen, informieren Sie sich in anderen Gärten über deren Wuchsverhalten. Suchen Sie dann in einer gut sortierten Baumschule oder einem Gartencenter den Rat eines Fachmanns. Andernfalls könnten Sie sich 15 Jahre später mit einem 4,50 m hohen Lebensbaum (*Thuja plicata*) wiederfinden, der ein kleines Beet beherrscht. Nebenbei bemerkt, diese Thuja ist ein hervorragender immergrüner Strauch zur Abschirmung, sollte aber gekappt werden, wenn sie die zulässige Höhe überschreitet.

Es gibt mehrere immergrüne Laubsträucher, die im Winter blühen, attraktives Laub aufweisen und einen guten Kontrast zu den Koniferen bilden. Die Mahonien stehen oft im November schon in Blüte. Sie haben klar abgegrenzte stechende Fiederblätter – halten Sie sie deshalb von einem engen Weg fern, allerdings nicht zu weit, um ihren Maiglöckchenduft nicht zu entbehren. Ich würde sie an der Westseite des Hauses pflanzen, wo teilweise Schatten herrscht und wo man den Duft ihrer Blüten genießen kann. Ich halte die echte Mahonie (*Mahonia japonica*) für eine der eindrucksvollsten Laubpflanzen. Samen von *M. lomariifolia* wurden aus China mitgebracht; eine der besten ist die Sorte 'Charity', eine Hybride aus *M. lomariifolia* und *M. japonica*. Andere, die zur Auswahl stehen, sind 'Buckland' und 'Lionel Fortescue'. Ich bin der Meinung, daß in jedem Garten eine Mahonie wachsen sollte.

Ein kurzer Zufahrtsweg könnte der ideale Platz für die Strauchveroniken *Hebe* 'Autumn Glory' und *H. rakaiensis* sein, beide Immergrüne mit kleinen glänzenden Blättern, die zu etwa einen Meter hohen Büschen heranwachsen können. Als Arrangement in Gelb machen sich die Stechpalmen *Ilex* x *altaclarensis* 'Golden

King' und *I.* x *altaclarensis* 'Lawsoniana' oder die goldfarbene Eibe *Taxus baccata* 'Dovastonii Aurea' gut. Durch Stutzen halten sie Form und Größe. Für schattige Standorte empfehlen sich Sarcococca, Skimmia und die Heckenkirsche *Lonicera pileata*.

Sommerblühende Sträucher sollen selbstverständlich im Sommer den besten Eindruck machen, aber im Winter ebenfalls attraktiv aussehen. Die immergrüne Duftblüte *Osmanthus delavayi* trägt im Frühling duftende Blüten, *O. heterophyllus* im Herbst, aber beide haben im Winter schöne dunkle immergrüne Blätter und einen dichten Habitus. *O. heterophyllus* 'Variegatus' wächst langsamer, zeigt aber auffallend bunte Blätter.

Zwischen die Sträucher passen Bergenien, Epimedium, Lungenkraut, der Aronstab *Arum italicum* (dessen Blätter im Sommer abfallen) und Nelken mit schönen grauen Blättern. Um etwas Höhe einzubringen, wären Pampasgras und der Neuseeländer Flachs (*Phormium tenax*) geeignet. Blüten liefern frühblühende Krokus und Iris (*Iris reticulata*) an der Basis der Sträucher; außerdem liebe ich die Nieswurz *Helleborus orientalis*, hoch genug gepflanzt, damit man in ihre hängenden Köpfe sehen kann.

Falls Ihr Haus in einiger Entfernung zur Straße am Ende eines Zufahrtsweges steht – meiner ist 45 m lang –, müssen Sie eine andere Lösung anstreben. Pflanzen Sie deutlich hervortretende

Gruppen und halten Sie ein einfaches Schema ein, damit Sie nicht an den einzelnen Pflanzen vorbeifahren, bevor Sie sie überhaupt gesehen haben. Für dekorative Äste im Winter ist eine Gruppe von Hartriegeln (*Cornus alba*) gut; die Sorte 'Kesselringii' hat purpurschwarze Stämme und 'Sibirica' hellkarmesinfarbene. Beide gefallen auch im Sommer.

Berberitzen sind »bösartige« Sträucher und müssen dort plaziert werden, wo sie nicht mit dem Rasenmäher in Konflikt kommen. Als Gruppe jedoch sehen sie wirkungsvoll aus; es gibt mehrere, die im Winter Laub tragen. Das Hasenohr *Bupleurum fruticosum* ist ein Strauch, dessen Standort sorgfältig ausgewählt werden muß: Im Sommer ziehen seine Blüten die Fliegen an. Pflanzen Sie ihn deshalb entfernt vom Haus; eine lange Auffahrt könnte genau der geeignete Platz für ihn sein. Er wächst gut in windiger Lage und hat besonders attraktive graugrüne Blätter.

Hier könnten Sie auch eine immergrüne Ölweide mit glänzenden Blättern pflanzen, die gut zum Schnitt geeignet ist. Sie wächst ziemlich schnell und bildet eine Abschirmung gegen Wind und Lärm. An einer vielbefahrenen Straße ist der Schneeball *Viburnum rhytidophyllum* einer der besten Sträucher. Er wächst schnell und besitzt ziemlich große, ledrige Blätter, die einen effektiven Lärmschutz darstellen.

Ich habe meinen Fahrweg mit im Winter blühenden Zwiebelgewächsen gesäumt, mit dem gelben Winterling (*Eranthis hyemalis*) und einer Menge Schneeglöckchen, Scillas und Krokussen. Ich liebe auch den im Januar blühenden Krokus *Crocus flavus*, der sich stark ausbreitet. Ich setze sie alle in deutlichen Gruppen, nicht einzeln hier und da verstreut. Die lindgrünen Blüten der Nieswurz *Helleborus foetidus* haben genau die zum Winter passende Farbe: Sie leuchten an grauen Tagen und bilden einen lebendigen Kontrast zu ihren dunkelgrünen Blättern. In Gruppen gepflanzt, lassen sie sich im Laufe der Zeit zu einem Teppich vervielfältigen. *Crocus tommasinianus* und Adonisröschen *Adonis amurensis*, die beide im späten Februar zum Vorschein kommen, bilden sehenswerte Gruppen; das blasse Purpur der Krokusse kontrastiert mit dem hellen Gelb des Adonisröschens.

***Eranthis hyemalis* gedeihen auf kalkhaltigen oder in alkalischen Böden. Hier ergänzen sie die honigfarbenen Steine des Hauses und bilden einen goldenen Teppich, gegenüber dem sich die kräftigen, dunklen Umrisse der Eiben im Hintergrund auffallend abheben. Es ist eine Pflanze, die auf keinen Fall gestört werden darf, dann vermehrt sie sich auf natürliche Weise durch Samen. Wenn die Blätter des Winterlings welken und absterben, nimmt der Wiesenkerbel (*Anthriscus sylvestris*) seinen Platz ein.**

Wenn Sie keine lange Auffahrt besitzen, werden Sie diesen Teil des Gartens anders gestalten wollen. Bei einem kleinen Landhaus könnten es blumengefüllte Beete sein, für den Sommer bepflanzt mit Rosen, Stockrosen und duftenden Nicotianaarten, dazwischen Zwiebelblumen und niedrige Pflanzen wie Beinwell, Epimedium, Raute und immergrüne Sedumarten. Ich würde die frühesten Sorten der Narzissen *Narcissus bulbocodium* und *N.* 'February Gold' zusammen mit der echten blauen Scilla *Scilla siberica* und Puschkinia (*Puschkinia scilloides*) verwenden. Rosmarin, Sarcococca und der Schneeball *Viburnum farreri* 'Nanum' könnten als duftende Pflanzen hinzugefügt werden.

Ein Weg, der direkt von der Straße zur Haustür führt, sollte ein interessantes Muster aus solchem Material aufweisen, das gut zum Haus paßt. Ziegelsteine, als Fischgrät- oder Webmuster verlegt, können mit weiteren Ziegelsteinen als Rand eingerahmt werden. Eine Alternative ist eine getrimmte Lavendeleinfassung, wogegen Blaukissen und Schleifenblumen über die Ränder in den Weg hineinwachsen werden. Was immer Sie wählen, Sie werden es aus nächster Nähe sehen und sollten daher den Einzelheiten größte Aufmerksamkeit schenken.

Haus und Grundstück können mit Zäunen und Hecken umgeben sein oder inmitten eines gemähten Rasens liegen, mit der Bepflanzung nahe an den Mauern, so daß ein offener Gesamteindruck entsteht. Häuser, die in klaren Farben gestrichen sind, lassen die Sträucher um so mehr hervortreten. Ich schätze die Einfachheit dieser Art und die strengen Einfassungen aus Buchsbaum und anderen Immergrünen im Vordergrund.

Der Zugang zu einem Stadthaus unterscheidet sich im allgemeinen von dem eines Landhauses: Der Weg liegt entweder in der Mitte oder – häufiger – auf einer Seite. Die Architektur des Hauses erfordert oft eine formale, symmetrische Anlage. Buchseinfassung, -kugeln und geschnittene Stechpalmen treffen diesen Stil am ehesten. Fügen Sie in diesem Fall unbedingt ein kleines Stück Rasen hinzu. Sie werden das Grün des Grases im Winter beruhigend empfinden. Große Bäume werden nicht in Frage kommen, außer man schneidet sie ständig. Weißdorn, Linde und Hainbuche lassen sich in Spalierform ziehen oder zu Krausköpfen stutzen. Ihr bloßes Geäst sieht immer aufregend aus, wenn es durch einen Überzug aus Schnee oder Reif hervorgehoben wird. Auf niedrigen Stämmen gezogen, zu Krausköpfen oder Würfeln geschnitten, könnte die immergrüne Steineiche (*Quercus ilex*) eine ungewöhnliche Antwort auf der Suche nach Form liefern.

Eine andere ungewöhnliche Idee sind einfache oder zweireihige Obstspaliere (Äpfel und Birnen), die den Weg zur Eingangstür eines Stadthauses rahmen. Als Alternative wäre ihre zentrale

Links: Ein Haus mit einem einfachen, aber dekorativen Vorgarten. Es ist von der Straße durch eine ausgedehnte Rasenfläche getrennt und von einem einfachen Holzzaun umgeben, der sich mit den gebogenen Zweigen und einer Menge leuchtendroter Beeren des schneebedeckten Feuerdorns (*Pyracantha coccinea*) festlich schmückt.

Unten: Den Hartriegel *Cornus alba* 'Sibirica' mit seinen leuchtend gefärbten Ästen sieht man den ganzen Winter über gern. Schneiden Sie ihn am besten jedes Jahr zu, aber nicht, bevor die Frühlingspflanzen herauskommen und den Platz der dunkel scharlachroten Äste einnehmen.

Durch den phantasievollen Schnitt der Stechpalmen (*Ilex aquifolium*) kam die besondere Wirkung einer Hecke aus zwei Schichten zustande. Sie paßt zum Stil des Hauses und ergibt außerdem eine geschickte und authentische Interpretation des Gartenstils im 16. Jahrhundert.

Anordnung in schmalen Beeten (nicht breiter als 50 cm) in Form eines Andreaskreuzes denkbar. Wo die Beete sich treffen, könnte als krönender Mittelpunkt ein immergrüner Strauch, z.B. eine Buchsbaumpyramide oder -spirale oder eine säulenförmige Eibe stehen. Unter den Obstbäumen könnten immergrüne Bodendekker (Günsel, kleinblättriger Efeu, Ophiopogon, niedriges Heidekraut) gepflanzt werden. Beschränken Sie sich auf eine Pflanzenart, sonst wirkt die Anlage unruhig. Vermeiden Sie alles, was über 15 cm hoch wird, andernfalls wird es mit den Obstbäumen konkurrieren.

Dies heißt nicht, daß ein Stadthaus einen mit strengen Formen angelegten Zugang haben muß; ein Vorgarten sollte immer den Stil des Hauses widerspiegeln. Ich gestalte den ersten Eindruck gern einfach und freue mich über allmählich zum Vorschein kommende Details.

KÜBEL UND GEFÄSSE

Kübel und Gefäße in Hausnähe sind im Winter unverzichtbare Elemente des Gartens. Man sieht sie oft leer, bis die Geranien- und Fuchsienzeit wieder beginnt. Lassen Sie ihre Phantasie spielen und füllen Sie sie auch für den Winter.

Ich bepflanze unsere Kübel zweimal im Jahr neu, im Oktober und Ende Mai. Die Pflanzen des Oktobers werde ich sieben bis acht Monate lang zu sehen bekommen; daher ist es wichtig, daß sie attraktiv und interessant wirken. Ich pflanze in der Regel immer nach dem gleichen Grundschema; nur die endgültige Ausschmückung variiert.

Die Kübel bestehen aus halbierten Fässern mit einem Durchmesser von 60 cm und einer Tiefe von 40 cm – sie haben damit genügend Platz für eine Menge Pflanzen. Die Sommer- und Winterpflanzungen unterscheiden sich erheblich in ihrem Charakter. Den Sommer über sind die Kübel üppig gefüllt. Im Winter enthalten sie eine Grundpflanzung von Immergrünen. Ich setze aber auch einzelne Zwiebelblumen hinein, die im Frühjahr hervorkommen und den Frühling ankündigen.

Bepflanze ich einen Kübel, wechsle ich die Erde vollständig aus. Ich verwende Komposterde, gemischt mit Torf und Perlite (1/2 Teil Kompost, 1/3 Teil Torf und 1/6 Teil Perlite), und setze einen Langzeitdünger hinzu. Der Boden des Kübels wird vollständig mit Topfscherben bedeckt.

Auf meiner Terrasse stehen vier Kübel symmetrisch so angeordnet, daß sie entweder gleiche Abstände zueinander haben oder

passende Paare bilden. Jeder Kübel enthält ein immergrünes Hochstämmchen als Mittelpunkt, 50 cm bis 100 cm hoch, gestutzte Stechpalmen, Kreuzdorn (*Rhamnus alaternus* 'Argenteovariegata'), die buntblättrige Form des Sanddorns oder den Spindelstrauch *Euonymus fortunei*. Meine Auswahl hängt davon ab, was gerade zur Verfügung steht. Vorgezogene Hochstämme aus gelbem Liguster und gelbem Geißblatt werden bald schön genug sein, um ebenfalls zur Auswahl zu stehen. Sie müssen generell so gut aussehen, daß man sich sieben Monate lang an ihnen erfreuen kann. Ihre Auswahl wird sich an den jeweiligen Bedingungen orientieren.

Oben links: Die elegante Art der Verzweigung und das schön gemusterte Laub des Kreuzdorns *Rhamnus alaternus* 'Argenteovariegata' machen ihn zu einem hübschen Hochstamm. Er verleiht der Terrasse das ganze Jahr über Farbe und Gewicht.

Oben rechts: Die Wintersonne läßt die gelben Krokusse an der Basis der schmalblättrigen *Buddleja* 'Dartmoor' reich blühen. Die *Buddleja* wird bis ins zeitige Frühjahr nicht gestutzt. Die langen Triebe bewahren vor zu frühem Neuaustrieb, wenn noch Frostgefahr besteht.

Zwiebelblumen pflanzen Sie in Schichten, damit sie nacheinander blühen. Meine unterste Schicht besteht aus mindestens 18 Tulpen, die in einem engen Kreis um den immergrünen Strauch gesetzt werden. Bedecken Sie die Zwiebeln gerade mit soviel Erde, um einem Dutzend Narzissen Platz zu geben. Dann folgt erneut Erde und ein paar – vielleicht nur acht – Hyazinthen. In der obersten Schicht folgen möglichst viele Krokusse der am frühesten blühenden Sorten. Osterglocken und Tulpen gelten nicht als Winterblüher, daher müssen Sie für genügend immergrüne Pflanzen sorgen, die im Dezember und Januar die Erde bedecken, bevor die Frühlingszwiebeln blühen: Stiefmütterchen, Sedum, Veilchen, Günsel, Taubnesseln, überhängende Immergrün (*Vinca*), irgendwelche Pflanzen, durch die sich die Zwiebelblumen hindurchschieben können.

Eine andere erfolgreiche Kombination, besonders wirkungsvoll für Kübel im Schatten, besteht aus einem Hochstammeuonymus, umgeben vom Geißblatt *Lonicera pileata*. Dieses immergrüne Geißblatt breitet sich horizontal fächerförmig aus. Falls es zu breit wird, kann es bedenkenlos zurückgeschnitten werden. Diese Bepflanzung hält, bis die Lonicera ihr gutes Aussehen verliert, was aber erst nach drei oder vier Jahren eintritt.

Auf den Stufen, die in mein Wohnzimmer führen, stehen im Sommer ganz besondere Pflanzen. Die Entscheidung, was im Winter dort plaziert wird, stellt immer eine Herausforderung dar. Einzelne immergrüne Exemplare in Tontöpfen sind eine Lösung, z.B. Kugeln oder Pyramiden aus Buchs oder kleine Lorbeerbäume. Kamelien und Schneeball *Viburnum tinus* liefern Farbe, Sarcococca (*Sarcococca*) und Seidelbast (*Daphne odora*) Duft. Wenn die Töpfe zu klein werden, kommen die Pflanzen in den Gartenboden.

Auch direkt vor meiner Küchentür habe ich im Winter gern schön bepflanzte Töpfe. Dort stehen zwei Kübel aus halbierten Fässern. Der eine enthält eine Fremontia, die es in den meisten Jahren irgendwie schafft, an Weihnachten ein paar offene Blüten zu zeigen, und eine üppige Heckenkirsche *Lonicera nitida* 'Baggesen's Gold', die an ihrer Basis wächst. Alles, was die Pflanze im Kübel braucht, ist Wasser im Sommer und ein sanftes Stutzen, um sie in Form zu halten. Auf der anderen Seite der Tür steht der Efeu *Hedera helix* 'Buttercup'. Dieses Arrangement für den Winter besteht vorwiegend aus Gelbtönen.

Der Garten in Töpfen mit Stechpalmen, Sumpfkiefer (*Pinus palustris*) und rotlaubiger Nandina im Hintergrund steigt die Stufen hinauf und geht am Balkon entlangt.

Ich pflanze gern frühblühende Zwiebelblumen in Töpfe. Um sie zeitig zum Austreiben zu bringen, werden sie in Frühbeetkästen gestellt und herausgenommen, wenn sich die Blütenknospen zeigen. Frühe Krokus und Iris (*Iris reticulata*) sind bestens dafür geeignet, außerdem einige Narzissen ('February Silver', 'February Gold') und die Miniatursorte 'Hoop Petticoat'. Probieren Sie jedes Jahr andere aus. Wenn sie in den Töpfen geblüht haben, setzen Sie die Zwiebeln und Knollen in den Garten, wo sie im folgenden Frühling für eine Überraschung sorgen werden.

RÄUME IM FREIEN

Räume im Freien – Bereiche, die von Mauern oder Hecken eingeschlossen sind – sind für Gärtner das, was die Plätze für Stadtplaner sind. Napoleon nannte die Piazza San Marco in Venedig »den schönsten Salon in Europa«. Hier denken wir nicht gleich an etwas so Großartiges, sondern vielmehr an die Vertraulichkeit einer Sequenz von Gartenräumen unterschiedlicher Größe und Gestaltung. Gewöhnlich quadratisch oder rechteckig, können sie streng geformt sein oder nicht, aber sie sollten unbedingt Ruhe ausstrahlen. Sogar der kleinste abgeschlossene Gartenbereich fügt als »Garten im Garten« eine neue Dimension hinzu. Im Winter gewinnen seine Begrenzungen, seine Abmessungen und die immergrünen, ihn einschließenden Mauern stark an Bedeutung.

Im Garten einer Bekannten geben die Rahmen, an denen im Sommer der goldfarbene Hopfen hochklettert, den vier Gartenekken Höhe und Gewicht. Wenn ich in meinem Garten eine ähnliche Vorrichtung hätte, würde ich eine immergrüne oder strauchige Kletterpflanze wählen, z.B. den Winterjasmin (*Jasminum nudiflorum*) oder die Waldrebe *Clematis cirrhosa* 'Balearica' oder einen pyramidenförmigen Baum wie den Apfel 'Van Eseltine' oder die Zierkirsche 'Amanogawa', durchwachsen von einer im Herbst blühenden Waldrebe. Diese Pflanzung wird im Winter genügend Interesse wecken und den Besucher zum Durchgehen und Betrachten anregen.

Das Mittelstück kann mit Rasen bedeckt sein. Ich kenne mehrere solcher grüner Räume, in denen das helle Grün des Rasens mit dem dunklen Grün der Eiben kontrastiert. Wenn Sie sich für eine weniger nüchterne Lösung als Grün in Grün entscheiden, ist es wichtig, ein breites Beet rund um den Rasen entlang der Mauer oder der Hecke zu führen; eine schmale Rabatte wird unbedeutend und uninteressant aussehen, es sei denn, sie ist nur für Kletterpflanzen gedacht.

Beim Bepflanzen der Gartenbereiche sollten Sie bedenken, wie sich eine Lösung von Jahreszeit zu Jahreszeit verändert. Immergrüne erhalten die Linien, laubabwerfende Pflanzen ändern den Charakter sehr stark. Ein kleiner, mit hohen Mauern oder Hecken umgebener Gartenbereich, der die Außenwelt ausschließt, sollte grundsätzlich eine detaillierte Bepflanzung, gut abgegrenzte Beete und interessante Wegmuster aufweisen. Die Anlage der Beete und das Muster der Wege stehen im Winter im Vordergrund. Viele gelungene Gärten sind in verschiedene Räume untergliedert, die einen konsequenter als die anderen. Bögen oder Torwege verbinden, Wege führen von einem klar aufgeteilten, selbständigen Bereich zum anderen.

Penelope Hobhouse, Gärtnerin und bekannte Autorin, hat ihren Garten so beschrieben: »Wir sind glücklich über einen Garten, der sich im Winter von seiner besten Seite zeigt: immergrüne Bäume – Ilex, Eibe und die große, wenn auch leidende Zeder –, ein Muster von Eibenhecken, das separate Gartenabteile bildet, und niedriger Buchs als Einfassung für Blumenbeete. Kuppelförmige Buchsbäume säumen den Hauptweg, der sich über die ganze Länge des Gartens hinzieht; von ihm aus gelangt man in alle seitlichen Teilbereiche.«

Die Hauptachse – ein gepflasterter Weg, der vom Haus durch den Vorhof mit Rasen in einen dichter bepflanzten Bereich und schließlich zum Teichgarten führt – ist wirklich gelungen. Das Interessante ist, daß die Bepflanzung entlang der Achse immer gewichtiger und detaillierter wird, je weiter man sich vom Haus entfernt.

Mir gefällt die Idee, Rabatten mit krautigen Pflanzen in Teilbereichen innerhalb einer Allee anzulegen. Mit einer Mauer im Hintergrund, »gestützt« von in Abständen gepflanzten Eiben oder Buchsbäumen, wirken sie am besten. Auf diese Art läßt sich jedem Bereich eine bestimmte Farbpalette zuordnen. Eiben erzeugen den dunkleren Hintergrund für Sommerblumen.

Um im Winter Kontraste zu schaffen, wählen Sie ein paar Sträucher mit farbigen Ästen oder immergrünen Blättern; die Mauer dahinter sollte Anziehungspunkte aufweisen: Azara (*Azara microphylla*), Kronwicke (*Coronilla valentina* ssp. *glauca*), Schmetter-

Dieser Garten ist in der Tat ein Garten für alle Jahreszeiten, wie diese Winteransicht bestätigt. Während im Sommer der Überfluß an frischen Grün- und Weißtönen verblüfft, fallen im Winter die architektonischen Grundzüge auf. Sich kreuzende Wege treten gegenüber den warmen Tönen der Erde, der Baumstämme und den geschnittenen Immergrünen klar hervor und verbinden sich mit den sanftroten Ziegelsteinen des Hauses und der Mauern.

lingsstrauch (*Buddleja auriculata*), Aralie (*Fatsia japonica*, im Schatten), Grevillea (*Grevillea rosmarinifolia*), Winterjasmin (*Jasminum nudiflorum*), Melde (*Atriplex halimus*) oder Waldrebe (*Clematis cirrhosa*). Genaugenommen sind nicht alle davon direkt Sträucher für die Mauer, aber die empfindlicheren unter ihnen werden für den Schutz, den sie bietet, dankbar sein.

In einem französischen Garten habe ich eine Reihe von quadratischen, von einer Mauer umgebene Abteile in gleicher Größe gesehen, vier davon in einer Linie. Einst wurde Obst darin angebaut. Ein Weg läuft mitten durch jeden quadratischen Teilbereich, und in der Mitte der zusammentreffenden Mauern befinden sich einfache Torbögen. Jeder Raum wird im Sommer von einer anderen Farbe beherrscht. Und im Winter geht der Blick durch die Tore entlang des mit getrimmtem Buchs eingefaßten Wegs geradewegs von einem Ende zum anderen. Es ist eine der schönsten Ansichten, an die ich mich erinnern kann.

Sie könnten diese Idee auch für einen kleineren Garten anwenden, indem Sie Rabatten auf beiden Seiten eines Kiesweges mit Stützpfeilern in einzelne Pflanzabschnitte unterteilen. Zwischen den Pfeilern muß genügend Abstand gelassen werden, damit nicht ein kleinkarierter, umständlicher Gesamteindruck entsteht. Die geschlossenen Nischen sind im Winter ideale Standorte für süß duftende Sträucher und für Gruppen von Nieswurz, gemischt mit krautigen Pflanzen.

Ich persönlich möchte keinen eigenen »winterlichen Garten« innerhalb meines Gartens; ich ziehe einen für alle Jahreszeiten geeigneten Garten vor. Wenn Sie jedoch genügend Platz haben, wird Sie die folgende Schilderung eines Gartens von Gertrude Jekyll anregen: »Eine weitere leichte Biegung enthüllt einen stabilen doppelten Bogen, der in einen abgeschlossenen Raum von etwa 10 m Breite und Länge führt. Es ist der winterliche Garten – eine herrliche Erfindung! Durch die Mauer auf jeder Seite – nicht zu hoch, um die niedrige Wintersonne nicht auszuschließen – liegt er absolut geschützt. Vier Beete sind mit Heidekraut, Seidelbast, Rododendron (*Rhododendron* 'Praecox') und ein paar anderen Pflanzen gefüllt. Diese Beete zeigen zusammen mit den umgebenden Rabatten und den schön bewachsenen Mauerfugen von November bis April eine vollständige Bepflanzung mit reichlich Blüten. Die Backsteinwege sind immer trocken, und ein Sitzplatz in einer überdachten Nische bildet eine richtige Falle für die Sonnenstrahlen.«

Der Rosengarten ist einer der wichtigsten Räume in diesem Garten. Die Rosen, die wegen ihres Duftes und ihrer Form ausgewählt wurden, erhalten Schutz von den sie umschließenden Hecken und von Säulen aus Eibe. Eine Urne aus dem 18. Jahrhundert steht im Zentrum des kreisrunden Beetes, das mit Tulpen und Katzenminze bepflanzt und mit Heiligenkraut eingefaßt ist. Die umgebenden L-förmigen Beete beinhalten eine Ansammlung graulaubiger Pflanzen und werden mit Einjährigen in Weiß und Rosa aufgefüllt.

EINE WINTERECKE IM GARTEN

Eine Winterecke sollte ein – wenn auch kleiner – Platz sein, wo Sie sichergehen können, daß Sie die speziellen Winterblüten finden, die dem Wetter trotzen, die Blätter, die die Farbe behalten, und die Beeren, die den Winter über hängen bleiben. Und sie sollte versteckt liegen, damit Sie einen Anreiz haben, um hinauszugehen und die Winterblüten zu genießen.

Meine Winterecke ist ein Ort, an den ich an sonnigen Tagen meine Besucher führe, wenn sie fragen, was im Garten blüht. Es wäre langweilig, wenn man antworten müßte: »Sie können alles vom Fenster aus sehen.« Am verläßlichsten sind Helleborus. Wie vieles in meinem Garten, kamen sie durch Zufall entlang der nach Nordwesten gewandten Mauer in den Boden.

In jener Zeit war die Mauer mit vergleichsweise wenigen Kletterpflanzen bedeckt; wir haben sie seither vollständig mit Sträuchern, Clematis und Rosen zuwachsen lassen, die das Frühjahr und den Sommer hindurch blühen, wobei die Helleborus die Basis der Pflanzen hervorragend bedecken. Sie wachsen nahe an der Mauer und trocknen daher im Sommer stark aus; deshalb müssen wir sie gießen und idealerweise im Frühjahr düngen, nachdem sie verblüht sind.

Als erste der Helleborusarten blüht die Christrose (*Helleborus niger*). Man kann sich darauf verlassen, ein paar schöne reinweiße Blüten für die Weihnachtsdekoration zu bekommen. Schützen Sie die Christrosen mit Hilfe einer Abdeckung (Folie, Glasscheibe) – nicht wegen der Kälte, sondern weil die Blüten bei einem heftigen Regen mit Erde bespritzt oder vom Schnee begraben werden könnten. Die Vollkommenheit ihrer weißen Kelchblätter geht schnell verloren. Lassen Sie die Pflanze in Ruhe, nachdem sie gesetzt ist. Ihr Standort im Beet wird mit einem Stäbchen markiert, damit sie nicht beim Unkrautjäten versehentlich beschädigt wird. An jedem Stiel sollten sich nacheinander zwei Blüten öffnen. Man pflückt die erste Blüte dann, wenn sich die zweite Knospe geöffnet hat, sonst wird sie, ohne aufzugehen, verwelken.

Es gibt mehrere Typen von Christrosen, die einen mit größeren Blüten und andere mit leichter Rosatönung der Kelchblätter. Vor allem letztere bilden wundervolle Blütenköpfe. Die Blütenblätter sind unscheinbar um die Gruppe der Staubblätter angeordnet. Meine liebste Sorte ist *H. niger* 'Louis Cobbett' mit großen rosa Blüten.

Die Nieswurz *Helleborus orientalis* erscheint als nächste. In günstigen Wintern fängt sie bald nach Neujahr an, ihre Blütenstiele nach oben zu schieben, und fährt bis in den Frühling damit fort. Die Blüten sind wunderschön. Ihre Köpfe hängen zierlich und bescheiden an etwa 50 cm hohen Stielen, mit Tönen von Reinweiß über ganz Blaßgrün und Cremefarben bis zu schönem Rosa und Weinrot. Am meisten von allen schätzen Kenner die fast schwarzblütige Hybride. Ich mag jene mit Punkten oder Flecken am liebsten; gewöhnlich sind es tiefpurpurfarbene auf cremefarbenen oder blaßpurpurnen Kelchblättern, die man entdeckt, wenn man ihre Blütenköpfe nach oben dreht. Kenner loben Helleborusarten als die Aristokraten unter den im Winter blühenden Pflanzen. Alle besitzen schöne, bodenbedeckende Blätter und wachsen langsam aber sicher in jeder guten Erde an, vorzugsweise im Schatten. Sie gedeihen gut in kalkhaltigen Böden und sind dankbar für eine Mulchdecke aus reifem Kompost im Frühjahr und etwas Knochenmehl im Herbst. Stören Sie sie nie ... sie zeigen so lange nichts von ihrer wahren Größe oder der Farbe ihrer Blüten, bis sie nach dem Verpflanzen wieder gut angewachsen sind.

Oben: *Helleborus foetidus* ist mit ihrem dunkelgrünen Laub und den blaßgrünen Blüten eine auffallende und ungewöhnliche Pflanze.

Rechts: Wenn Sie eine Ecke im Garten für den Winter bepflanzen, werden Sie einen Anreiz zum Hinausgehen haben, egal welches Wetter herrscht. Nieswurzarten sehen als Einzelexemplare schön aus, in Gruppen gepflanzt jedoch noch besser. Hier eine Gruppe von rosa *Helleborus orientalis*, die neben dem Wasser wächst. Sie blühen gleichzeitig mit frühen Narzissen.

Helleborus werden mit den Jahren immer schöner. Retten Sie alle Sämlinge, die unter der Elternpflanze erscheinen. Belassen Sie diejenigen, die Platz für ihre Entwicklung haben, an Ort und Stelle; alle anderen topfen Sie ein.

Von anderer Art, aber ebenso bewundernswert ist die Schönheit von Helleborustypen, die ihre Blüten auf bereits im Vorjahr angelegten Stielen tragen. Dazu gehören *H. foetidus* und *H. corsicus*. Beide sind bezaubernd und sollten einen speziellen Platz im Garten bekommen. *H. foetidus* bildet kleine Blüten, die aber gegenüber dem dunkelgrünen Laub sehr auffallend wirken, besonders wenn mehrere Pflanzen im Schatten unter einem Laubbaum gruppiert sind. *H. corsicus* ist eine stattliche, langlebige Pflanze, überhaupt nicht anspruchsvoll in bezug auf den Standort und blüht bereitwillig früh im Jahr. Ein paar wachsen an der Basis meiner Mauer, aber vielleicht ist der beste Platz für sie ein waldrandartiges Plätzchen oder eine Ecke des Gartens. Die immergrünen Blätter sind in sich schon attraktiv. *H. corsicus* säen sich auch bereitwillig aus. Um sie herum erscheinen die Sämlinge, die Sie eintopfen sollten. Es dauert mindestens zwei Jahre, bis sie blühen. Von da an entwickelt sich die ganze Pflanze und bildet mehr Blütenstände.

Andere Pflanzen, die mit ihren Blüten und ihrem Duft eine Winterecke beleben, sind Schneeglöckchenarten, Adonisröschen (*Adonis amurensis*) und Leberblümchen (*Hepatica* x *media* 'Ballard's Variety'), Krokus, Anemone (*Anemone blanda*) und Schneestolz (*Chionodoxa luciliae*). Als höheren Strauch könnten Sie hier die duftende Mahonie *Mahonia japonica* pflanzen. Die beiden für den Winter geeigneten Seidelbastarten sind *Daphne mezereum* in Weiß oder Purpur und *D. odora* 'Aureomarginata'. Beide duften süßlich, wobei *D. odora* ihren Duft über weite Entfernungen verströmt. Alle Seidelbastarten sind für Schutz vor kalten Winden dankbar.

Eine Winterecke ist auch ein geeigneter Platz für Abeliophyllum (*Abeliophyllum distichum*), ein nicht oft kultivierter Strauch. Er duftet nach Mandeln, klettert nicht, braucht aber den Schutz einer Mauer oder eines Zaunes. Am Ende meines Winterspaziergangs komme ich zur Reifweide (*Salix daphnoides* 'Aglaia'), die die Höhe eines Baumes erreicht. An sonnigen Februartagen sehen die pflaumenfarbenen Kätzchen vor dem blauen Himmel wundervoll aus. Wenn der Tag warm genug ist, werden sich die Bienen über den Pollen freuen.

Leicht abseits vom Haus gelegen, ist meine Winterecke eine Stelle, an der ich von Weihnachten bis in den Frühling hinein mit einigen geöffneten Blüten rechnen kann. Es ist eine meiner am meisten betrachteten und erfreulichsten Winteransichten.

Haben Sie schon einmal daran gedacht, auch den Balkon zu einer dekorativen Winterecke zu machen? Vor allem in den Stadtgebieten findet man immer wieder und immer häufiger Balkone, Loggias und Dachterrassen, die auch im Winter ein Gartenerlebnis auf kleinstem Raum bieten. Statt leerer Brüstungströge, Container und Schalen findet man reizvolle Bepflanzungen mit niedrigen immergrünen Gehölzen, schwachwachsenden Bodendeckern und Stauden. Die klassischen Balkonpflanzen dienen nur noch dazu, im Frühling und Sommer da und dort Farbakzente zu setzen.

Eine dauerhafte Bepflanzung mit Kleingehölzen und Stauden ist eine sehr vorteilhafte Lösung: Das ganze Jahr stellt sie einen grünen Blickpunkt, einen Ruhepunkt für das Auge dar – und sie hält meistens mehrere Jahre. Umfangreichere Balkon- oder Terrassenbepflanzungen lassen es übrigens durchaus zu, auch jahreszeitliche Akzente mit Frühlingsblühern, Sommerblumen und Herbstblühern zu setzen.

Die größeren Pflanzgefäße haben in der Urlaubszeit einen nicht zu unterschätzenden Vorteil: der Gießwasservorrat des Erdsubstrates ist größer.

Bei der Auswahl der Pflanzen sollte man allerdings sehr sorgfältig vorgehen. Mehr über den »Winterbalkon« finden Sie auf Seite 115.

Oben: Die blauen Blüten von Chionodoxa, jede mit weißem Zentrum und gelbem Auge, sind wegen des Glanzes und der Klarheit der Form, die sie im zeitigen Frühjahr in den Garten bringen, bemerkenswert.

Links: Es lohnt sich hinauszugehen, um einen blühenden Teppich aus *Galanthus nivalis* 'Pleno', der gefüllten Form des Schneeglöckchens, in einer Ecke des Gartens zu betrachten, egal wie kalt das Wetter ist. Stören Sie Ihre Schneeglöckchen nicht, sondern warten Sie ab, bis sich eine dichte Masse von Zwiebeln gebildet hat, die groß genug ist, um sie in hundert einzelne zerteilen zu können. Danach müssen sie sofort wieder gepflanzt werden.

Winterfarben

Die Farbpalette des Winters ist klar, karg und so begrenzt, daß sie selbst die ausgefallendsten Ideen des Gärtners im Zaum hält. »Farbe«, so schreibt Gertrude Jekyll, » ist im Gärtnerischen wie in der Malerei keineswegs gleichbedeutend mit grellen oder überraschenden Effekten ... sondern bedeutet vielmehr Arrangieren von Farben mit der ausdrücklichen Absicht, durch Harmonie oder Kontrast malerische Effekte zu erzielen.« Wenn wir beim Planen der Winterfarben dem Rat von Gertrude Jekyll folgen wollen, müssen wir zunächst unsere Pflanzen kennenlernen. Wir müssen sie beobachten, Notizen anfertigen und Versuche anstellen.

Besonders wichtig ist, auch die Pflanzen anderer Leute zu betrachten, mit Gärtnern zu sprechen, Botanische Gärten zu besuchen und auf Gruppierung und Konzentration in den Pflanzungen zu achten – und das Monat für Monat, Jahr für Jahr. Daneben tritt die Beschäftigung mit Büchern und mit den Gedanken bekannter Pflanzenfachleute, sofern sie ihre gärtnerischen Erfahrungen beschreiben, zurück.

Es gibt übrigens nichts, was dem Buch »The Garden Month by Month« der amerikanischen Autorin Mabel Cabot Sedgwick vergleichbar wäre. Auf fast 500 Seiten macht sie detaillierte Angaben über Farbe, Kultur und Höhe der Pflanzen eines jeden Monats. Jeder Pflanze gibt sie eine Nummer, die in einer Farbtabelle am Ende des Buches erscheint. Wir müssen uns statt dessen mit Gartenkatalogen und Pflanzenlexika behelfen. Aber letztendlich sind es unsere eigenen Augen, unser Farbsinn, unsere Versuche und Erfahrungen, die das Bild unseres Gartens prägen. Im Winter bietet die Natur ihr raffiniertestes Farbangebot. Die Palette wird von feinen Tönen, dunklen Kontrasten und überraschenden Höhepunkten bestimmt. Wenn die satten Farben des Herbstes den sanfteren Tönen des Winters weichen, ist es, als ob man Leinen gebleicht hätte. Die dramatischste Veränderung vollzieht sich vielleicht, wenn Bäume und Sträucher ihre Blätter abwerfen. Der Horizont öffnet sich, und der Vordergrund verliert an Gewicht, da jetzt alle Teile des Gartens aus ihrer sommerlichen Abgeschiedenheit, aus ihren Verstecken auftauchen. Viele Bäume und Sträucher wirken wie Skelette; gerade diese jetzt bloßgelegten Strukturen sind es, die dem Garten die Hintergrundfarben geben. Während zuvor die flammenden Rot- und die leuchtenden Goldtöne dominiert haben, sind es jetzt die sanfteren hellbraunen, purpurnen und die unzähligen Braun- und Grüntöne, die das Gartenbild bestimmen. Die Herausforderung an den Gärtner besteht nun darin, auf diesen weichen Farbtönen aufzubauen und ihre Wirkungen herauszuarbeiten.

Im Winter ist das Land ruhig, das Licht klar und die Landschaft unverstellt. Die Farbkombinationen und -abstufungen im Garten sollten diese Monate der Stille, dieses Gefühl innerer Ruhe widerspiegeln. Während man im Sommer gern kräftige Farben und Blattstrukturen nebeneinandersetzt, wählt man im Winter besser gedämpfte Töne und verwendet mitunter nur Abstufungen einer einzigen Farbe. Leuchtendes Blau wird z. B. so lange aus dem Garten verschwunden sein, bis die ersten Scilla wieder erscheinen. Gelb, Weiß und Grau, Purpur und Rot stehen jetzt den dunkleren Tönen von Grün und Braun gegenüber. Reine, leuchtende Farbkleckse, gekonnt plaziert, wirken teils abstoßend und teils anziehend. Man denke z. B. an leuchtend gefärbte Früchte und Zweige vor dunklen Eiben und Stechpalmen. Bei hellem Licht wirken die weißen Stämme von Birke und Eukalyptus in gewisser Entfernung vor kräftigem Grün dramatisch.

Die Art und Weise, wie der Winter den Gartenraum neu definiert, indem er die Grenzlinien des Sommers ausdehnt oder verengt, läßt sich am Beispiel meines eigenen Gartens am besten beschreiben. In der einen Richtung schaue ich durch das Fenster auf Rasen und Staudenrabatten mit einer alten Steinmauer im Hintergrund. Man nimmt sie im Sommer kaum wahr, weil die kräftigen Farben der Beete die Szene beherrschen. Wenn der Rasen gemäht ist, zeigt sich ein Muster aus hell- und dunkelgrünen Streifen. Im Winter – die Streifen des Rasens sind verschwunden, die meisten krautigen Pflanzen geschnitten – bleiben allein die nußbraunen Stengel der Strauchpäonien und der mit Kompost

Aufregende Farbpunkte als Überraschung ergänzen die beschränkte Farbpalette des Winters. Hier ragen die leuchtendroten Zweige des Hartriegels *Cornus alba* 'Sibirica' vor dem Hintergrund immergrüner Pflanzen heraus. Ergänzt werden sie durch das Rot von Hagebutten und Beeren. Ein paar der kahlen roten Zweige sind auch im Haus ein bleibender Schmuck.

bedeckte Boden. Ich kann auf die Mauer sehen, die mit gelben und grünen Flecken wunderschöner Moose und Flechten gesprenkelt ist. Alles scheint näher, geschlossener, vor der Außenwelt schützend. Es sind noch genug Kletterpflanzen da, jede in anderer Form und Farbe, die, überlegt plaziert, den Eindruck von Kahlheit verhindern: ein großblättriger Efeu, *Hedera colchica* 'Sulphur Heart' (syn. *H. colchica* 'Paddy's Pride'), grün und gold panaschiert, eine glänzende Itea (*Itea ilicifolia*) und so lange, bis ihr der Winterwind zuviel wird, eine mattgrüne Garrya (*Garrya elliptica*).

Das andere, dramatischere Beispiel einer grundlegenden Veränderung der räumlichen Dimensionen kann man von einem Westfenster aus erleben. Hier stehen in etwa 35 m Entfernung Bäume – Eberesche (*Sorbus*), Kirschen (*Prunus*) und Äpfel (*Malus*) –, zusammen mit laubabwerfenden Sträuchern auf einer grob gemähten Wiese. Im Sommer bilden sie eine dichte Wand aus unterschiedlichen Grüntönen. Es entsteht gleichsam eine Art von Wildgarten, ganz für sich, schattig und kühl, ohne zu verraten, was dahinter liegt. Im Winter sind die Immergrünen – sonst nur ein Grün unter vielen – die einzigen grünen Pflanzen neben blattlosen Nachbarn. Sie werden zum Blickpunkt für das Auge und verkürzen die Sicht. Die laubabwerfenden Bäume, Sträucher und Hekken, die im Sommer miteinander verschmelzen, erlauben im Winter den Blick hindurch und dahinter, besonders wenn Schnee liegt, der Garten und Landschaft wieder vereint. Wenn ich zwischen den Stämmen hindurchsehe, habe ich den Eindruck eines großen Raumes. Jeder Baum oder Strauch steht für sich, eine Persönlichkeit mit eigenem Recht, mit einer klar umrissenen Silhouette.

Mit Ausnahme einer Zeder und eines Mammutbaumes, einer Portugiesischen Lorbeerkirsche und einiger Stechpalmen sind im November von allen Bäumen die Blätter abgefallen. Den Winter über bleibt mir ein wunderbarer Blick durch ein Gemisch aus braunen und grauen Stämmen und Zweigen und dem geisterhaften weißen Reif auf den Ästen einer Himbeere (*Rubus cockburnianus*). An einigen Zweigen hängen noch Beeren, die die Vögel übriggelassen haben, an anderen sitzen dicke Knospen, die auf den Frühling warten. Im Hintergrund sehe ich eine etwa 3 m hohe Buchenhecke, die die Grenze des Gartens bildet. Ihr geschrumpftes Blattwerk läßt so viele Lücken, daß ich die schwarzweißen Kühe auf dem Feld dahinter sehen kann. Im Verlauf der Jahreszeiten präsentiert sich die Natur in vielen Farben. Die Färbung einer jeden Pflanze ist einzigartig: zart, grell, glänzend, kräftig, gestreift und gefleckt. Wie soll es einem Gärtner angesichts dieses Füllhorns mit Farbtönen jemals gelingen, seinen Garten zu planen?

David Hicks bietet einen scheinbar plausiblen Vergleich an: »Farben im Garten treffend einzusetzen, erfordert einen ähnlich guten Farbsinn, wie er bei der Inneneinrichtung eines Hauses notwendig ist. Ein Zimmer, das nicht unter einem bestimmten Farbthema steht oder ein Farbschema zeigt, gerät zum Durcheinander. Ein Garten, über dessen Farbgestaltung man nicht nachgedacht hat, ist gleichermaßen unansehnlich. Die Frage ist, ob das Auge geschult und zu beurteilen in der Lage ist, ob Farbkombinationen ge- oder mißfallen.«

Dieses Kapitel soll Ihnen dabei helfen, die passenden Farben in den winterlichen Garten zu bringen. Ich habe mich entschieden, die Hintergrundfarben Braun und Grün nach ihren Schattierungen zu gruppieren. Die kräftigen Farben Gelb, Weiß, Grau, Rot und Purpur wurden ebenfalls geordnet, entsprechend ihrer Intensität und Reinheit, beginnend mit den hellsten und leuchtendsten Tönen, dann übergehend zu den dunkleren. Im Garten wird man allerdings nie dogmatisch vorgehen können. Farbe ist nie beständig: Sie wandelt sich in Abhängigkeit vom Licht, vom Alter der Pflanzen, vom Wetter und vielen anderen Dingen mehr.

BRAUN

Braun ist eine Farbe, bei der wir an den Herbst denken. Aber das Braun des Herbstes ist flammend, das Braun des Winters dagegen zart, voller Überraschungen, mal satt, mal sanft. Zusammen mit Grün ist Braun im Winter der häufigste Ton, gleichsam der zweite Mantel der Natur. Anders als Grün ist Braun fast ausschließlich Hintergrundfarbe. Abgesehen von Rinden und Stämmen – man sollte sich Zeit nehmen, um ihre charakteristische Beschaffenheit zu betrachten – durchdringt Braun den Garten auf jeder Ebene, aber auf eine unaufdringliche Weise.

Brauntöne in ihrer unterschiedlichen Intensität kommen zum Vorschein, sobald die grünen Blätter des Sommers gefallen sind. Ich mag das dunkle Braun der bloßen Erde, besonders nachdem wir umgegraben haben und alles sauber und einladend aussieht. Dann kommt der Regen und macht den Boden noch dunkler. Jetzt ist es Zeit, die Beete zu mulchen. Lauberde gehört zu den wunderbaren Hilfsmitteln des Gärtners: Mit ihren verschiedenen Brauntönen aus zersetzten Blättern und den schwärzlichen Schalen der Roßkastanien gibt sie Pflanzungen den letzten Schliff.

Wenn unser Vorrat an Lauberde knapp wird, verteilen wir kräftig braunen Torf. Viele verwenden auch gut verrotteten Rinder- und Pferdemist, den sie vor dem Umgraben großzügig auf dem Boden verteilen, besonders im Gemüsegarten. Seine kräftige, schollenartige Struktur läßt die Fülle des Sommers bereits erahnen.

Aber Braun ist nicht nur eine Sache von Boden und Bodenbedeckung. Da gibt es noch Samen und Kätzchen: Büschel von Blütenkätzchen der Erle und die verschiedenen Weidenkätzchen, die sich im Zimmer von Neujahr an öffnen. Der beste Baum in dieser Hinsicht ist die Baumhasel (*Corylus colurna*), eine hohe Pyramide; das Erscheinen ihrer langen Blütenkätzchen trifft häufig mit einem heftigen Schneefall zusammen.

Zu meinen bevorzugten Brauntönen zählen auch die Farbschattierungen der Kardendistel, des Brandkrautes (*Phlomis russeliana*, syn. *P. viscosa*) und vieler Ziergräser, die sich im Winter blaß rehbraun verfärben. Aus meinen Beeten ragen die sanftbraunen

Die Winterfarben dieses Gartens sind so reichhaltig und unterschiedlich wie das Gefieder eines Fasans. Trockenes Gras, vertrocknete Blütenköpfe und blattlose Zweige bieten einen wunderbaren Fächer beiger, zart- und dunkelbrauner Töne. Sie erinnern zwar an den Herbst, wurden aber so ausgewählt, daß sie den Winter überdauern. Die feinen Grasstiele bilden einen großartigen Gegensatz zu der soliden Steinmasse im Hintergrund.

Oben: Die Rinde eines Baumes ist im Winter einer der interessantesten Anblicke. Es gibt keine Blätter, die den Blick ablenken; Sonnenlicht und Schnee bringen die prächtige Farbe der Stämme zur Geltung. Die Zierkirsche *Prunus serrula* hat eine wunderbar glänzende, braune Rinde mit regelmäßigen, waagerechten Streifen. Wäre dies mein Baum, würde ich den Efeu entfernen, um die volle Schönheit seines mahagonifarbenen Stammes sichtbar zu machen.

Rechts: Die Zartheit der Winterfarben paßt genau zur Sanftheit des Lichtes. Hoch über dem Schloß steht eine Gruppe von Neuseeländer Flachs. Seine gebogenen Blätter bilden einen guten Kontrast zu den aufrechten Koniferen. Die geballte Farbenpracht dieser Sorten – die rosa 'Maori Sunrise', die tiefpurpurne 'Dark Delight', in Grün mit rosa Zeichnung 'Williamsii' und in Grün mit orange Zeichnung 'Sundowner' – ist für mich genauso unvergeßlich wie eine Rabatte voller Sommerblumen.

Ähren eines Akanthus (*Acanthus mollis*) deutlich hervor. Durch ihre glänzendgrünen Samen und die gräulichen Hochblätter entsteht eine vornehme, zart purpurfarbene Gesamtwirkung. Ähnlich verhalten sich die hohen, champignonfarbenen Stiele der Macleaya (*Macleaya cordata*). Der Meerkohl (*Crambe cordifolia*) wird seine Samen zwar schon verloren haben, aber die zerbrechlichen, skelettartigen Stengel zeigen eine elegante Steinfarbe. Viele Edeldisteln haben dekorative Samenköpfe mit einer Rosette strohfarbiger Hochblätter. Natürlich spielt auch eine Fetthenne (*Sedum spectabile*) mit ihren steifen Stengeln und flachen Köpfen bis Neujahr eine Rolle. Schließlich gibt es nicht nur am Erdboden Sehenswertes. Wenn man nach oben schaut, tritt die Silhouette der verblühten Buddleien gegenüber dem blauen Winterhimmel hervor.

Rinden und Äste sieht man das ganze Jahr über, aber erst während der Wintermonate bemerkt man sie bewußt und lernt sie schätzen. Die meisten Gärten bieten nur Platz für ein bis zwei Bäume, deren Rinde im Winter ihre Hauptattraktion darstellt. Die Stämme sollten vom Haus aus gut sichtbar sein oder an einer anderen Stelle zur Geltung kommen.

Zuerst wäre die Schönheit der Laubbäume zu nennen; ihrer Blätter entledigt, haben sie nur ihre Rinde, die für sie sprechen kann. Die unterschiedliche Färbung der verschiedenen Stämme ist erstaunlich. Bevor man endgültig entscheidet, welche Bäume man pflanzt, sollte man sich gründlich umsehen, und zwar sowohl, wenn die Bäume ihr volles Laub tragen, als auch, wenn die Blätter bereits gefallen sind. Die Mühe lohnt sich: Bäume brauchen Jahre, um zu wachsen, machen aber auch am längsten Freude.

Vor unserer Eingangstür steht eine knorrige alte Scheinakazie (*Robinia pseudoacacia*). Ihr Stamm hat mittlerweile einen beträchtlichen Umfang und unglaublich schöne Furchen. An trokkenen Tagen zeigt die Rinde Farbschattierungen von Grau bis Grün. Wenn sie dagegen vom Regen durchnäßt ist, erscheint sie Braun und Rot gestreift. Es ist ein Baum, den man für die nächste Generation pflanzt und ein charakteristischer Bestandteil des Gartens. Die Platane *Platanus* x *hispanica* ist ebenfalls ein Baum für die nächsten Jahrzehnte. Auch wenn sie langsam wächst – man sollte wegen ihrer interessanten Rinde nicht auf sie verzichten. Der Anblick eines einzelnen Exemplares der Kirsche *Prunus serrula* mit ihrer leuchtenden, mahagonifarbenen Rinde wird den Betrachter ebenfalls faszinieren. Ich frage mich manchmal, weshalb niemand eine Kirsche wie 'Tai Haku' auf den 1,50 bis 2 m hohen Stamm von *P. serrula* veredelt: Man bekäme dadurch wunderschöne Blüten und gleichzeitig einen aufsehenerregenden Stamm.

Wenn die Sonne durch die rostbraunen Blätter scheint, verdeutlicht die Buchenhecke die Philosophie des Gartenbesitzers: »Der Charme des Gartens im Winter muß bewußt herbeigeführt werden: Entwurf, Architektur und Winterfarben sind genauso wichtig wie das Pflanzen der Sommerblumen ...«

Für einen kleineren Garten ist der Ahorn *Acer griseum* wegen seiner mahagonibraunen Rinde im Winter einer der interessantesten Bäume. Sie schält sich papierartig ab und enthüllt die darunterliegende zweite Haut. Wenn Sie einen größeren Garten mit genügend Platz für mehrere Bäume besitzen, empfiehlt es sich oft, die Bäume mit auffallender Rinde zu einer Gruppe zusammenzufassen. Dies wirkt ansprechender als ein einzelnes Exemplar, es sei denn, es wäre sehr alt und groß. Drei kleine Bäume mit kontrastierenden, sich jedoch ergänzenden Rindenfarben sind der Erdbeerbaum *Arbutus andrachne* mit zimtbrauner, seine Hybride *A.* x *andrachnoides* mit zimtroter und die Eberesche *Sorbus aucuparia* 'Beissneri' mit korallenroter Rinde. Ersterer ist als junger Baum empfindlich, die beiden anderen gelten als robust.

Ich erinnere mich auch lebhaft an die abblätternde, zimtfarbene Rinde der Lumamyrte (*Myrtus luma*, jetzt *Luma apiculata*) und bedauere es sehr, daß sie ein rauheres Klima nicht überleben würde. Ein möglicher Ersatz dafür ist die Birke *Betula albosinensis* 'Septentrionalis'. Diese Birke ist ausgesprochen winterhart und fällt durch ihren orangebraunen bis orangegrauen Stamm auf.

Für den kleineren Garten gibt es genauso viele laubabwerfende Sträucher mit interessanten farbigen Ästen, wie es Bäume mit auffallender Rinde gibt. Sie alle spielen im Winter eine wichtige Rolle, insbesondere Sträucher mit lebhaften Rot- und Gelbtönen. Sie können in gemischte Rabatten integriert werden, allein vor einem dunklem Hintergrund stehen oder, wenn es sich um Bambus handelt, eine undurchsichtige Trennwand bilden.

Einige Sträucher werden vielleicht speziell wegen ihrer farbigen Zweige gepflanzt. Die meisten wählt man aber in erster Linie wohl wegen ihrer Blätter und Blüten im Sommer aus. Die Äste in Braun- und Grautönen mögen im Winter nicht sehr charakteristisch sein, werden aber gut zur Winterpflanzung passen. Andere liegen genau dazwischen: Obwohl nicht besonders auffällig gefärbt, haben sie doch bemerkenswerte braune Zweige.

Die Kranzspiere *Stephanandra incisa* hat dünne, zickzackförmige Zweige, während jene von *S. tanakae* elegant gebogen und kräftigbraun sind. Die Blätter des Essigbaumes (*Rhus typhina*) fallen im Herbst eine oder zwei Wochen lang durch ihre leuchtende Farbe auf; man könnte ihn jedoch auch wegen seiner braun-filzigen Äste im Winter kultivieren. Der weiblichen Pflanze verleihen die dunkel purpurfarbenen bürstenartigen Früchte zusätzlichen Reiz.

Ich beende meine Auswahl wichtiger Brauntöne mit zwei der schönsten sommergrünen Hecken: Buche und Hainbuche (*Fagus sylvatica* und *Carpinus betulus*). Beide behalten ihre rostbraunen Blätter während des Winters, aber die Hecke wird zusehends lichter, je mehr die Blätter welken.

GRÜN

Dieses Bild zeigt einen kleinen Garten mit einem wunderbaren alten Bestand von Formsträuchern. Wenn man diese Wege entlanggeht, die zu beiden Seiten gesäumt sind von kühlen, dunkelgrünen architektonischen Formen, keine andere Farbe im Blickfeld ist, wird einem plötzlich bewußt, daß Grün wirklich der tragende Farbton im Garten ist, besonders im Winter. Sie werden überrascht sein, wie schnell Buchs und Eibe Form annehmen können.

Grün ist im Winter die tragende Farbe. Sie hat grundlegenden Charakter und erscheint in vielen verschiedenen Abstufungen. Deshalb steht sie bei der Planung der Winterfarben im Vordergrund. Grün hat tausend Schattierungen, die vom blassen Lind- bis zum dunklen Eibengrün reichen. Es reflektiert, absorbiert, vor allem aber ist es jahraus, jahrein gegenwärtig.

Ich wundere mich immer wieder über Leute, die glauben, ein Garten ohne Rasen könne ein Garten sein. Gras ist eine Erholung für das Auge. Ich schätze seine Weichheit, seinen eigenen Geruch

und seine Zuverlässigkeit in der Farbe, besonders im feuchten Klima. In manchen Gegenden müssen Rasenflächen hart erkämpft werden, weil Trockenheit eine ständige Gefahr darstellt. Sie belohnen aber im Winter jegliche Mühe, weil sie Rabatten umrahmen, den dauerhaften Hintergrund für Pflanzungen bilden und die Grundfarbe des Winters betonen.

Dunkelgrüne Koniferen mit massiven Umrissen sind die Verkörperung des Wintergrüns. Es gilt, verschiedenes zu prüfen: Welche paßt am besten in den Garten? Welche kann Blickfang sein? Welche setzt Akzente in der Höhe? Welche eignet sich als Hintergrund oder Hecke? Dies ist genauso wichtig wie die Wahl der Farbe, denn Koniferen gibt es in Farbschattierungen von Blaugrün bis zum tiefen Schwarzgrün. Die meisten Koniferen sind bis zum Boden sehr dicht benadelt. Nahe zusammengepflanzt, werden sie schnell zu einer Wand. Je höher sie wachsen, um so mehr engen sie ein. In der Stadt ist vielleicht gerade dies erwünscht. Auf dem Land jedoch sollte der Blick über den Garten hinaus gehen, außer es wäre eine häßliche Aussicht zu verstecken.

Der Gärtner Alan Bloom hat die Rolle der Koniferen ganz richtig als »Glieder der Kontinuität im Garten« beschrieben. »Sie haben eine wichtige Funktion, denn sie ändern von einer Jahreszeit zur anderen ihre Farbe nur wenig und ragen im tiefsten Winter mit ihren aufrechten Formen wie Wächter heraus.« Welche Koniferen bringen also die ersten der vielen Grüntöne, die ein Garten im Winter braucht? Das sind zunächst die Hecken. Sie bilden das Gerüst des Gartens und den Hintergrund für das Pflanzschema. Die Gemeine Eibe (*Taxus baccata*) ist hierfür am besten geeignet. Sie besitzt den dunkelsten aller Grüntöne und wächst nicht so langsam, wie viele glauben. Einmal etabliert, erreicht sie pro Jahr mindestens 25 cm Zuwachs. Alternativ wäre auch der mehr glänzendgrüne Lebensbaum *Thuja plicata* 'Atrovirens' zu verwenden, der aber nie so dicht und zuverlässig ist wie die Eibe. Für einen hohen, immergrünen Windschutz und Hintergrund eignet sich kaum eine Pflanze besser als die ursprüngliche Art *Thuja plicata*. Die Nadeln riechen beim Zerreiben wie Petersilie.

Falls Sie Koniferen als Solitärgehölze an wichtigen Stellen Ihres Gartens verwenden wollen, bestimmen Sie zunächst den benötigten Grünton, dann Form und Sorte und ob sie geschnitten werden muß oder nicht.

Einige Koniferen besitzen einen kegelförmigen Habitus, wie die Zypresse *Cupressus glabra* 'Pyramidalis', andere dagegen eine schlanke, aufrechte Form, wie z.B. der Wacholder *Juniperus communis* 'Hibernica'. Letzterer ist einzelnstehend gleichsam ein »Ausrufezeichen«, das einzelne Abschnitte des Gartens betont. Dann gibt es noch jene, die niedrig bleiben, sich ausbreiten und als Bodendecker gepflanzt werden. Sie bringen im Winter Grüntöne in den Garten, können jedoch auch sehr effektiv Unkräuter unterdrücken. Breit wachsende Wacholder sind dafür am besten geeignet: *Juniperus procumbens* und seine kompaktere Sorte 'Nana' bleiben beide ziemlich dicht am Boden. Er wächst vorwiegend waagerecht, wirkt aber etwas höher: der Sadebaum (*J. sabina* 'Tamariscifolia') ist ideal als Einzelexemplar an der Oberkante von Treppen, an einer Böschung oder als lückenfüllender Strauch in einer schattigen Rabatte. Die niedrigen Wacholder sehen im Winter sehr gut aus, wenn Frost ihre Nadeln glitzern läßt oder wenn Schnee auf ihnen liegt. Der Graustich auf der Rückseite ihrer Nadeln läßt sie, verglichen mit den düsteren Eiben, heller erscheinen.

Ein Bestand von Flußzedern (*Calocedrus decurrens*) und eine Gruppe von Hemlocktannen (*Tsuga canadensis* 'Pendula') haben bei mir einen nachhaltigen Eindruck gelungener immergrüner Pflanzungen hinterlassen. Ihre jungen Triebe leuchten beinahe, und die Unterseiten ihrer Nadeln zeigen charakteristische weiße Streifen.

Mit Koniferen einen rein immergrünen Garten anzulegen, könnte interessant sein. Man denke an die Formbäume des 17. Jahrhunderts. Formschnitt in solchen Ausmaßen wird wohl immer die Ausnahme bleiben.

Normalerweise pflanzt man Koniferen als gelegentliche Blickpunkte, um im Winter die Farben im Garten zu intensivieren. Ihr dunkles Grün bildet einen effektvollen Gegensatz zu den Bäumen und Sträuchern mit reizvoller Rinde und Laub. Es hebt die leichteren, helleren Zweige der laubabwerfenden Sträucher hervor. Vor einem Hintergrund aus dunkelgrünen Eiben wächst bei mir eine Weide mit goldfarbenem Stamm und *Rubus cockburnianus*, dessen dunkel purpurfarbene Zweige mit silbrigem Reif überzogen sind. Die Hartriegel mit roten und gelben Ästen können ähnlich verwendet werden.

In gemischten Rabatten bilden Koniferen einen wirkungsvollen Hintergrund für frühe Zwiebelblumen, graues Heiligenkraut, panaschierte Schwertlilienblätter oder stattliche Palmlilien. In ihrer Struktur stehen sie zu den großen, glänzenden Bergenien-

Levens Hall in Cumbria ist der Inbegriff des »giardino de verdura«. Im späten 17. Jahrhundert von dem Franzosen Beaumont, dem Gärtner James II., angelegt, bleibt er ein meisterliches Beispiel der Disziplin, die der Formschnitt verlangt. Die dichten Massen wären ohne die reiche Vielfalt an Formen und Grünschattierungen sowie die drastischen Größenunterschiede erdrückend.

blättern, zu runden, samtig-purpurnen Blättern von Tellima oder zu den federartigen Gräsern in Kontrast. Ich habe eine tiefgrüne Schimmelfichte (*Picea glauca* 'Conica') neben eine Gruppe von Elfenblumen (*Epimedium* x *rubrum*) gesetzt, dessen herzförmige Blätter im Winter erstaunliche Schattierungen von Rot und Braun annehmen. Die Kombinationsmöglichkeiten sind endlos.

Sträucher für die Pflanzung an Mauern und Klettergewächse können das ganze Spektrum an Grüntönen abdecken. Wenn der Boden und die Zweige der Bäume weiß vom Schnee sind, erscheinen die Kletterpflanzen am lebhaftesten.

Zuerst wäre der Efeu zu nennen. Im Sommer ist der Einfluß seiner Blätter minimal; im Winter jedoch leuchtet der Efeu (*Hedera helix*) intensiv auf Steinmauern. Er ergibt einen guten Kontrast zu den gelben und grauen Flechten und dem weichen Moos, das die Trockenheit des Sommers überstanden hat und nun durch die Feuchtigkeit wiederbelebt wird. Viele Efeusorten sind stark panaschiert und werden in den folgenden Kapiteln noch unter Gelb, Weiß und Grau behandelt. Grüner Efeu bedeckt ausgezeichnet alte Baumstümpfe oder kahle Baumstämme.

Unter den Pflanzen für Mauern sind die immergrünen Magnolien die Aristokraten. In Mitteleuropa können wir *Magnolia grandiflora*, *M. delavayi* und *M. virginiana* nur im Schutz von Mauern pflanzen. In den südlichen Ländern bilden sie allerdings wunderbare freistehende Bäume. Ihre ledrigen, glänzenden Blätter bereiten im Winter ebensoviel Freude wie ihre angenehm duftenden, weißen Blüten im Sommer.

Es gibt zwei im Winter blühende, immergrüne Clematis, die beide geschützte Stellen und eine sonnige Wand lieben. Die Waldrebe *Clematis armandii* ist eine wüchsige Kletterpflanze mit dunklen, harten Blättern und weißen Blüten, die am Ende des Winters erscheinen. Sie braucht viel Platz. *C. cirrhosa* 'Balearica' ist zierlicher und hat farnähnliche Blätter. Unter den Kletterrosen gibt es ebenfalls zwei immergrüne: die kräftige *Rosa banksiae* mit ihren frischen, gelbgrünen Blättern und *R. laevigata*, die im Gegensatz dazu glänzend hellgrüne Blätter mit roten Blattstielen hat.

Pileostegia (*Pileostegia viburnoides*) und Efeuaralie (*x Fatshedera lizei*) sind wegen ihrer Blätter bemerkenswert. Beide benötigen Stützhilfen und ein warmes Fleckchen. Auch der Kletter-Ficus (*Ficus pumila*) ist reizvoll, aber leider nicht winterhart. Seine kleinen, immergrünen Blätter bedecken Mauern an frostfreien Stellen und werden in einem kühlen Wintergarten fast zu Tapeten.

Itea (*Itea ilicifolia*) wächst buschig, braucht aber ebenfalls eine Mauer als Stütze. Ihre langen grünen Quasten erscheinen im Spätsommer, halten aber bis Januar. Zu diesem Zeitpunkt haben sich die seidigen Kätzchen der Garrya (*Garrya elliptica*) voll gestreckt und geöffnet. Im Frühjahr und Sommer, wenn die Blütezeit vorbei ist, können diese Sträucher einjährigen Kletterpflanzen oder sogar Clematis, die jedes Jahr stark zurückgeschnitten werden müssen, als Stützen dienen.

Beim Planen eines Farbschemas für eine Mauer muß man die Vielfalt der Schattierungen und Strukturen mit in Betracht ziehen und die ausgewählten Pflanzen so anordnen, daß sich grüne Blätter im Winter und Blüten im Sommer ergänzen. Ich pflanze z. B. Wicken so, daß sie an *Itea ilicifolia* hochklettern; ähnlich wächst die Waldrebe *Clematis* x *jackmanii* durch den Efeu *Hedera colchica* 'Sulphur Heart'. Man kann auch versuchen, die Schönranke durch eine Garrya (*Garrya elliptica*) hindurchwachsen zu lassen.

Sträucher sind die Stützen eines Gartens. Im Sommer verankern sie die Pflanzung und verhindern, daß die üppig wuchernden Einjährigen und Kletterpflanzen überhandnehmen. Im Winter sind die immergrünen Sträucher in bestimmten Gartenteilen die einzigen sichtbaren Pflanzen. Deshalb sind ihr Standort, ihre Dichte und die Intensität ihrer Farben, besonders wenn die Sonne scheint, überaus wichtig.

Die glänzenden Blätter der Stechpalmen spiegeln die Sonne wider. Es stehen mehrere grünblättrige Sorten zur Auswahl. Sie heben sich gut von den dunkleren Immergrünen ab, besonders solche mit panaschierten Blättern. Die Farbdichte ihrer kleinen Blätter verdeutlicht ihre Anwesenheit im Garten. Ein Schnitt gibt ihnen feste Form und kräftige Farbe. Die kleinblättrige japanische Stechpalme (*Ilex crenata* 'Microphylla') ist eine der besten winterharten immergrünen Pflanzen. Sie bildet einen dichten Strauch oder einen prächtigen kleinen Baum, kann aber auch zu einer Hecke, einem Formbaum oder einem Spalier zugeschnitten werden. Wie der Sortenname vermuten läßt, hat sie kleine schmale Blätter, die sie dem Buchsbaum ähnlich machen. Die bemerkenswert winterharte Tintenbeere (*Ilex glabra* 'Densa') ist ebenfalls eine erstaunliche Pflanze. Sie besitzt einen schlaffen Habitus und kleine, flache, dunkelgrüne Blätter. Stechpalmen sind normalerweise steif.

Zwei grüne Sträucher, deren Anblick ich jeden Winter von neuem genieße, sind die glänzende Orangenblume (*Choisya ternata*) und die lederartige Duftblüte (*Osmanthus delavayi*). Die mexikanische Orangenblume sah ich zum ersten Mal im Januar in einem Garten an der Westküste Schottlands. Sie wuchs dort neben einer Eingangstür, stand in voller Blüte und duftete wundervoll. Der Zauber des Osmanthus wirkt auf andere Weise. Er blüht im April, aber die Blütenknospen entwickeln sich bereits im Winter und kündigen Blütenpracht und Duft an.

Immergrüne Berberitzen eignen sich sowohl als Heckenpflanzen wie als freistehende Sträucher. Zwei hervorragende Arten für diese Zwecke sind die Berberitzen *Berberis gagnepainii* var. *lanceifolia* und *B. darwinii*. Als Bodendecker empfiehlt sich die niedrige *B. candidula* mit ihren kleinen, dunkelgrünen, glänzenden Blättern besonders.

Eine weitere Gattung, zu der ich raten möchte, ist der Klebsame. Er ist im Winter etwas gefährdet, das bißchen Extrapflege aber dennoch wert. Der Klebsame (*Pittosporum tenuifolium*) besitzt kleine Blätter mit welligem Rand und schwarze Zweige. Zweige dieses Strauches sind hervorragend für den Schnitt geeignet. Man sollte es jedoch nicht übertreiben. Gewöhnlich sind die buntlaubigen Sorten immergrüner Sträucher weniger winterhart, die hübsche Sorte 'Gar nettii' hat sich jedoch in meinem Garten als widerstandsfähiger erwiesen als *P. tenuifolium*. In warmen Gegenden formt *P. tobira* eine wundervolle Hecke. Oft wünsche ich mir, ich könnte *P. eugenioides* im Garten kultivieren. Es empfiehlt sich allerdings nicht, mit zu vielen empfindlichen Pflanzen zu experimentieren. Man sollte bei denjenigen bleiben, die sich auf dem jeweiligen Boden und im jeweiligen Klima wohl fühlen.

Palmlilie und Neuseeländer Flachs, beide mit hochstehenden, steifen Blättern, sind charakteristische Gestaltungselemente im winterlichen Garten, obwohl sie erst im Sommer ihre ganze Schönheit entfalten. Die Yucca stammt aus Mexiko und Zentralamerika und der Flachs aus Neuseeland. Ich ordne sie am liebsten so an, daß sich die steifen, aufragenden Blätter gegen den Himmel abzeichnen. Der Neuseeländer Flachs (*Phormium tenax*) mit seinen senkrechten, starren Blättern sieht am Wasser besonders gut aus. Ich bevorzuge *P. cookianum* mit seinen weicheren, etwas herabhängenden Blättern.

Bodendecker und krautige Pflanzen, die in Beeten, aber auch an anderen Stellen des Gartens im Winter nützlich sind, können einen Teppich bilden, durch den im Frühjahr Zwiebelpflanzen wachsen. Normalerweise bevorzuge ich gelb- oder graublättrige Formen, da diese nicht zu dicht wirken. Einige grünblättrige Formen möchte ich jedoch in meinem Garten nicht missen.

Zunächst der allgegenwärtige Bodendecker Efeu: *Hedera helix* 'Baltica' z.B. wird als der widerstandsfähigste, schönste und verläßlichste aller immergrünen Bodendecker gerühmt. Das junge Laub ist gelbgrün und bietet so in jeder Pflanzung einen Blickfang.

H. helix 'Sagittifolia' besitzt spitze, glänzendgrüne Blätter und gilt besonders hübsch im Schatten unter Laubbäumen. Schneeglöckchen oder helle Iris (*Iris reticulata*), die durch den Efeu dringen, bieten einen herrlichen Anblick. Meines Erachtens spricht nichts dagegen, im Sommer blühende Blumenzwiebeln dazwi-

Die dunkelgrünen, glänzenden Blätter des Efeus reflektieren das Licht. Er ist, als Kletterpflanze oder Bodendecker gepflanzt, zu jeder Jahreszeit ein interessanter Anblick. Die Altersform bietet noch eine weitere Attraktion, nämlich kleine, grünliche Dolden, die, in Rispen angeordnet, einen herrlichen Kontrast zu Farbe und Beschaffenheit des Laubs bilden.

schen zu pflanzen, um auch später im Jahr Farbtupfer zu erzeugen.

Unter sehr schattigen Bäumen, unter denen nichts anderes wachsen will, sind großblättrige Efeuformen noch in der Lage, den Boden zu bedecken. Ich habe dafür zwei Sorten von *H. colchica* gepflanzt. Die eine ist die dunkelgrüne 'Dentata'; ich habe ihn unter einer Linde, wo er gut gedeiht und den ganzen Winter über sehr hübsch aussieht. Die andere Sorte ist 'Amurensis', die mittlerweile zu einer 60 cm hohen Kuppel herangewachsen ist.

Drei meiner wichtigen immergrünen Bodendecker werden in Fachbüchern kaum erwähnt: Pachyphragma (*Pachyphragma macrophylla*), Pachysandra (*Pachysandra terminalis*) und Waldsteinia (*Waldsteinia ternata*). Sie bedecken den Boden, unterdrücken das Unkraut und bieten einen schönen Hintergrund für die Blumen der entsprechenden Jahreszeit. Außer einem leichten Ausputzen im Frühjahr brauchen sie keine Pflege.

Pachyphragma, die aus Armenien und dem Kaukasus stammt, hat leuchtendgrüne Blätter, die im Winter einen leichten Stich ins Purpurne zeigen. Im zeitigen Frühjahr ist sie für kurze Zeit mit einer Unmenge kleiner, sternförmiger, weißer Blüten übersät, bevor sie wieder zu einem grünen Teppich wird. Sie ist ein relativ anspruchsloser, wenig spektakulärer Bodendecker.

Das kräftiggrüne Laub der Pachysandra mit dem wellenförmigen Blattrand und der glänzenden Oberfläche ist zwar auffälliger, aber die Blüten sind nicht so hübsch. Diese Pflanze und die dunkelblättrige Waldsteinia vermögen im Schatten und auf trockenem Boden zu existieren, gedeihen aber auf saurem Boden am besten.

Der Beinwell *Symphytum grandiflorum* unterdrückt Unkraut besser als jede andere Pflanze. Machen Sie nicht den Fehler, ihn in eine Rabatte zu pflanzen, weil er dort nicht nur das Unkraut, sondern auch die Gartenpflanzen überwuchert. Der geeignete Standort ist ein Gebüsch oder waldartiger Bereich; sogar unter Eiben wird er überleben. Im Winter sterben die Blätter zwar ab, es kommt aber nie vor, daß kein Laub mehr vorhanden ist.

Absolut unentbehrlich sind im Winter die verschiedenen Immergrünarten. Sie nehmen mit jeder schattigen Ecke vorlieb und sind enorm nützlich für die Bepflanzung von Kübeln, wo sie über die Ränder wachsen. Im Februar bilden sie blaue, weiße und sogar gefüllte pflaumenfarbene Blüten. Man wird nicht nur mit immergrünem Laub, sondern auch, mit einem Fleckchen Garten, das man das ganze Jahr über nicht pflegen muß, belohnt. Wie bei allen anderen Bodendeckern auch, müssen Sie nur darauf achten, daß es nicht überhandnimmt.

Ein anderer Bodendecker, der das ganze Jahr über attraktiv ist, nennt sich Liriope (*Liriope muscari*). Er besitzt schmale, dunkelgrüne Blätter und wird, wie der Schlangenbart *Ophiopogon japonicus*, in warmen Regionen oft unter Bäumen gepflanzt, weil dort kein Rasen gedeiht.

Das glatte, runde und glänzende Laub niedrig wachsender Bergenien kommt nach Meinung von Fachleuten am besten vor Steinen und Kies zur Geltung. Rasen ist nicht der ideale Hintergrund. Ich setze sie bevorzugt unter oder in die Nähe von Koniferen, zu denen sie einen Kontrast in Struktur und Laub bilden. Die Bergenie *Bergenia cordifolia* kam 1779 aus Sibirien und ist absolut winterhart.

Zwei Edeldistelarten, die auf dem winterlichen Beet eindrucksvolle Laubpflanzen bilden, kommen aus Südamerika. Die Edeldistel *Eryngium agavifolium* aus Argentinien besitzt riesige, dunkel-blaugrüne Blätter, die bis zu 1,50 m lang werden, sehr schmal sind und stechen. *E. bromeliifolium* kommt aus Mexiko und hat schmale, feingezähnte Blätter, die interessante Rosetten bilden.

Gräser werden auf unterschiedliche Art eingesetzt: als einzelne Horste in Beeten, gemischt mit krautigen Pflanzen und Sträuchern, als freistehender Blickfang im Rasen oder als »Grasbeet«, zusammengesetzt aus verschiedenen Arten. Gräser verändern sich im Laufe des Jahres außerordentlich. Sie bewegen sich im Wind, erzeugen Geräusche und weisen sanfte, im Winter goldfarbene Töne auf. Außerdem bieten sie Vögeln Futter und Rastplätze.

Viele Gräser sind eher gold- oder cremefarben. Es gibt jedoch ein kleines Gras (*Festuca glauca*) mit fadenförmigen, nur 15 cm langen, blaugrünen Blättern. Es ist für Steingärten besonders geeignet, wo es den »Felsen« im Winter ein weicheres Aussehen verleiht und besser aussieht als in der Rabatte.

Farne dürfen in keinem Garten fehlen. Während Gräser sonnige Standorte schätzen, benötigen Farne Schatten. Die meisten Farne wirken im Februar noch frisch; kurz darauf schneide ich die alten Wedel ab und warte darauf, daß sich die neuen entfalten.

Sommergrüne Farne bleiben nur bis zu den ersten strengen Frösten am Leben, während immergrüne im Winter erst richtig zur Geltung kommen. Ihre Schönheit ist unumstritten. Der blaßgrüne, aus Japan stammende Wurmfarn (*Dryopteris erythrosora*) wird etwa 60 cm hoch; die Wedel sind an der Unterseite mit leuchtend scharlachroten Sporenkapseln überzogen. Die in breite Segmente unterteilten Blätter des Farns *Cyrtomium falcatum* stellen einen guten Kontrast zum zierlichen Laub anderer Pflanzen dar.

Ich könnte mir meinen Garten nicht ohne den Hirschzungenfarn (*Phyllitis scolopendrium*) vorstellen. Er wächst in Mauer- oder Pflasterspalten. Die Sporen, ähnlich gelbbraun wie die Stengel, sind in parallelen Linien angeordnet. Eine weitere sehr beliebte Art ist der Schildfarn (*Polystichum setiferum*), der auf

trockeneren Böden wachsen kann als die meisten anderen Farne. Auf der Unterseite der Wedel werden Sie die mandelfarbenen, papierartigen Schuppen der Stiele entdecken.

Grüne Äste sind im Winter besonders auffällig, z.B. die des Binsenginsters (*Spartium junceum*). Noch schöner sind die Äste der Leycesteria (*Leycesteria formosa*) und der Kerrie (*Kerria japonica*). Eine ungewöhnliche und eindrucksvolle Sorte der Kerrie ist 'Kinkan', deren Äste gold-grün gestreift sind. Wer Ungewöhnliches liebt, sollte nach diesem Strauch suchen.

Wenn das richtige Licht im Garten herrscht, betrachte ich gerne die korkigen »Flügel« der jungen Zweige des Spindelstrauches

Im Sommer ist es ganz einfach, die Farbe Grün als Selbstverständlichkeit anzusehen. Im Winter jedoch wird man sich der vielfältigen Grüntöne und -strukturen bewußt. Hier sehen Sie den dramatischen Kontrast zwischen dem kuppelförmigen, immergrünen Klebsamen und den aufragenden Ästen der goldgrünen, kegelförmigen Eiben (*Taxus baccata* 'Aurea').

(*Euonymus alatus*). Im Frühjahr und Sommer erregen sie kaum Aufsehen, im Oktober jedoch fallen sie auf.

Wenn Sie von jeder Pflanze, die ich erwähnt habe, einen Zweig schneiden oder ein Blatt pflücken und alle nebeneinander legen würden, wären Sie über die Vielfalt erstaunt. Wie bei keiner anderen Farbe ergänzen sich die Grüntöne der Natur: Selbst wenn sie alle in einem Garten vorkämen, bliebe die Harmonie immer gewahrt. Ich habe schon gänzlich grüne Gärten gesehen und war immer fasziniert von der Vielfalt der Farbtöne und Formen.

Einen der spektakulärsten Gärten in Grün umgibt die florentiner Villa La Pietra. Andere Farben treten nur zeitweilig und zufällig auf. Sonnenlicht und Schatten sind hier genauso sorgfältig geplant wie Springbrunnen, Terrassen und Statuen. Dies ist ein Garten für alle Jahreszeiten, unabhängig von Blumen.

GELB

Gelb bringt Farbe und Licht in graue Wintertage: Gelbe Beeren überraschen, gelbes Laub leuchtet, und gelbe Blumen bringt man gern ins Haus. Diese Farbe ist zu lebhaft und kraftvoll, als daß man sie im winterlichen Garten verschwenderisch einsetzen sollte. Gelbe Sträucher und Kletterpflanzen werden deshalb nicht an einer Stelle zusammengepflanzt, sondern so, daß die Wintersonne ihre Farbe hervorhebt. Gelbtöne sind auch als Kontrast zu immergrünem Laub hervorragend geeignet. Die am stärksten leuchtenden Gelbtöne im Wintergarten zeigen Früchte und Beeren. Sie wirken zwar nicht so massiv wie das goldfarbene Laub der Sträucher, aber es sind lebhafte, willkommene Farbkleckse auf dunklen Ästen. Der kleine Apfelbaum *Malus toringoides* hat tief eingeschnittene Blätter, die im November abfallen. Zurück bleibt eine Unmenge kleiner Früchte, die den ganzen Winter hängen und vom Frost nicht gebräunt werden. Anfangs sind die Früchte noch gelb, werden aber im Laufe des Winters orange. Aus der Ferne leuchten sie und wirken wie ein Schleier über den Ästen. Die Sorte 'Golden Hornet' trägt größere Früchte, die jedoch bei Frost braun werden.

Unter den Sträuchern trägt z.B. eine Zwergmispel (*Cotoneaster* 'Rothschildianus') unzählige kleine, hellgelbe Früchte, aber nur so lange, bis sie im Januar von Vögeln verspeist werden. Bis dahin hellen die Beeren, am Morgen reifüberzogen und von der Sonne angestrahlt, den Garten auf.

Für den, der das Althergebrachte bevorzugt, müssen die Beeren der Stechpalmen rot sein. Etwas Ausgefallenes stellt dagegen eine gelbfruchtige Stechpalme (*Ilex aquifolium* 'Bacciflava') dar.

Die gelben Blüten von Kletterpflanzen spielen die gleiche Rolle wie die Früchte von Bäumen und Sträuchern: Die leuchtenden Blütenköpfe heben sich von den kompakten Formen und dunklen Farben der immergrünen Pflanzen ab. Die duftenden gelben Blüten der Akazie (*Acacia dealbata*) sind zusammen mit dem silberfarbenen, doppelt gefiederten Laub den ganzen Winter zu bewundern. Sie kann an einer warmen Südmauer überleben, gedeiht aber besser in einem unbeheizten Wintergarten. Auch die Azara (*Azara petiolaris*) fühlt sich im Wintergarten am wohlsten. Sie öffnet dort bereitwillig im Januar und Februar ihre duftenden gelben Blütenknospen.

Fremontodendron (*Fremontodendron californicum*) ist im Gegensatz zu den beiden oben genannten Arten widerstandsfähiger. Diese Pflanze hat mich, obwohl sie hauptsächlich im Sommer blüht, schon im Januar mit leuchtendgelben Blüten überrascht. Ebenfalls im Januar blüht gewöhnlich die Winterblüte (*Chimonanthus praecox*). Ihre duftenden, gelben Zwillingsblüten beginnen sich oft schon im Dezember zu öffnen. Es gibt wohl kaum einen Garten, in dem nicht auch ein Winterjasmin (*Jasminum nudiflorum*) steht. Sein Platz ist normalerweise vor einer Mauer, aber er wächst auch an anderen Stellen.

Es ist interessant, auf das Schwellen und Öffnen der Knospen zu warten. Eines Tages Ende Januar oder Anfang Februar stellen Sie plötzlich einen gelben Hauch fest, der die Kornelkirsche (*Cornus mas*) überzieht. Die Einzelblüten sind nicht gerade herausragend schön, wenn sie jedoch auf jedem Ast eines großen Strauches zu finden sind, bieten sie einen herrlichen Anblick. Die Scheinhasel (*Corylopsis pauciflora*) blüht ebenfalls gegen Ende des Winters. Die herabhängenden, blaßgelben Blütentrauben verbreiten einen feinen Duft.

Die Blütenfarben der Zaubernuß reichen von reinem Gelb bis zu kräftigem Rot und sind in der Winteratmosphäre ein Genuß.

Gelbe Blüten setzen seltene und erhebende Akzente zwischen den gedämpften Winterfarben. Die größte Wirkung erzielt jedoch gelbes Laub. Ich habe eine Vorliebe für die gelbblättrigen Efeusorten *Hedera colchica* 'Sulphur Heart' und *H. helix* 'Goldheart' mit den kleineren Blättern. Die Kletterpflanze aber, die ich wegen ihres leuchtendgelben Laubes an Wintertagen am meisten schätze, ist ein Spindelstrauch (*Euonymus fortunei* 'Variegatus'). In meinem Garten hat er mit einer Rebe (*Vitis coignetiae*) einen idealen Partner gefunden; zusammen klettern sie hinter einer Steinbank mit gelbgrünen Flechten einen alten Birnbaum hinauf. Euonymus hält man gewöhnlich für einen verhältnismäßig niedrigen Strauch. Wenn er jedoch die Möglichkeit erhält, wird er sofort versuchen, eine Wand oder einen Baum emporzuklettern. Daneben hat er

noch andere Vorzüge: Er ist in bezug auf den Boden genügsam, gedeiht auch an zugigen Ecken, liefert Zweige für die Vase und bietet an klaren Wintertagen, wenn die schrägen Sonnenstrahlen auf dem gelben Laub spielen, einen herrlichen Anblick.

Für meinen Geschmack ist eine reingelbe Hecke zu auffällig. Falls Sie daran Gefallen finden, empfehle ich Ihnen als Heckenpflanze eine Zypresse (*Cupressus macrocarpa* 'Goldcrest'). Beim Beschneiden gehen allerdings die schönsten Farben verloren, weil das junge Laub ein wesentlich kräftigeres Gelb als die älteren Blätter besitzt.

Die zarten, federartigen Zweige der goldenen Scheinzypresse (*Chamaecyparis pisifera* 'Filifera Aurea') sind grün und haben goldfarbene Spitzen. Vom Tau überzogene Spinnennetze hängen in den ausgebreitet wachsenden Ästen und betonen so den feinen, leichten Bau. Die goldene Zypresse ist ein starker und gelungener Kontrast zu den dunklen Pyramiden der Eiben.

Ein anderer wegen seiner intensiven Farbe und seiner Zuverlässigkeit bemerkenswerter Strauch ist die Heckenkirsche *Lonicera nitida* 'Baggesens's Gold'. Sie wächst ungeschnitten zu einem leuchtenden, etwas struppigen Busch heran. Bei starken Frösten verliert sie die meisten Blätter; das Laub treibt jedoch nach dem Frost wieder mit neuer Kraft aus.

Die Ölweide *Elaeagnus pungens* 'Maculata' stirbt mitunter plötzlich und scheinbar grundlos ab. Dennoch ist sie mehrere Pflanzversuche wert, weil die lederartigen, stark goldfarben gefleckten Blätter in der Sonne einen wunderschönen Anblick bieten.

Um die Höhe der gelbblättrigen Pflanzen zu variieren, könnte man den goldfarbenen Liguster (*Ligustrum ovalifolium* 'Aureum') zusammen mit einigen kontrastbildenden Sträuchern in den Rasen setzen; dadurch würde sein Goldton noch mehr hervorgehoben. Andererseits paßt er auch in eine Rabatte, wo er auf jede Höhe und zu jeder Form zugeschnitten werden kann.

Im Kräutergarten legt sich der goldblättrige Gartenthymian (*Thymus vulgaris* 'Aureus') wie ein leuchtender Schleier um eine Buchspyramide oder fungiert als Kontrast zu einer Buchseinfassung. Die Sorte 'Doone Valley' bezaubert in den kalten Monaten mit einem Blattwerk, das noch stärker leuchtet als im Sommer. Der goldfarben panaschierte Salbei (*Salvia officinalis* 'Icterina') ist im Vergleich zu den grauen und purpurnen Sorten eine Seltenheit. Anstatt Thymian und Salbei getrennt zu pflanzen, könnte man sie auch zu einem goldfarbenen, grünen und grauen Teppich kombinieren.

In Gruppen gepflanzt, leuchten Bäume und Sträucher mit gelber Rinde ebenso lebhaft wie gelbes Laub. Rote Stämme, die den Garten wie Funken im Winterlicht erhellen, sind vielleicht noch auffälliger. Wenn jedoch die Dotterweide (*Salix alba* ssp. *vitellina*) im Garten steht und die Wintersonne zwischen den Stämmen hindurchblitzt, ist sie ebenso schön wie die scharlachroten Formen. Köpft man jedes Frühjahr den Stamm in der gewünschten Höhe, treiben alsbald leuchtend gefärbte Ruten aus, die den dekorativen Wert dieser Weide ausmachen.

Eine Sorte der Trauerweide ('Chrysocoma') mit würdevollen, hängenden Ästen und lang haftendem, goldgrünem Laub besitzt auch einen leuchtendgelben Stamm. Im Sommer bemerkt man ihn kaum, aber im Winter sticht er ins Auge.

Hartriegel gibt es ebenfalls in Gelb. Eine Gruppe von *Cornus stolonifera* 'Flaviramea' mit gelben Zweigen ist, wenn sie frei steht, ausgesprochen dekorativ. In einem kleinen Garten bildet schon ein einziger Strauch einen Blickfang.

Gelbe Gräser, gold- bis strohfarben, wirken ähnlich wie gelbe Äste. Unter den kleinen Arten ragt das Flattergras (*Milium effusum* 'Aureum') mit seinen weichen, gelben Blättern heraus, die den ganzen Winter ihre Schönheit bewahren. Ich habe es zusammen mit der goldfarbenen Wucherblume (*Chrysanthemum parthenium* 'Aureum') unter eine goldfarbene Zypresse gepflanzt. An sonnigen Tagen vermittelt diese Kombination eher ein Gefühl von Frühling als von Winter.

Verschiedene Gräser haben federartige Fruchtstände und grünes Laub mit goldfarbenen Streifen, die Akzente im Staudenbeet setzen. Zu den größten gehört ein Pampasgras aus Neuseeland, (*Cortaderia selloana* 'Gold Band') mit sehr schmalen Blättern. *Miscanthus sinensis* 'Zebrinus' ist ein fernöstliches Gras mit grünen und goldfarbenen Streifen. *Carex morrowii* 'Variegata', eine immergrüne Segge, sollten Sie an eine feuchte Stelle des Gartens setzen. Pflanzen mit mehrfarbigen Blättern (gelb und grün oder gelb und grau) wirken leichter, nicht so massiv, jedoch nicht weniger lebhaft als einfarbige Formen. Auch hier ist die Anordnung der Pflanzen überaus wichtig. Gelbbunte Sträucher können vor einem dunklen Hintergrund bei unterschiedlicher Zeichnung auch paarweise plaziert werden. Stark gelb durchzogene Pflanzen sind vor allem in fernen Ecken des Gartens wirkungsvoll, weil man sie aus der Distanz gut sehen kann. Auch als Markierung eines Weges, der in einen anderen Gartenteil führt, sind sie geeignet.

Bambus dominiert allein schon durch seine Form. Weil er sich stark ausbreitet, sollte er nur sparsam gepflanzt werden. Ich bevorzuge die Bambusart *Arundinaria viridistriata* mit gelbgrünen Blättern und etwa 1,20 m hohen, purpurfarbenen Halmen. Bambusarten setzen einen auffälligen Akzent und wirken in einem Naturgarten sehr hübsch. Sie schützen auch vor Wind und Lärm.

Es gibt einige niedrige Beetpflanzen, die ihr goldfarben gemustertes Laub den ganzen Winter über behalten. Die panaschierte Erdbeere (*Fragaria* x *ananassa* 'Variegata'), eine üppig wuchernde Pflanze mit vielen Ausläufern, erhellt das ganze Jahr über die Ecken des Gartens mit ihren gelbgrünen Blättern. *Tolmiea menziesii* 'Taff's Gold', ein Steinbrechgewächs, weist auf den runden Blättern unregelmäßige gelbe und grüne Flecken auf. Die Pflanze ist zum Vermehren hervorragend geeignet, da sich aus den älteren Blättern neue Pflänzchen entwickeln. Dem, der ein unbeheiztes Kleingewächshaus besitzt, empfehle ich, dort einige dieser Pflanzen zu überwintern. Sie sind einerseits Ersatz für Verluste, andererseits ein Schmuck im Haus, wenn Blumen rar sind.

Einige Sorten des Immergrün (Singrün, *Vinca*) haben goldfarben gezeichnetes Laub. Es sind außerordentlich anpassungsfähige Pflanzen, die sich auf unterschiedlichste Art einsetzen lassen, z.B. *Vinca major* unter niedrigen, laubabwerfenden Sträuchern, auch zusammen mit der Zwergmispel (*Cotoneaster horizontalis*). Oder man pflanzt *V. minor* 'Aureovariegata' in einen Kübel und läßt sie über dessen Ränder hinabwachsen. Beide Arten bilden unter Bäumen und auch in den dunkleren Ecken des Gartens einen dichten Teppich.

Unter den gelbpanaschierten Sträuchern sind die Stechpalmen mit ihren glänzenden Blättern und der außerordentlichen Vielfalt ihrer Zeichnung sehr attraktiv. Meine liebste Sorte ist *Ilex* x *altaclarensis* 'Golden King'. Trotz ihres männlichen Namens ist es eine weibliche Pflanze mit leuchtend goldfarben umrandeten, fast stachellosen Blättern. Geschnitten bildet sie einen Busch mit kompakter Form. Eine weitere schöne Sorte ist *Ilex x altaclarensis* 'Lawsoniana', deren Blätter außer Dunkelgrün und Gold noch als dritte Farbe Apfelgrün aufweisen – eine sehr ungewöhnliche Farbgebung.

Der goldfarben panaschierte Buchs (*Buxus sempervirens* 'Latifolia Maculata') hält, wenn er im Herbst stark geschnitten wurde, einem Vergleich mit der Stechpalme nicht stand. Dann fehlen nämlich die jungen Blätter mit den leuchtenden Farben. Wenn er jedoch das ganze Jahr über als einzelnstehender Strauch oder als Einfassung ungehindert wachsen darf, ist er im Winter durchaus eindrucksvoll.

Ich verwende oft die buntblättrige Schneebeere (*Symphoricarpos orbiculatus* 'Aureovariegatus'). Die kleinen, gelb umrandeten Blätter machen den Strauch im Sommer in einer Rabatte zu einem frischen, hellen Fleck. Im Winter ist er ein gelungener Kontrast zu den dunkleren Immergrünen. Das Laub beginnt erst nach Neujahr abzufallen.

Besonders hübsch finde ich die gelben Farbkleckse auf den lederartigen Blättern der Aukuben. *Aucuba japonica* 'Crotonifolia' und 'Picturata' sind männliche Sorten, 'Gold Dust' und 'Variegata' weibliche. Weibliche Pflanzen tragen nur dann Beeren, wenn in der Nähe auch eine männliche steht.

Die Farbe Gelb ist im Schatten wie in der Sonne gleichermaßen wirkungsvoll, sofern die richtige Pflanze an der richtigen Stelle steht. Einige gelbe Formen immergrüner Pflanzen brauchen genügend Licht und ein Höchstmaß an Sonne, damit ihr Laub auch goldfarben bleibt. Dazu gehören goldfarbene Liguster, der Efeu *Hedera helix* 'Buttercup', das Geißblatt *Lonicera nitida* 'Baggesen's Gold' und die panaschierte Erdbeere. Wenn diese Pflanzen teilweise im Schatten wachsen, wird die eine Seite grün, die andere gelb bleiben. Andererseits gibt es einige Efeusorten, z.B. *Hedera colchica* 'Sulphur Heart' und *H. helix* 'Goldheart', verschiedene Stechpalmen, Gräser und Spindelsträucher, die unabhängig von den Standortbedingungen ihre goldfarbene Zeichnung behalten.

Ein alter Birnbaum dient als Gerüst für einen ungewöhnlich hohen *Euonymus fortunei* 'Variegatus', dessen Blätter großzügig und unregelmäßig mit gelber Farbe umrandet sind. Er wirkt daher zart, weich und leuchtend. Leider wird beim Kauf dieses Strauches selten seine Kletterfähigkeit erwähnt; er kann mit einer Stütze gut 6 m oder höher klettern. Schon im Winter ist er ein wundervoller Strauch, im Frühling jedoch, wenn das junge Laub vorherrscht, ist er noch schöner. Er verdeckt im Winter die kahlen Zweige von *Vitis coignetiae*.

WEISS

Weiß und Grau spielen eine ähnliche Rolle im winterlichen Garten wie Gelb. Im Sommer häufen sich diese Farbtöne und vervielfachen sich in ihrer Wirkung. Im Winter benötigen wir sie nur als gelegentlichen Kontrast zu dunklen Immergrünen oder um Lichtpunkte zwischen purpurfarbenes Laub oder rote Beeren zu setzen.

Die kleinsten und am meisten leuchtenden Weißtöne im Winter steuern Blütenpflanzen bei. Die Christrosen (*Helleborus niger*) gelten als die Aristokraten unter ihnen. Schneeglöckchen (*Galanthus*) fügen eine alltägliche Note hinzu. Im Gegensatz zu den Nieswurzarten (*Helleborus*), die, einmal angewachsen, nicht gestört werden wollen, vermehren sich Schneeglöckchen selbst oder können sofort nach der Blüte geteilt werden. Im Februar/März erscheinen sie in einem plötzlichen Ansturm.

Etwas höher als Schneeglöckchen ragen die Blüten des Märzbechers (*Leucojum vernum*) im März/April hervor. Die Schleifenblume (*Iberis sempervirens*) kann unter Umständen schon ab März blühen, sonst erst ab Mai. Ihre glänzenden immergrünen Blätter bilden 45 cm hohe Wälle.

Von den Schneeballarten *Viburnum farreri* und *V.* x *bodnantense* genieße ich ab November den Duft. Nur wenige Pflanzen verströmen im Winter einen Duft wie *Sarcococca hookeriana* 'Digyna', eine Pflanze aus der Familie der Buchsgewächse. Manchmal im Februar, meistens aber erst im Mai kommen die duftenden, weißen, zierlichen Blüten der Oemlerie (*Oemleria cerasiformis*) hervor. *Ribes laurifolium* ist eine immergrüne Johannisbeerart mit ungewöhnlichen grün-weißen Blüten, aber weniger bekannt als die rosa blühende Zierjohannisbeere.

Von den Kletterpflanzen öffnet *Clematis cirrhosa* 'Balearica', die eine Süd- oder Westmauer als Standort braucht, nach Weihnachten ihre duftenden, cremeweißen, glockenförmigen Blüten. Sie bilden einen interessanten Kontrast zu ihren zierlichen Blättern. Zu den Bäumen mit weißen Blüten gehören zwei Kirschen, *Prunus subhirtella* 'Autumnalis' und *P. incisa* 'Praecox', die manchmal schon im späten Winter zu blühen beginnen. Herausragend unter den weißen Winterblühern und deshalb besonders erwähnenswert ist eine Magnolie (*Magnolia denudata*). Ihre Blüten duften stark, sind leuchtend weiß und becherförmig. In milden Wintern brechen die Knospen mitunter schon im Februar auf.

Weiße Beeren mögen nicht so auffallend sein wie rote, sind aber doch Blickpunkte. Für Vögel scheinen sie dagegen weniger begehrenswert zu sein. Beispielsweise werden die durchscheinenden Beeren der Mistel (*Viscum album*) bis nach Weihnachten von den Vögeln verschmäht.

Die einzelnen, perlenähnlichen Früchte der Eberesche *Sorbus cashmiriana* bleiben, nachdem die Blätter abgefallen sind, noch lange hängen. Die weiße Form von *S. hupehensis* behält ihre Fruchtbüschel immer bis zu den strengen Frösten nach Weihnachten. Einige wenige Beeren verbleiben auch an *S. vilmorinii*. Sie sind klein und rund, anfangs rötlich bis rosa und verblassen dann. Die Schneebeere (*Symphoricarpos albus*) trägt mitunter von Oktober bis Februar noch eine große Anzahl reinweißer Früchte an ihren kahlen Stielen.

Weiße Beeren rufen, selbst bei stärkstem Behang, niemals das Aufsehen hervor wie ein Baumstamm, der von oben bis unten weiß ist. Aus der Nähe betrachtet, erkennt man, daß seine Rinde eine ganze Palette von Farben beinhaltet. Trotzdem ergibt sich als Gesamteindruck immer ein fast reines Weiß.

Weiß wie Schnee ist z.B. die Sand- oder Weißbirke (*Betula pendula*). Sehr angetan bin ich auch von *Eucalyptus gunnii*. Er entwickelt hübsche, abgerundete Blätter in silberblauer Farbe.

Der Eukalyptus *E. niphophila* mit seiner schlangenhautähnlichen Rinde hat einen interessanten Stamm, der jedoch nicht so auffällt wie der reinweiße Stamm von *E. pauciflora*.

Ein Ziergehölz aus Asien, *Lagerstroemia indica*, wird ebenfalls wegen seiner schönen Rinde geschätzt. Sie stößt die äußere Rindenschicht im Herbst in großen Stücken ab. Mitten im Winter erscheint der Strauch (auch Baum) glatt silbrig. Die meisten Lagerstroemien werden mehrstämmig gezogen.

Von den Bäumen mit breiten Kronen und interessanten Stämmen sind zwei Ahornarten für den kleinen Garten geeignet. *Acer grosseri* hat eine auffallende grüne Rinde mit weißen Streifen und *A. rufinerve* eine gräuliche mit rosa Streifen.

Die Kiefer *Pinus bungeana* ist im Winter wegen ihrer graubraunen Rinde bemerkenswert. Die Rinde schält sich in kleinen Stükken ab und enthüllt gelbliche Flecken, die im Sonnenlicht aufleuchten. Wenn die Kiefer älter wird, soll der Stamm fast weiß werden. Normalerweise hat sie einen verzweigten Stamm. Mit ihren hellgrünen Nadeln bildet sie einen guten Kontrast zu immergrünen Laubgehölzen.

Mit die besten Zweige für den Winter besitzt eine Zierbrombeere. Sie ist ein Muß für den winterlichen Garten. Die geisterhafte Silhouette von *Rubus cockburnianus* steht mit einer gewissen Dramatik zwischen anderen Sträuchern oder vor Immergrünen. Ihre starken gebogenen Zweige lassen sie mit jedem Jahr besser aussehen. Weder ihre Blätter noch die später im Jahr erscheinenden Blüten oder die Früchte machen ihre Wirkung aus, sondern der weiße Reif auf den Zweigen. Genau wie bei den fruchttragenden Himbeeren muß im Frühjahr das alte Holz entfernt werden, um Platz für den Neuaustrieb im Sommer zu schaffen.

Auch zwei Weiden tragen im Winter einen ungewöhnlichen weißen Reif auf ihren Zweigen. Die kräftigen Triebe der Reifweide (*Salix daphnoides*) werden von einem durchsichtigen weißen Schleier über der tiefpurpurnen Rinde eingehüllt. Auf gleiche Weise verbergen die silbergrauen Haare die purpurfarbene Mitte der Kätzchen. Diese Weide kann als Baum oder Strauch geformt werden. Eine weitere Weide, die ihre grünen Zweige mit weißem Reif bedeckt, ist *S. irrorata*, eine fast ätherische Erscheinung,

Links: Die großen goldenen Blüten der Chinesischen Zaubernuß (*Hamamelis mollis*) sind von federartiger Zartheit und verbreiten im winterlichen Garten von Dezember bis in den März hinein eine zauberhafte Stimmung. Das gelbe Herbstlaub und die stark duftenden Winterblüten machen diese Zaubernuß zu einem wertvollen Strauch für alle Jahreszeiten.

Unten: Die Silberweide *Salix alba* 'Vitellina', die eigentlich als Strauch für feuchte Standorte gilt, wächst hier in meinem Garten auf nur wenig tiefem kalkhaltigem Boden. Wenn die Sonne die gelben Äste dieses Strauches anstrahlt, erleben Sie einen der schönsten Anblicke, die der Winter bieten kann. Auf diesem Foto sieht man den gesamten Austrieb eines Jahres: Die langen Ruten werden im Frühling auf das alte Holz zurückgeschnitten.

besonders im verblassenden Winterlicht. Durch Rückschnitt im Frühjahr fördert man einen buschförmigen Wuchs, der besser aussieht.

Das Laub, bunt oder einfarbig, liefert dem winterlichen Garten die meisten Weiß- und Grautöne. Das weiß umrandete Blatt der Lorbeerkirsche *Prunus lusitanica* 'Variegata' nimmt im Winter einen Hauch von Rosa an, passend zu den rubinroten Zweigen. Sie läßt sich ebensogut schneiden wie die silberfarbene Form des Ligusters *Ligustrum sinense* 'Variegatum'. Natürlich gewachsen sind jedoch beide schöner.

Die Blätter des Kreuzdorns *Rhamnus alaternus* 'Argenteovariegata' erscheinen aus der Nähe cremefarben und weiß gezeichnet, aus der Entfernung grau. In eine gemischte oder eine Strauchrabatte bringt diese Pflanze das ganze Jahr über einen hellen Akzent. Als geschnittene Kugel oder Hochstamm paßt sie hervorragend in einen Kübel. Schön finde ich auch die weiß gezeichnete Stechpalme *Ilex aquifolium* 'Silver Queen'. Sie könnte als Kontrast zur Sorte 'Handsworth New Silver' gepflanzt werden, deren silberfarben gezeichnete Blätter sich von den purpurnen Zweigen abheben.

Griselinia littoralis 'Dixon's Cream' ist ein Strauch mit cremeweiß gezeichneten grünen Blättern. Sie eignet sich gut für Hecken, besonders in Küstenregionen. Ein anderer Strauch für Küstenlagen ist eine Art der Melde, *Atriplex halimus*. Sie hat nur den Nachteil, daß die Spatzen mitunter ihre Vorliebe für die metallisch silbergrauen Blätter entdecken und sie zerfetzen.

Die immergrüne Ölweide (*Elaeagnus macrophylla*) besitzt glänzend silbergraue Blätter und bildet im frühen Winter duftende silbrige Blüten. Die Blüten von *E. pungens* sind ebenfalls silbrig. Die Unterseiten ihrer glänzendgrünen Blätter zeigen ein mattes Weiß oder Grau. Sie paßt gut zur Stechfichte *Picea pungens* 'Koster' mit ihren intensiv silberblauen Nadeln. Als kleiner Baum wirkt die Ölweide im hinteren Teil einer gemischten Rabatte oder als Solitärpflanze auf einem Rasenstück ebenfalls gut.

Silberfarbene Bodendecker sind im Winter von großem Vorteil, besonders an dunklen Stellen, wo dichte, rein grüne Teppiche düster wirken würden. Von Efeu, üblicherweise eine Kletterpflanze, gibt es eine Reihe silberpanaschierter Formen, die eine tadellose Bodenbedeckung beziehungsweise Einfassung bilden. An erster Stelle ist *Hedera helix* 'Glacier' mit silbergrauen Blättern zu nennen, die von einer schmalen weißen Zeichnung eingefaßt werden. Die kleineren Blätter von *H. helix* 'Adam' sind insgesamt silberfarben getönt.

Die blaß graugrüne Goldnessel (*Lamiastrum galeobdolon* 'Variegatum') kann gelegentlich zu aufdringlich werden. Man gibt ihr am besten einen Platz, wo sie wuchern kann. Ein starker Rückschnitt im Herbst hält sie unter Kontrolle und läßt sie außerdem im Frühjahr besser blühen. Von der Taubnessel *Lamium maculatum* sind die Sorten 'Beacon Silver', 'White Nancy' und 'Shell Pink' bekannt. Die beiden ersten haben silbrige Blätter, während die dritte grün und weiß überzogen ist. Sie bilden das ganze Jahr über eine ansehnliche Bodenbedeckung. Mit sinkenden Temperaturen im Winter zeichnen sich die Blätter tiefrosa. Wir haben 'Beacon Silver' unter Rosen gepflanzt. Wenn die Taubnessel verblüht ist, schneiden wir sie bis zum Boden zurück. Bereits nach wenigen Tagen treiben neue Blätter aus.

Die grau und grün gemusterten Blätter eines Alpenveilchens (*Cyclamen coum*) gehören ebenfalls zu den Glücksfällen der Natur. Mit etwas Geduld säen sie sich selbst aus und bilden eine wunderschöne teppichähnliche Bodenbedeckung. *C. hederifolium* besitzt ebenfalls schön gefleckte Blätter. Die des Aronstabs *Arum italicum* 'Pictum' sind weiß marmoriert und geädert. Alle drei bilden im Winter Blätter, die im Sommer verschwinden.

Um einen glänzenden silbriggrauen Teppich zu erzielen, würde ich Steinkraut (*Alyssum saxatile*) und Hornkraut (*Cerastium tomentosum* var. *columnae*) pflanzen, die man leicht im Zaum halten kann. Viele der Pflanzen mit vollständig grauen Blättern wachsen dagegen langsam. Das Wolfsmilchgewächs *Euphorbia myrsinites*, ein Bodendecker mit blaugrauen Blättern an flachwachsenden Trieben, gedeiht üppig in der Sonne.

Diese Pflanzen passen besonders gut zu immergrünen Sträuchern und Beetpflanzen oder zu Partnern mit rotem, purpur- oder goldfarbenem Laub. Zu denen, die ich für den Winter auswähle, gehört ein Efeu mit grauer Tönung, die Kriechpflanze *Othonna cheirifolia*, Wollziest (*Stachys byzantina*) und Ehrenpreis (*Veronica cinerea*). Gerade dieser Ehrenpreis paßt besonders gut an den Rand eines Kies- oder Steinweges. Sie sollten auch die grauen Blätter der Nelken nicht vergessen, z.B. von *Dianthus caryophyllus*.

Zu den zweijährigen Pflanzen mit grauem Winterlaub zählt die Lichtnelke (*Lychnis coronaria* 'Alba'), die sich unter guten Bedin-

Die weißen Äste von *Rubus cockburnianus* (syn. *R. giraldianus*) biegen sich. Wie bei der Korkenzieherhasel (*Corylus avellana* 'Contorta') ist es kaum zu glauben, daß dies kein Produkt eines Laborexperimentes ist. Beide sind unwahrscheinlich dekorativ. Die Hasel wird am besten einzeln gepflanzt. Den Rubus, einzeln oder als ganze Gruppe gepflanzt, behandelt man wie eine fruchtende Himbeere und schneidet das alte Holz heraus, um für neue Triebe Platz zu schaffen.

Der weiße Stamm und die Äste der Moosbirke (*Betula pubescens*) leuchten vor dem klaren, blauen Winterhimmel. Sogar an einem trüben Tag kann ein Einzelexemplar oder eine kleine Gruppe dieser Bäume beeindrucken. Die silbrigweiße, reflektierende Oberfläche der Rinde zeigt einen fast unnatürlichen Schimmer. Um mehrere Stämme zu erhalten, pflanzen Sie entweder 3 dieser Bäume in ein Loch, oder schneiden Sie ein einzelnes Exemplar bis auf 15 cm zurück.

gungen selbst aussät, und *Salvia argentea* mit großen, behaarten, samtartigen Blättern. Diese niedrigen Pflanzen lassen sich mit dem Grau des Kreuzkrauts *Senecio* 'Sunshine', dem silberfarbenen Heiligenkraut, grauen Salbei, Beifuß (*Artemisia arborescens* oder *Artemisia* 'Powis Castle') oder Strohblumen (*Helichrysum angustifolium*, *H. plicatum*) kombinieren.

Verschiedene Gräser haben ebenfalls blasse Ähren oder graue Blätter. Das bekannte Pampasgras (*Cortaderia selloana*) trägt im Sommer seidig weiße, über 3 m hohe Federbüschel, die den ganzen Winter über ihr Aussehen behalten. Kleinere Ähren und Blätter entwickelt das Federborstengras (*Pennisetum alopecuroides*). Seine Blätter sind grau, die Ähren 90 cm hoch und gelbbraun.

Das Gras *Miscanthus sinensis* 'Gracillimus' hat schöne federartige Blütenstände und graugrüne Blätter. *Stipa gigantea*, das große Federgras aus Spanien, ist mit seinen grauen Blättern und riesigen Blütenständen, die sich im Herbst gelb färben und den Winter über halten, ebenfalls sehr eindrucksvoll.

ROT UND PURPUR

Pflanzen in Rot und Purpur erregen im Winter Aufsehen, ob sie nun einzeln stehen oder weißen, grauen oder goldfarbenen Gruppen. Selbst über größere Entfernungen fallen kupferfarbene Stämme, rote Beeren, scharlachrote Äste und kräftig purpurnes Laub deutlich auf.

Eine niedrige Hecke z.B. aus Schneeball (*Viburnum opulus* 'Nanum') bringt durch ihre Masse rosafarbener Zweige ein karmesinfarbenes Leuchten hervor. Die jungen roten Zweige meiner Linden (*Tilia platyphyllos* 'Rubra') heben sich teilweise sehr deutlich vom kräftigen Grün der Lebensbäume (*Thuja plicata*) ab. Was sie brauchen, ist ein grüner Hintergrund als Kontrast. Die leuchtendroten Äste des Hartriegels *Cornus alba* 'Sibirica' sind vor dichten Immergrünen aufsehenerregend. Die Grauerle *Alnus incana* 'Aurea' braucht ebenfalls einen grünen Hintergrund, damit sich die rotgetönten Kätzchen im Januar und die leuchtend orangefarbenen Äste im Winter hervorheben.

Rottöne sehen Sie im winterlichen Garten überall. Rötlichbraune Rinde an den Stämmen und Zweigen der Bäume erscheinen als wesentlicher Bestandteil des Winters. Viele Ahornarten sind beste Beispiele dafür. *Acer davidii*, *A. davidii* 'George Forrest' und *A. grosseri* var. *hersii* kamen zu Beginn diese Jahrhunderts aus China, *A. pensylvanicum* von der Ostküste Nordamerikas ist schon viel länger in Kultur. Die Sorte *A. pensylvanicum*

'Erythrocladum' ist einzigartig. Die jungen Triebe sind leuchtend rosa und haben blassere Furchen. *A. palmatum* 'Sango Kaku' ist ein weiterer schöner kleiner Baum mit korallenrosa gefurchter Rinde. Diese Ahornarten und -sorten sehen die ersten 10 Jahre am besten aus. Danach verlieren die Stämme und Äste ihre Furchung, und nur die jüngsten, obersten Zweige wirken entsprechend dekorativ.

Wir neigen dazu, die Eibe (*Taxus baccata*) nur als immergrünen Strauch zu sehen, den man frei wachsen läßt oder in irgendeine Form schneidet. Sie gefällt wegen ihrer Bedeutung, die sie ausstrahlt, oder als nützlicher dunkler Hintergrund. Tatsächlich können Eiben aber auch leuchtendrote Stämme entwickeln.

Unter den Sträuchern mit rötlichen Ästen stehen die Weiden an erster Stelle. Es ist nicht unbedingt ein feuchter Platz vonnöten, aber sie wachsen dort besser. Die Silberweide *Salix alba* 'Britzensis' hat im Winter auffallend scharlachrote Äste. *Salix fargesii* unterscheidet sich stark von ihr; man würde sie nicht für eine Weide halten.

Ein exotischer Hauch von Rot entsteht durch die leuchtenden, behaarten Äste der Japanischen Weinbeere (*Rubus phoenicolasius*), die im Winter sogar noch besser aussieht als im Sommer.

Wenn Bäume und Sträucher erst einmal ihre Blätter verloren haben, werden die Beeren überaus wichtig. In Massen bilden sie für kurze Zeit ein Feuerwerk brillanter Farben. Wenn der Winter endgültig Einzug gehalten hat, werden viele von ihnen in den Mägen der Vögel verschwinden. Es scheint, als müßten die Roten zuerst daran glauben.

Von den Ebereschen verlieren die rotfrüchtigen (*Sorbus* 'Embley' und *S. sargentiana*) ihre Beeren zuerst. Die Mehlbeeren (*S. aria*, *S. intermedia* und *S.* 'John Mitchell') haben größere, weniger auffällige Früchte, die von den Vögeln nicht beachtet werden. Ich versuche, im Dezember einen Korb voll zu sammeln, um sie als Tischdekoration in eine flache Schale zu legen.

Die meisten Wildäpfel werden im Dezember verschwunden sein, *Malus transitoria* hat jedoch kirschgroße rote Früchte, die ihre Farbe nur langsam verlieren und bis zum nächsten Herbst hängen bleiben. Unter dem Gewicht seiner Früchte ändern sich die Konturen dieses Baumes; er bekommt einen fast hängenden Habitus.

Die Sorte 'Red Jade' mit stark hängenden Zweigen und dauerhaften roten Früchten sieht während des ganzen Jahres wunderschön aus. Sie macht sich gut als Solitärbaum im Rasen, ebenso die Orangenkirsche (*Idesia polycarpa*) mit ihren Büscheln roter Beeren, die den ganzen Winter halten. Denken Sie daran: Zur Fruchtbildung sind Bäume beiderlei Geschlechts notwendig.

Auch die immergrünen Laubsträucher tragen reichlich Beeren. Der Schneeball (*Viburnum rhytidophyllum*) wächst schnell und ist ein vorzüglicher Lärmschutz. Schon nach wenigen Jahren erreicht er 2,50 bis 3 m Höhe. Falls weibliche und männliche Pflanzen beisammenstehen, zeigen sich im Winter rote Beeren, die sich nach und nach schwarz färben.

Die roten oder gelben Beeren des Feuerdorns (*Pyracantha*) werden normalerweise so lange von den Vögeln verschmäht, bis die Früchte der Stechpalmen und Ebereschen aufgefressen sind. *Cotoneaster* 'Cornubia' und *C.* 'Hybridus Pendulus' behalten ebenfalls ihre glitzernden roten Beeren. Ihre hängende Form ist für einen Standort mit Bedeutung geeignet, z.B. die Seiten eines Torweges oder eine Treppenoberkante.

Alle Formen der Stranvaesie haben charakteristische scharlachfarbene Beeren mit matter Oberfläche. *Stranvaesia davidiana*, die betont aufrecht wächst, ist zu allen Jahreszeiten ein nützlicher Strauch. Wenn der Herbst jedoch in den Winter übergeht, werden die ledrigen grünen Blätter mit den Rot- und Gelbtönen ihrer reifenden Beeren verziert. Ihr kräftiges Wachstum kann durch jährlichen Rückschnitt reduziert werden. Die Vögel scheinen ihre Beeren zu ignorieren.

Skimmien verlangen Geduld. Sie wachsen langsam und brauchen Zeit, sich zu etablieren, aber ihre glänzendroten Beeren sind das Warten wert. Der Fruchtansatz von *Skimmia japonica* 'Nymans', einer weiblichen, etwa 2 m hohen Sorte, wird gefördert, wenn zwischen den weiblichen eine männliche Pflanze plaziert wird.

Wer Fruchtbehang im Winter besonders schätzt, dem sei die Aukube *Aucuba japonica* 'Salicifolia' mit auffallend roten Früchten empfohlen. Sie ist industriefest und leistet in einem Garten in städtischer Umgebung gute Dienste.

Bei saurem Boden sollte die laubabwerfende Stechpalme *Ilex verticillata* 'Winter Red' mit in die Auswahl beerentragender Sträucher einbezogen werden. Besonders gut wirken sie als Gruppe in der Nähe des Hauses, sofern die Platzverhältnisse es erlauben. Die Fülle kleiner, glitzernder, roter Beeren ist sogar noch größer als die immergrüner Sorten. Ebenfalls laubabwerfend ist die Schönfrucht (*Callicarpa bodinieri* var. *giraldii*). Ihre ungewöhnlichen Beeren wirken wie kleine purpurfarbene Juwelen. Ist sie erst einmal eingewachsen, kann sie zu einem dekorativen Bestandteil des winterlichen Gartens werden.

Die Rosen im Garten bilden manchmal mehr, manchmal weniger Hagebutten. Am längsten sollen z.B. die Früchte der mehrfach blühenden Kletterrosen 'Dortmund', 'Pink Perpetue', 'Aloha' und 'Morning Jewel' halten. Ihre Hagebutten stehen alle aufrecht;

dagegen gibt es unter den Strauchrosen viele, bei denen sie an den gebogenen Trieben nach unten hängen. In manchen Jahren behält die Kletterrose 'Wickwar' ihren Überfluß an kleinen Hagebutten den ganzen Winter.

Rote Blätter haben sanftere Konturen und bilden größere Flächen als rote Beeren. Einige Sträucher besitzen indessen beides. Ich habe bereits die *Stranvaesia davidiana* wegen ihrer charakteristischen, matten Beeren erwähnt; die ältesten ihrer glänzenden, immergrünen Blätter färben sich im Winter feuerrot und bleiben normalerweise bis zum Frühling hängen. Sie braucht nur einige Meter Platz. Der Rückschnitt ihrer längsten Zweige findet im zeitigen Frühjahr statt, dann wird sie im Juni neu durchtreiben.

Das Winterlaub einiger Pflanzen behält seine Rot- und Purpurschattierungen. Viele Immergrüne – Efeu, Bergenien und Sicheltannen – färben sich bronze.

Die Zwergvogelbeere (*Aronia arbutifolia*) ist ein mittelgroßer Strauch mit glänzendroten Blättern. Sie ist nicht immergrün, aber ihre Blätter sehen im Herbst spektakulär aus und halten bis in den Winter. Eine blutrote Pflanze ist das Alang-Alang-Gras (*Imperata cylindrica*) in seiner Sorte 'Red Baron'. Eine ausdauernde Pflanze, die neben grauen oder grünen Nachbarn deutlich hervorsticht. Die ganze Farbpalette von Dunkelrot bis Bronzepurpur kann man auf den ledrigen Blättern der Traubenheide (*Leucothoë walteri*), einem kleinen Strauch mit Vorliebe für sauren Boden, sehen.

Die Blätter verschiedener Bodendecker zeigen ebenfalls Rot und Purpurtöne. Die Blätter der Elfenblumen (*Epimedium*), oft rot oder purpurn marmoriert, sind der Hauptschmuck dieser Pflanze. Ab Herbst zeigen sie den ganzen Winter über weiche bronzerote und korallenfarbene Tönungen. Erstaunlich ist die Vielfalt der Formen. Epimedium ist ursprünglich eine Pflanze des Waldes und überlebt auf kargen, trockenen Böden. In fruchtbarem Humus oder in Lauberde entwickelt sie sich zu einem hervorragenden Bodendecker.

Auch die Schaumblüte (*Tiarella*) liebt Schatten und fruchtbaren Boden. Am liebsten habe ich, wegen ihrer rosa-grünen, samtweichen Blätter, *Tiarella wherryi*. Sie sehen im Vordergrund von Rabatten, wenn sie genügend Schatten bekommen, vorzüglich aus. *Tellima grandiflora* 'Rubra' wirkt auf den ersten Blick weniger spektakulär, hat aber viele Vorteile: Sie nimmt nicht überhand, bildet im Sommer schöne Blüten und zeigt, nachdem der Frost sie getönt und gefärbt hat, schöne Blätter.

Die Wolfsmilch *Euphorbia amygdaloides* 'Superba' leidet unter kalten Winden im März, die manchmal ihre vielversprechenden Blütenstände zerstören. Die Sorte 'Rubra' mit roten Stielen und purpurfarbenen Blättern ist besser.

Links: Die feinen weißen Federbüschel und gebogenen Blätter des Pampasgrases (*Cortaderia selloana*) erzeugen eine elegante Form und erscheinen fast geisterhaft im Nebel und Reif eines frühen Wintermorgens.

Unten: Die zart strukturierten graugrünen Blätter des Kreuzkrautes *Senecio* 'Sunshine' sind fein mit Weiß umrandet. An einem bedeckten Wintertag bringt diese Pflanze Wärme und Leuchtkraft in den Garten; die Blätter glitzern, wenn sie mit Reif bedeckt sind.

Was Zuverlässigkeit und prächtiges Winterlaub betrifft, sind Bergenien und Euphorbien gleichwertig. Rote Blätter im Winter bringen die Bergeniensorte 'Abendglut', *B.* x *schmidtii* 'Sunningdale' oder *B. cordifolia* 'Purpurea'. Ein Veilchen, *Viola labradorica* 'Purpurea', besitzt ebenfalls schöne dunkel purpurfarbene Blätter und blasse Blüten.

Der purpurblättrige Klee (*Trifolium repens* 'Purpurascens Quadrifolium'), eine andere flach wachsende Pflanze, bildet eine wundervolle Bodenbedeckung.

Eine weitere niedrige Beetpflanze mit roten bis purpurfarbenen Blättern ist die Fetthenne (*Sedum*), insbesondere *Sedum spurium* 'Atropurpureum'. Die *Heuchera*-Hybride 'Palace Purple' ist eine besonders liebenswerte Pflanze mit bronzeroten Blättern. Ihre herzförmigen Blätter drängen sich zu Büscheln. Sie lassen sich über Samen oder durch Teilung vermehren, aber nur die Nachkommen mit den kräftigsten Farben sollte man behalten.

Gräser bringen neben der Farbe auch Bewegung in den Garten. Das purpurfarbene Pfeifengras *Molinia caerulea* 'Variegata' bildet wohlgeformte, 60 cm hohe Büschel mit Ähren, die bis lange in den Winter hinein gut aussehen. Die Blätter von *Miscanthus sinensis* 'Purpurascens' färben sich, wie der Name vermuten läßt, im Herbst kräftig purpurn und werden von rötlichen Federbüscheln überragt. Wenn sich bei leichtem Wind die Sonne in ihnen fängt oder sie sich über dem Schnee erheben, verleihen sie dem Winter einen leichten, weniger ernsten Charakter.

SCHWARZ

Schwarz und dunkelstes Grau sind die Farben, die sich zunächst mit Gedanken an den Winter verbinden: tiefhängende Wolken, lange, dunkle Nächte, die scharfen Umrisse von Bäumen und Sträuchern, trostlose, düstere Schatten, die man vom Fenster aus sieht.

Für den Gärtner ist Schwarz jedoch eine herrliche Hintergrundfarbe. Ich schätze die Silhouetten von Bäumen, den eindringlichen Charakter ihrer bloßen Äste und die kräftigen Schatten ihrer Stämme. Denken Sie sich dazu eine glänzende Wasseroberfläche, die im Winter aussieht wie polierter Schiefer. Es gibt kaum eine eindrucksvollere Winteransicht als Bäume, die sich – schwarz in schwarz – im Wasser spiegeln.

Es gibt nur sehr wenige Pflanzen, die vollkommen schwarz sind. Eine von ihnen ist der Schlangenbart (*Ophiopogon planiscapus* 'Nigrescens'). Am besten wirkt er umgeben von einer dünnen Schicht aus blassem Kies, der seine schwarzen Blätter hervorhebt.

Daneben gibt es die weniger ins Auge stechenden schwarzen Dinge wie Äste, Beeren und Kätzchen. Der Hartriegel *Cornus alba* 'Kesselringii' hat dunkel purpurfarbene Äste, die je nach Licht schwarz erscheinen. Kastanien, die im Herbst kräftig mahagonibraun gefärbt sind, werden – am Boden liegend – mit Beginn des Winters schwarz. *Ilex crenata*, eine Stechpalme, trägt schwarze Beeren und die mancher Efeuformen werden mit fortschreitendem Winter ebenfalls schwarz. Eine Weide, *Salix melanostachys* entwickelt zum Ende des Winters ungewöhnliche schwarze Kätzchen. Mit Phantasie erscheinen selbst die dunkelsten Blüten der Nieswurz *Helleborus orientalis* im Abendlicht schwarz.

DIE SPRACHE DER FARBEN

Am Ende des Winters hungert das Auge nach Farben. Vorsichtig grünen die Barbarazweige im Krug am Fenster. Sie sollten zu Weihnachten blühen, vergaßen es aber, wie fast jedes Jahr.

Es kann vorkommen, daß mitten im Winter, wenn an einzelnen Tagen die Sonne scheint, zaghaft draußen der Seidelbast blüht und die Knospen am Flieder glänzen, als brächen sie jede Stunde auf. Gänseblümchen und Primeln bereiten die ersten Blütenköpfe unter der Schneedecke vor, und wenn ein Sonnenstrahl sie an frostfreien Nachmittagen trifft, stecken sie die bunten Köpfe aus dem weißen Schneefensterrahmen.

Längst vor den Schneeglöckchen gibt sich die Christrose die Ehre. In schneereichen Jahren ist sie kaum auszumachen, aber sie ist da und tut ihren Dienst gemäß ihrer inneren Uhr. Wer jetzt keine Geduld hat, wem die Winterruhe der Natur zu eintönig ist und zu lange dauert, mag sich überlisten lassen von der Blumenindustrie, die weder mit Farben noch mit Arten geizt.

Aufgespießt, wie in früheren Zeiten seltene Schmetterlinge, hängen die riesigen roten, rosa und gelben Gerberaköpfe an Papptafeln, von Drähten gestützt. Tulpen, Lilien, Rosen, des Sommers

Im Winter ist die Japanische Weinbeere (*Rubus phoenicolasius*) eine der am meisten fesselnden Pflanzen in meinem Garten. Reif hebt die bürstenartigen rotbraunen Äste hervor. An sonnigen Tagen ergibt sich ein ebenso aufregender, wenn auch andersgearteter Effekt. Die gebogenen Äste werden 2 bis 2,50 m lang, müssen aber jeden Herbst zurückgeschnitten werden, um neues Wachstum anzuregen.

Oben: Die durchsichtigen roten Beeren von *Viburnum opulus*, dem Gemeinen Schneeball, halten bis lange in den Winter und hängen wie Rubine im klaren Winterlicht.

Rechts: »Die Faszination des winterlichen Gartens liegt im Wunder unerwarteter Farben«, schreibt Dick Balfour. Drei Tage vor Weihnachten hat er in dieser Fotografie von *Rosa* 'Poppy Flash' mit reifumrandeten Blütenblättern und Knospen einen Augenblick seltener Winterschönheit eingefangen.

bunte Palette bis hin zur Herbstblume füllt zwischen Weihnachten und Ostern die Schaufenster einschlägiger Läden.

Es sind armselige Kreationen, deren innere Uhr von Menschen übertölpelt wurde. Sie wissen nichts vom Winter, sie duften nicht nach Erde, Wind und Sonne. Wenn sie die Kühlboxen – nach kilometerweiter Reise – verlassen, beginnt ihr Verwelken. Sie sind eine schöne Dekoration, eine Überlistung der Natur und eine künstliche Antwort auf die Sehnsucht der Menschen nach Farbe im Winter.

Da, wo der Mensch den Schlaf der Natur nicht stört, läßt sich die Mühsal des Frühlings wahrnehmen. Grün und Weiß sind des Frühlings erste Farben. Dann färbt die Erde sich leuchtend bunt wie auf schönen Künstlerbildern, je weiter das Jahr voranschreitet – bis hin zum Herbst und in die ersten Wintertage, wenn abermals die Farben verblassen.

Die Natur malt mit Licht, sie verwendet lebendige Pigmente, Strukturen und farbige Schatten. Sie verfügt über eine viel reichere Palette als der Künstler, der auf eine Leinwand malt. Ähnlich wie der Maler verbindet der Gärtner Farben miteinander, um harmonische und befriedigende Wirkungen zu erzielen. Der Gärtner kann zwar durch Mischen keine neuen Farben schaffen, aber er kann – wie der Maler – das Erscheinungsbild von Farben beeinflussen, indem er sie an die richtige Stelle setzt.

Keine Farbe kann für sich allein betrachtet werden; stets wird sie im Zusammenhang mit einer oder mehreren anderen Farben wahrgenommen. Sie wird durch die benachbarte Farbe, durch alle Farben, die mit einem Blick zu erfassen sind, und durch Farben, die kurz zuvor betrachtet wurden, verändert.

Die Farbwirkungen beruhen außerdem auf dem Größenverhältnis der Farbflächen und auf der Entfernung, aus der man sie betrachtet. Der Maler, der seine Farben auf eine Leinwand aufträgt und sie immer wieder aus einer bestimmten Entfernung betrachtet, ist in der Lage, die Farbenlehre in die Praxis umzusetzen und das Ergebnis zu überprüfen.

Der Gärtner aber, dem dieses Phänomen ebenso bekannt ist, muß mehr bedenken. Blätter und Blüten werden das erste Mal aus der Nähe betrachtet, ein anderes Mal aus größerer Entfernung; der Standpunkt des Betrachters ändert sich ständig. Manchmal werden Gartenfarben erst nach und nach wahrgenommen, z.B. während man an einer Rabatte entlanggeht: Jede Farbe wird nicht nur von den direkt danebenliegenden beeinflußt, sondern auch von denjenigen, an denen man gerade vorbeigegangen ist. Ganz anders werden Pflanzengruppen gesehen, wenn man sie als statisches Bild betrachtet, z.B. jenseits eines Rasens oder als Trogbepflanzung: Es hängt jeweils von der Entfernung ab, ob die einzelnen Farben unterscheidbar bleiben, sich mischen oder verändern.

Der französische Maler Claude Monet hat bewußt eine Szene zu den verschiedenen Tages- und Jahreszeiten dargestellt, um dabei zu zeigen, wie die Farben, die er auf der Leinwand einzufangen versuchte, sich durch das Licht verändern. Ein Gärtner kann stündlich beobachten, wie sich die Farben verändern, z.B. während die Sonne steigt oder sinkt, wie die Muster von Licht und Schatten wechseln, wenn eine Brise die Blätter bewegt, und wie sich mit dem Tageslicht die Stimmungen wandeln. Der Gärtner kann seine Farbzusammenstellungen nicht auf die Wirkung einer Stunde oder eines bestimmten Tages abstimmen, wie es bei einem Gemälde oder einem Farbfoto möglich ist. Er muß die Farbwirkungen im Laufe des ganzen Jahres bedenken und sein Wissen über die Eigentümlichkeiten der Pflanzen ebenso nutzen wie die wissenschaftliche Farbenlehre.

Maler wie Gärtner wissen, daß man Farben nicht immer nur in gefälligen Verbindungen verwenden kann, sondern daß Farben auch Gewicht und Dichte, Leichtigkeit und Zerbrechlichkeit ausdrücken können. Farben vermögen das Architektonische einer Form zu betonen, Linien und Schwerpunkte zu unterstreichen.

Farben können auch dazu dienen, Räume vorzutäuschen, tatsächliche Entfernungen und Dimensionen zu verändern. Kühle Blau- und Violettöne, eintöniges Braun und Grau scheinen zurückzutreten und dadurch den Eindruck von Ferne zu schaffen. Der Maler vermag ohne weiteres den Eindruck zu erwecken, daß ein Gegenstand weiter im Hintergrund liegt, indem er blassere Töne der Farben aus dem Vordergrund benutzt oder eine kühle Farbe verwendet. Die wärmeren Farben wie Gelb, Orange oder Rot scheinen hervorzutreten und die Entfernungen zu verkürzen. Selbst diese Farben können jedoch die Illusion von Tiefe und Distanz erwecken, wenn sie im Vordergrund von Gemälden blasser verwendet werden.

Der Maler kann ganz genau die Farbmischung wählen, von der er weiß, daß sie die erwünschte Wirkung hervorruft. Die Farben im Garten sind weniger leicht vorherzubestimmen. Ständig sich ändernde Farbverhältnisse und ein ständig wechselndes Tageslicht machen jedes noch so sorgfältige Bemühen um Stimmungsbilder unkalkulierbar. Die einfachen Grundregeln gelten aber auch für den Gärtner. Er kann die Länge einer Rabatte überbetonen, die Form einer Gartenfläche scheinbar ändern, eine langweilige Ecke kaschieren oder auf einen Blickpunkt hinführen. Zum Beispiel kann man das Auge auf bunte Farben vorbereiten, indem man ihm vorher Schatten und Grün bietet. Der Kontrast wird die lebhaften Töne noch verstärken.

Es gibt Maler, aber auch Gärtner, die offensichtlich ein instinktives Farbverständnis besitzen. Der Maler setzt mit einem unfehlbaren Gespür Farbtöne auf die Leinwand, der Gärtner die Blumen auf ein Beet. Beide können oft nicht erklären warum. Für die meisten von uns aber wächst das Farbverständnis durch eine Kombination aus der Beobachtung dessen, was tatsächlich in der Natur passiert und dem Studium der Theorie. Künstler versuchen, zum Teil wissenschaftlich die von ihnen beobachteten Eigentümlichkeiten zu erklären. Der Physiker doziert über das Licht und die Zusammensetzung von Lichtstrahlen. Der Chemiker kann erklären, wie die Pigmente, die Lichtstrahlen reflektieren oder absorbieren (»schlucken«), zusammengesetzt sind. Der Physiologe kann nachweisen, wie das Gehirn die Farbinformation verarbeitet, die es vom Auge bekommt. Der Gärtner, der seinen Garten plant und seine Pflanzen zu einem malerischen Bild anordnet, benutzt die Theorien über die Harmonie der Farben, die von Malern und anderen Künstlern einst entwickelt wurden. Theorien, die ihrerseits auf wissenschaftlichen Erkenntnissen beruhen.

Um von der Sprache der Farben im Garten praktischen Gebrauch machen zu können, ist es sinnvoll, zunächst einen Blick auf die verschiedenen Disziplinen zu werfen, in denen das Wesen der Farbe beleuchtet wurde. Wenn wir Farbbegriffe so präzise wie möglich definieren, hilft uns das zu verstehen, was wir mit dem Auge sehen, und versetzt uns in die Lage, mit der Farbe geschickter umzugehen.

Was also ist Farbe? Farbe ist eine Empfindung, die nur bei Licht auftritt. Farbwahrnehmung hängt von der Art und der Stärke des Lichtes ab, aber auch von der Struktur und Form des Farbträgers. Die Lichtstrahlen, die auf die Netzhaut fallen, werden als Informationen zum Gehirn geleitet, von diesem erkannt und entschlüsselt. Das menschliche Auge vermag nur einen schmalen Bereich aus dem Spektrum der Sonnenstrahlen wahrzunehmen: Strahlen längerer Wellen als Rot sind unsichtbar. Ultraviolette Strahlen mit kürzeren Wellen als Violett sind beispielsweise für Bienen sichtbar, aber wiederum nicht für Menschen.

Aus der Sicht des Physikers ist Licht das Rohmaterial für Farbe. Der Physiker ist des weiteren daran interessiert, auf welche Weise die wahrgenommene Farbe von der Beschaffenheit des Objektes abhängt, das Licht teils reflektiert, teils absorbiert. Eine »weiße« Fläche reflektiert nahezu alle Lichtstrahlen und läßt sie zusammen dem menschlichen Auge weiß erscheinen. Eine »blaue« Oberfläche dagegen absorbiert rote, orangefarbene, gelbe, grüne und violette Strahlen. Die reflektierten blauen Strahlen erreichen indessen das Auge und werden als Blau wahrgenommen.

Die Blätter der meisten Pflanzen sind grün, weil das Pigment Chlorophyll im Innern der Blätter die grünen Strahlen reflektiert. Allerdings wird das Erscheinungsbild dieser grünen Farbe noch durch weitere physikalische Faktoren beeinflußt. Eine glatte Oberfläche hat einen dunkleren und reineren Farbton als eine rauhe oder behaarte Oberfläche. Letztere wirkt matt und dumpf, denn hier wird die direkte Reflexion des Lichtes gestört. In der Praxis wird normalerweise bereits das weiße Licht – das Tageslicht – in eine Spektralfarbe abgewandelt. Dadurch wird unsere Wahrnehmung der tatsächlichen Pigmentfarbe beeinflußt.

Die sanft graugrünen Nadeln einer Pinie beginnen gegen einen grauen Sturmhimmel aufzuglühen, und im Winter nimmt der gemähte Rasen im grauen Licht ein schimmerndes Smaragd an. Luftfeuchtigkeit macht das Licht sanft und perlmuttartig und schafft jenen Grauton, der für nordische Landschaften so kennzeichnend ist.

Wenn die Sonnenstrahlen am Abend rot werden, wandeln sich die stark leuchtenden Gartenfarben zu milden satten Tönen. Wenn die Dämmerung hereinbricht, gehen sie allmählich in Violett und Schwarz über. So wie die Blütenfarben im Sonnenlicht gelblich erscheinen, wirken sie im Schatten violett – entsprechend dem anderen Ende des Spektrums. Tiefe Rot-, Blau- und Grüntöne treten im Schatten stärker zurück als Weiß, Gelb und Pastell, weil der Kontrast zum dunklen Schatten die hellen Farben leuchtend macht.

Der Gärtner geht in weitaus stärkerem Maße mit vergänglichen Dingen um als der Künstler. Wenn der Maler seine Farben erst einmal an der richtigen Stelle angebracht hat, können sie sich noch optisch, nicht aber physikalisch verändern. Und doch kann eine nähere Betrachtung der Malfarben ein sinnvolles Mittel sein, um einige Gesichtspunkte der Pflanzenfarben genauer zu erfassen.

Der Maler kann eine unendliche Zahl von Farbwerten, Mischungen oder Tönen herstellen, indem er auf seiner Palette zu einer reinen Farbe beispielsweise Weiß oder Schwarz hinzufügt. Denken wir an eine Reihe von unterschiedlichen Rotwerten. Die Farbe beginnt mit dem reinen Rot, das im Garten etwa durch eine scharlachfarbene Rose oder einen Türkenmohn vertreten sein könnte. Die Reihe wird zunehmend heller, etwa bei den blassen Rottönen rosablütiger Japan-Anemonen. Schließlich wird fast die Farbe Weiß erreicht, nur noch ganz leicht von Rosa überhaucht, wie es z. B. die Blüten bestimmter Pfingstrosen oder frühblühender Prunus-Arten zeigen.

Geht man in die andere Richtung der Farbwertskala, ist eine karmesinfarbene Rose dunkler als die reine Spektralfarbe; noch dunkler erscheint der wunderbare blutrote Storchschnabel (*Geranium sanguineum*) mit schwarzer Mitte. Fast völlig schwarz wirken z. B. die Blüten eines schwarzbraunen Storchschnabels (*Geranium phaeum*) und des schwarzen Germers (*Veratrum nigrum*). In

Purpur und Blau kann man im Winter unter den Nieswurzarten, Scilla und bei *Iris reticulata* finden. Rosa ist mit Ausnahme der Alpenveilchen und einiger anderer nennenswerter Pflanzen zu dieser Jahreszeit ein seltener vorkommender Farbton. Hier wirken die verschiedenen Rosaschattierungen bis zu dunklem Purpur, die die Hortensie *Hydrangea serrata* 'Preziosa', Der Neuseeländer Flachs (*Phormium tenax*) und die Samenstände der Fetthenne erzeugen, gleichermaßen leuchtend und elegant.

Wirklichkeit enthält aber das dunkle Rot violette oder dunkelblaue Farbstoffe. »Schwarz« ist hier deshalb nicht wörtlich zu nehmen.

Die Farbwerte beispielsweise von Gelb und Orange verändern diese Farben stärker als andere. Rot, das zu Rosa wird, bleibt trotzdem immer deutlich rot. Gelb mit Weiß vermischt wird aprikosenfarben. Gelb mit Schwarz wird oliv. Orange mit Schwarz ergibt Braun.

Grün ändert sich sowenig wie Rot. Wenn Schwarz beigemischt wird, wirkt es nur tiefer, vor allem bei Blättern mit einer glänzenden Oberfläche, wie sie ein Akanthus (*Acanthus mollis*) oder die Zimmeraralie (*Fatsia japonica*) besitzen.

Blau hat so wenig Leuchtkraft, daß es sehr schnell schwarz wird, wenn man es abdunkelt. Dies ist bei der Tulpe 'Queen of the Night', einer seltenen Fritillarie (*Fritillaria camtschatcensis*) oder den fast schwarzen Blättern des grasähnlichen Schlangenbarts (*Ophiopogon planiscapus* 'Nigrescens') der Fall. Andererseits kann man zu Blau sehr viel Weiß hinzufügen; es wird zwar heller, bleibt aber blau.

Der Grad, in dem benachbarte Farben einander beeinflussen, hängt auch vom Größenverhältnis der Flächen zueinander ab. Isolierte Blütenköpfe, etwa vor einem weiten Hintergrund aus Blattwerk, werden viel stärker verändert als die Blätter. Dies gilt auch, wenn dort, wo die Farben aneinanderstoßen, die Blätter deutlich durch die Komplementärfarbe der Blütenfarbe deutlich verändert werden.

Man kann das »Gewicht« einer Farbe von Hell nach Dunkel, ihre Intensität von leuchtend nach stumpf und das Verhältnis der Farbflächen zueinander spürbar verändern: Alles das beeinflußt das Endergebnis fast genauso wie die eigentliche Farbwahl.

Das brauchbarste und zuverlässigste »System« für die Kombination von Gartenfarben gründet sich auf die Harmonien einerseits und die Kontraste andererseits.

Ein Gärtner, der mit den Gesetzen der Farben und Farbveränderungen vertraut ist, ist sozusagen ausgerüstet mit der Grammatik der Farbe.

(Das Kapitel »Die Sprache der Farben« ist eine auf die Gesichtspunkte des Gartens im Winter zusammengefaßte, bearbeitete Version eines Textes von Penelope Hobhouse. Er ist im Original unter der Überschrift »Vom Wesen der Farbe« in Penelope Hobhouse' Buch »Farbe im Garten« – Verlag Eugen Ulmer, Stuttgart 1986 – erschienen.

Links: Schnee verwandelt den Garten mit Swimmingpool. Durch die Spiegelbilder der beiden sechseckigen Häuschen, die klar auf der Wasseroberfläche erscheinen, und die durch den Schnee betonten bogenförmigen Ränder des Beckens ruft das Bild einen magischen, absolut ruhigen Eindruck hervor. Es ist eine Studie in Schwarz und Weiß. Die einzige Farbe liefern die goldenen Kugeln auf den Häuschen.

Unten: An einem verschneiten Tag nimmt ein kleiner Hinterhof das charakteristische Aussehen eines Schwarzweißfotos an. Die verschiedenen Gestalten und Farbtöne der Blumen, Beeren und des Grases sind verhüllt; es bleiben nur die glatten Silhouetten.

Gartenarbeit und Gartenfreude

Gartenarbeit erscheint im Winter nie so dringend wie im Sommer. Man wartet, bis man Lust hat, bis das richtige Wetter herrscht oder bis ein freier Tag kommt. Lassen Sie sich nicht täuschen! Zuerst kommt Weihnachten, dann ein Frost, dann schneit es, dann ist Urlaub ... Plötzlich ist Frühling, und die Arbeiten sind noch immer nicht getan. Aus Erfahrung weiß ich, daß man die Winterarbeiten nicht vernachlässigen darf, wenn man zu jeder Jahreszeit Freude am Garten haben möchte.

Ich ordne die verschiedenen Gartenarbeiten gern einem bestimmten Wetter zu, bei dem sie erledigt werden können. So erhält man eine Liste, aus der schnell ersichtlich ist, welche Arbeit sinnvoll zum gerade herrschenden Wetter paßt.

Die Kategorien werden sich häufig überschneiden: Kletterpflanzen an der Mauer kann man zuschneiden, ob der Boden nun naß ist oder ob Schnee liegt. Bei aller Planung: Versuchen Sie nicht, Ihr Arbeitsprogramm computergemäß zu organisieren. Die Natur läßt sich nichts vorschreiben. Wir müssen lernen, auch ein wenig auf unser Gefühl zu vertrauen.

Es gibt z. B. keine andere Möglichkeit, zugige Ecken oder relativ geschützte Plätze im Garten herauszufinden, als an stürmischen Tagen selbst hinauszugehen. Dies ist die Zeit, um eine Windschutzpflanzung zu planen. Sie erkennen, wie wichtig es ist, bei Gartenarbeiten im Winter den richtigen Tag zu wählen.

Ich gehe sehr gern mitten im Winter am Sonntagmorgen in mein Gewächshaus. Ich lasse langsam Blätter der Duftpelargonien durch die Finger gleiten. Ich stecke Bambusstäbchen in die Kisten mit Stecklingen und notiere, welche Stecklinge sich zu langsam bewurzelt haben. Was habe ich falsch gemacht? Jetzt habe ich Zeit, darüber nachzudenken. Es liegt etwas Beruhigendes darin, Samen in die Erde zu bringen und Pflanzen zu pflegen, wenn draußen Regentropfen oder Schneeflocken fallen.

An einem schönen, sonnigen Wintermorgen in den Garten zu gehen, ist gut genutzte Zeit. Man entwickelt Ideen, bemerkt und ändert Dinge, die nicht in Ordnung sind.

An Tagen, an denen man wirklich nichts tun kann, als vor dem Ofen zu sitzen, lese ich gern alte, klassische Gartenbücher. Der Lebensstil hat sich geändert, aber die Launen des Winterwetters überraschen uns genauso wie die Gärtner vergangener Tage.

Ich bin kürzlich auf zwei alte, wegen ihrer detaillierten Darstellung bemerkenswerte Chroniken gestoßen. Die eine schildert das ungeduldige Warten eines Mannes auf den Frühling, und die andere enthielt eine Darstellung der Planung und Ausführung von Gartenarbeiten, verfaßt von einem begeisterten Gärtner. Der erste lebte und arbeitete im 18. Jahrhundert und notierte 62 Jahre lang zuverlässig alle Veränderungen in den Ereignissen, die den Frühling ankündigten. Der zweite führte ab 1869 33 Jahre lang ein Gartenjahrbuch, in dem er Erfolge und Mißerfolge in seinem Garten aufzeichnete.

Das Lesen alter Aufzeichnungen ist niemals Zeitverschwendung. Viele Ratschläge können auch heute noch bedeutsam sein.

Ein schneebedeckter Garten hält oft den eifrigsten Gärtner im Haus, besonders wenn es dort Pflanzen gibt, um die man sich kümmern und die in der Wärme eines geheizten Gewächshauses oder Wintergartens vermehrt werden müssen. Im Winter brauchen Zimmerpflanzen soviel Licht wie möglich. Glasflächen sollten daher so sauber wie möglich gehalten werden, damit jeder Sonnenstrahl durchdringen kann. Ein pflanzengefülltes Glashaus ist auch ein idealer Platz zum Beobachten der Vögel.

GARTENARBEIT BEI SCHLECHTEM WETTER

Bei schlechtem Wetter kümmert man sich sinnvollerweise um die Wartung der Gartengeräte und erstellt eine Einkaufsliste. Werkzeuge müssen geschärft, gereinigt und repariert, Maschinen gepflegt und überprüft, Blumentöpfe gewaschen oder neu bestellt werden.

Setzen Sie alles, was in nächster Zeit ausgehen könnte, auf Ihre Liste. Prüfen Sie auch, welche Dünger und Pflanzenpflegemittel benötigt werden.

Im Winter überlege ich mir außerdem, mit welchen Farben man Türen, Gartentore und Geländer streichen könnte. Achten Sie darauf, daß Gartenstühle, die lackiert werden müssen, absolut trokken sind.

In das Gewächshaus muß soviel Licht wie möglich dringen können. Ich bin immer überrascht, wie hell es wieder ist, nachdem das Glas gründlich gereinigt wurde.

Daneben gibt es im Gewächshaus immer Arbeit: umtopfen, Pflanzen mit neuen Stäben versehen, Pflanzen anbinden, für die richtige Temperatur sorgen, düngen und gießen. Besonders der Pflanzenschutz ist wichtig. Wie peinlich sauber ein Gewächshaus auch sein mag, Weiße Fliege, Blatt- und Schildläuse treten immer wieder auf. Vorbeugen ist auch hier besser als Heilen. Fachleute in Gärtnereien oder Gartenmärkten beraten Sie gerne.

Für die Aussaat werden ausreichend Saatkisten und Aussaaterde benötigt. Ich verwende gern frische Aussaaterde, deshalb mische ich die Reste des Vorjahres der Topferde bei. Eine Saatgutbeize bewahrt die Sämlinge vor Fäulnis. An feuchten und kalten Tagen beginnt die Arbeit, die am meisten Spaß macht: das Sortieren und Auswählen der Samen.

Ich sammle das ganze Jahr über Samen aus meinem und den Gärten der Umgebung. Wenn die Samen reif sind, schneidet man die Samenstände ab und steckt sie in eine beschriftete Tüte oder einen Kunststoffbecher. Bis zum Winter werden sie trocken aufbewahrt. Dann bedecken wir einen Tisch mit Papier, und der Spaß geht los.

Bei den kleinen Samen hilft ein Sieb, die Verunreinigungen abzusondern. Manchmal braucht man auch lange spitze Fingernägel, um die Kapseln aufzubrechen und die Samen zu befreien; in der Regel fallen sie jedoch von selbst heraus. Beschriften Sie die Samentütchen zumindest mit Pflanzenname und Datum und verschließen Sie sie gut. Trennen Sie Blumen von Gemüsesamen und stecken Sie die Tüten in alphabetischer Reihenfolge in Schachteln. Auf einer Liste vermerken Sie die Namen mit Datum und Art der Aussaat: Gewächshaus, Reihensaat im Gemüsegarten, Direktsaat in die Beete.

Nachdem die Samen gereinigt und sortiert sind, ist es auch schon Zeit für die Aussaat. Wenn Sie in Torfquelltöpfe oder Multitopfplatten säen, werden die Wurzeln anschließend beim Topfen oder Auspflanzen nicht beschädigt.

Die Hauptaussaat beginnt im Februar, normalerweise in Kisten, manchmal auch in Einzelgefäße. Säen Sie nacheinander jeden Tag aus und vergessen Sie die Saatgutbeize nicht. Jede Kiste erhält ein Etikett mit Namen und Datum. Eine Folienabdeckung verhindert das Austrocknen. Die Saatkisten werden anschließend in einem gleichmäßig warmen Raum gelagert. Manche Samen keimen nur bei Licht, andere brauchen Dunkelheit und werden mit Zeitungspapier abgedeckt. Nach erfolgter Keimung müssen auch sie ans Licht, wo sie bis zum Auspflanzen weiterwachsen. Setzen Sie die Sämlinge nie der Trockenheit oder einem Temperaturabfall aus.

Ich habe seit einigen Jahren Aufzeichnungen von allen Aussaaten dieser Art angefertigt. Sie sind als Information und Gedächtnisstütze unbezahlbar.

Es gibt sicherlich noch viele andere Arbeiten für Tage mit schlechtem Wetter, in jedem Garten andere.

GARTENARBEIT BEI EIS UND SCHNEE

Arbeiten bei Eis und Schnee beschränken sich zum Teil auf Schutzmaßnahmen, d. h. auf die Abwehr von Witterungseinflüssen. Zum Teil verlangen sie aber auch Kreativität. Nachdem die dringendsten Aufgaben, wie Wege säubern und Prüfen der Wasserhähne im Freien, erledigt sind, genießt man die Schönheit, die Eis und Schnee dem Garten verleihen. Aber selbst wenn die Minusgrade über mehrere Wochen anhalten, gibt es noch Gartenarbeiten zu erledigen.

Manche beginnen schon jetzt mit dem Baumschnitt. Eigentlich müßten sie ein schlechtes Gewissen haben, denn man schneidet eigentlich nicht, solange der Saft in den Zweigen gefroren ist. Üblicherweise wartet man für den »Winterschnitt« frostfreie Tage des Spätwinters ab.

Im August werden als erste Spalieräpfel geschnitten. Erst im Januar folgen die alten Apfel- und Birnenhochstämme. Ich persönlich liebe das Schneiden und Formen der Bäume im verwilderten Teil meines Gartens. Dort wachsen Ebereschen, Felsenbirnen und Pappeln.

Das Schneiden ist eine Arbeit, die man ohne Hektik ausführt. Entfernen Sie alle sich kreuzenden Zweige, achten sie darauf, daß die Bäume gleichmäßig aussehen, und machen Sie die Stämme frei von seitlichen Trieben, die die Schönheit eines attraktiven Stammes verbergen. Ich mag den Blick durch die Zweige der Nußbäume und schneide deshalb sämtliche neuen Triebe des vergangenen Jahres heraus.

Sträucher, die im Sommer blühen, wie Weigelien, Pfeifenstrauch, Kolkwitzien und Spireen, werden bald nach der Blüte zurückgeschnitten. Dies erhält eine gute Form und gibt neuen Trieben genügend Zeit, um zu wachsen, bevor der Winter kommt. Das Entfernen von altem Holz regt das Wachstum im Frühjahr an.

Im Februar werden Fingerstrauch, laubabwerfende Zwergmispeln, japanische Ahornarten und Zaubernuß in Form gebracht und alles alte Holz herausgeschnitten. Ich pflanze gern den Fingerstrauch *Potentilla fruticosa* in verschiedenen Gelbtönen in den Vordergrund meiner Rabatten. Dort kann es notwendig werden, daß man ihn alle drei Jahre beträchtlich zurückschneidet; auch hierfür ist Februar der richtige Zeitpunkt. Ich mag das braune, pelzartige Aussehen der abgestorbenen Blütenköpfe im Winter, deshalb lasse ich sie so lange wie möglich stehen.

GARTENARBEIT BEI SCHÖNEM WETTER

Für das Zurechtschneiden von Pflanzen an einer Mauer braucht man eine warme Jacke, einen sonnigen Tag, eine Schubkarre und ein Stück Folie; die Karre für den Abfall und die Folie für das Kompostmaterial. Auch eine Gartenschere, eine Baumschere mit langen Griffen, ein scharfes Messer, Nägel, Hammer, Bindfaden und Nelkenringe sind notwendig. Eine stabile Trittleiter gibt sicheren Stand. Falls die Erde naß ist, werden Bretter untergelegt.

An meiner Nordwestmauer wachsen Kletterrosen, Waldrebe, Itea, Winterjasmin, Geißblatt und Efeu, außerdem Sträucher wie Deutzien, *Ribes speciosum* und Buddleien. Letztere werden meistens freistehend gepflanzt, schätzen jedoch auch den Schutz einer Mauer. Die zuvor genannten Pflanzen blühen im Winter nicht, sie müssen nur in dieser Zeit gepflegt werden.

Die Rosen erhalten ihren routinemäßigen Schnitt, Geißblatt und Efeu werden der Situation entsprechend zurückgenommen, *Ribes speciosum* und Säckelblume (*Ceanothus*) ordentlich ausgelichtet. Gewöhnlich schneidet man den Schmetterlingsstrauch im November zur Hälfte zurück und führt den entscheidenden Schnitt im März durch. Die Clematisarten müssen alle unterschiedlich behandelt werden. Hilfreich sind Hinweise auf den Etiketten, z.B. »stark«, »wenig« oder »gar nicht«.

Der Schnitt von Rank- und Kletterpflanzen vor einer Mauer scheint nicht so schwierig zu sein wie der Schnitt von Bäumen. Man sollte sich aber dennoch genügend Zeit nehmen und sorgfältig arbeiten.

Es gibt viele verschiedene Sträucher und Kletterpflanzen, die entlang von Wänden und Mauern wachsen; bei vielen müssen Sie Ihre eigenen Erfahrungen sammeln. Die kriechende Zwergmispel (*Cotoneaster horizontalis*) beispielsweise wird gewöhnlich als

Den Gartenschuppen aufzuräumen, ist eine Arbeit für einen Regentag. Wenn Sie Ordnung schaffen, werden Sie auch daran erinnert, verschiedenes für die neue Gartensaison einzukaufen und Ihre Gartengeräte zu ölen und zu reparieren, damit alles in gutem Zustand ist, wenn es gebraucht wird.

Bodendecker gepflanzt. Sie bildet jedoch, wenn man sie entsprechend schneidet und an einer Mauer befestigt, mit ihren schön gebogenen Zweigen ein attraktives vertikales Muster. Auch *Abutilon vitifolium* profitiert vom Schutz einer Mauer; man bindet einige der Zweige nach hinten und läßt andere nach vorn hängen. Bei der Kletterhortensie (*Hydrangea anomala* ssp. *petiolaris*) werden nur die Blütenköpfe des vergangenen Jahres herausgeschnitten, während die Jungfernrebe *Parthenocissus henryana* und der Knöterisch *Polygonum baldschuanicum* (syn. *Fallopia balschuanica*) alles überwuchern, wenn man ihnen nicht massiv zu Leibe rückt.

Das Räumen der Beete und Rabatten hängt allgemein vom Klima und der jeweiligen Wetterlage ab. Im Oktober/November sollten wir damit begonnen und die Arbeiten bis Ende November abgeschlossen haben.

In Gebieten, wo die Temperaturen zwischen Minusgraden und 4 bis 10 über dem Gefrierpunkt schwanken, sollte man die krautigen Pflanzen so wenig wie möglich anheben. Flach wurzelnde Pflanzen leiden, wenn sie aus dem Boden herausgezogen, gelockert und die Wurzeln zum Teil freigelegt werden. Eine Abdeckung hilft, alle oberirdischen Pflanzenteile vor strengen Frösten und vor Wind zu schützen.

Im weniger harten Klima muß nicht alles, was noch grün und ansehnlich ist, zurückgeschnitten werden. Vor dem ersten strengen Frost sollte aber ein Anfang gemacht sein. Einige Beetflächen werden sicher mit Knollen- und Zwiebelpflanzen, z.B. Tulpen, besetzt, denen später einjährige Pflanzen oder teilweise winterharte Stauden wie Vergißmeinnicht, Goldlack oder Tuberosen folgen. Um den richtigen Abstand einzuhalten, setzen wir zuerst die Pflanzen und plazieren dann die Zwiebeln dazwischen, etwa 9 Stück pro Quadratmeter. Darüber verteilen wir eine Deckschicht aus Laub oder Komposterde, gemischt mit etwas Langzeitdünger. Dies erinnert uns später daran, daß hier Zwiebeln oder Knollen sitzen.

Ich versuche immer, Tulpen und andere Blumenzwiebeln im ganzen Garten zu verteilen. Beispielsweise pflanze ich gerne »Bänder« großblütiger holländischer Krokusse in großer Anzahl in die Mitte der Beete und zierliche Iris (*Iris histrioides* und *I. reticulata*) an die Ecken. Eine Mischung von *Crocus chrysanthus* wächst durch die Decke aus Günsel (*Ajuga reptans* 'Multicolor') hindurch. Sie sollten am Rand der Beete gepflanzt werden, um ihre zierliche Schönheit betrachten zu können.

Daneben gibt es noch die Primeln und Schlüsselblumen. Die robusten Traubenhyazinthen und Scillas kommen zwischen niedrigem Steinbrech und zu Füßen laubabwerfender Sträucher heraus.

Vor den Abschlußarbeiten auf den Beeten sollten Sie versuchen, sich jedes einzelne genau vorzustellen. Welche Pflanzen müssen geteilt werden? Wo sind Verbesserungen notwendig? Versuchen Sie, über die verschiedenen Jahreszeiten hinweg eine Abfolge von Farben zu erreichen.

Nachdem Sie wissen, welche Pflanzen entfernt, geteilt oder versetzt werden müssen, warten Sie einen Tag ab, an dem die Erde nicht zu naß ist. Pflanzen nehmen es übel, wenn man sie in durchweichte Erde setzt. Bleibt die Erde an den Schuhen kleben, ist das ein untrügliches Zeichen dafür, daß sie zu schwer zum Bearbeiten ist. Wenn Pflanzarbeiten trotzdem sein müssen, stellen Sie sich auf ein Brett um das Gewicht besser zu verteilen.

Vor Beginn der Arbeit stellt man alle notwendigen Geräte bereit: Schubkarren, Spaten, Grabgabel, Setzholz, Gartenschere, Stütz- oder Markierstäbe, Etiketten und Bleistift. Ein Eimer ist immer von Nutzen. Wenn man dort, wo man gerade arbeitet, Sackleinen oder Folie auslegt, bleiben Rasen und Wege sauber. Bretter schützen die Grasränder.

Stengel und Stiele werden deutlich zurückgeschnitten und nur diejenigen stehengelassen, die während des Winters ansehnliche Samenstände behalten. In Gegenden mit kaltem Klima beläßt man 10 bis 12 cm hohe Stümpfe, damit sich Mulchschicht und Abdeckmaterial halten können.

Pflanzen, die man teilen möchte, werden aus dem Boden gehoben und getrennt. Nur die guten Teile werden weiterverwendet. Einige zweijährige Pflanzen wie Wollkraut, Fingerhut oder Silberblatt werden sich selbst ausgesät haben.

Pflanzen, die wegen ihrer schönen Samenstände im Winter nicht abgeschnitten werden, sind Akanthus, Fetthenne und Brandkraut (*Phlomis russeliana*). Auch *Chelone obliqua*, *Agapanthus*, Wasserdost (*Eupatorium purpureum*), Riesenhyazinthe (*Galtonia candicans*), Steckenkraut, Sonnenblumen und einige Gräser könnte man belassen. Der Garten wird im Winter wie ein großer Trokkenblumenstrauß aus Blüten, Blättern und Gräsern aussehen.

Wer es allerdings vorzieht, die Beete restlos abzuräumen, sollte als Abschluß z.B. eine Schicht aus Lauberde, reifem Kompost

Die wunderschöne und absolut winterharte Stechpalme (*Ilex x meserveae*) bildet – als freistehendes Exemplar oder als ganze Hecke – mit ihren glänzenden, kräftig grünen Blättern und der Fülle leuchtendroter Beeren einen imposanten Anblick. Die in den Vereinigten Staaten gezüchteten Meservesorten der Stechpalme sind wegen ihrer Farbenvielfalt besonders eindrucksvoll. Stechpalmen sind ein wichtiger Bestandteil des traditionellen Weihnachtsschmuckes.

oder Mist darauf verteilen. Eine vorsichtige Düngung ist für die Erde wichtig. Pflanzen, die am Hungertuch nagen, werden kaum das gewünschte gute Aussehen zeigen. Das Säubern von Rasenflächen, Wegen usw. mit Rechen oder Besen gibt dem Garten den letzten Schliff.

ARBEITEN IM GEMÜSEGARTEN

Gemüse- und Blumengarten sollten nicht zueinander in Konkurrenz stehen. Ich habe meinen Gemüsegarten so angelegt, daß er wie der Blumengarten wirkt. Ein durchgehendes Netz von Wegen bildet sein Grundmuster, Obstbäume geben ihm Höhe und Größe. In Frankreich findet man manchmal etwa einen Meter breite Rabatten mit Einjährigen aus Schnittstauden, die die beiden Seiten der Hauptwege durch den Küchengarten säumen. Den ständigen Rahmen bilden Spalierobstbäume, die gleichzeitig als Hintergrund dieser Rabatten fungieren. In meinem Gemüsegarten ist eine doppelreihige Lavendelhecke charakteristisches Merkmal des Gartens. Stachelbeerhochstämmchen vermitteln den Eindruck einer Zwischenhöhe. In der Mitte formen Hochstammrosen einen Kreis, und Laubengänge bilden zwei Seiten.

Zu Beginn eines jeden Winters stehe ich im Gemüsegarten und notiere, wo und wie im nächsten Jahr die Gemüsearten stehen sollen. Wer allerdings meint, mit ein paar Pflöcken und Schnüren sei die Planung schon erledigt, der irrt. Man kann z.B. nicht jedes Jahr das gleiche Gemüse an dieselbe Stelle pflanzen, weil sonst Bodenmüdigkeit eintritt. Fruchtfolge und Fruchtwechsel müssen beachtet werden. Besonders Mischkulturen sind im Gemüsegarten von Vorteil.

Ich halte mich grundsätzlich an ein Winter-Arbeitsprogramm, (s. Seite 120), das aber flexibel sein muß, weil Frost und Schnee kommen und gehen, wie sie wollen.

***Acer japonicum*, ein japanischer Ahorn, braucht nicht stark geschnitten zu werden. Er bildet von Natur aus eine schöne Form, wenn ihm auch der Schnitt einiger weniger Zweige für das Haus zusätzliche Eleganz verleihen kann. Wie bei jedem Baum oder Strauch sollte man auch hier vor Beginn des Schnittes einige Schritte zurücktreten und in Ruhe überlegen. Denken Sie daran, daß schneebeladene Äste herunterhängen und die Form des Baumes verändern; deshalb sollten Sie den Schnee herunterschütteln.**

EIN WINTERBALKON

Immer mehr Gartenfreunde, zumeist in der Stadt, gehen seit einigen Jahren dazu über, ihre Balkone, Loggias oder Dachterrassen auch im Winter attraktiv zu gestalten. Balkonkästen, Pflanztröge und Schalen werden mit dauerhaften Pflanzen, vor allem mit niedrig und schwach wachsenden Gehölzen, Bodendeckern und Stauden bestückt. Auf die traditionelle Balkonbepflanzung mit Pelargonien, Petunien, Begonien usw. wird fast vollständig verzichtet. Diese Pflanzen werden nur noch vereinzelt eingesetzt, um die Dauerbepflanzung im Sommer mit einigen Farbpunkten anzureichern.

Besonders an Wohnhäusern mit fest eingebauten Brüstungströgen kann eine dauerhafte Bepflanzung mit Zwerg-, Kleingehölzen und Stauden eine ausgesprochen vorteilhafte Lösung sein: Sie bietet das ganze Jahr über ein grünes Bild, ist dekorativ und vor allem über einen Zeitraum von mehreren Jahren haltbar. Vergessen Sie nicht die Urlaubszeit und ihre Gießprobleme. Größere Gefäße sind in der Sommerzeit erheblich einfacher mit Wasser zu versorgen.

Bei der Auswahl der Pflanzen für den Winterbalkon sollte man mit Sorgfalt vorgehen. Ich rate Ihnen, langsam wachsende Kleingehölze und Zwergkoniferen zu kaufen. Die Pflanzen sollen schließlich mindestens drei bis vier Jahre, vielleicht auch länger, in den Kästen, Schalen und Trögen bleiben können. Nur so rechtfertigen sich die höheren Ausgaben für diese Pflanzen.

Welche Pflanzen eignen sich nun besonders für den »Winterbalkon«? Es sind natürlich in erster Linie die immergrünen Laub- und Nadelgehölze. Besonders hervorheben möchte ich die kleinbleibenden Kiefern wie *Pinus mugo* var. *mughus*, *Pinus mugo* ssp. *pumilio*, die Zuckerhutfichte oder die Nestfichte (*Picea glauca* 'Conica' und *Picea abies* 'Nidoformis') und den Kriechwacholder (*Juniperus horizontalis* mit Sorten wie 'Douglasii', 'Glauca', 'Prostrata'). Von den Laubgehölzen könnte man das Fingerkraut (*Potentilla* sp.), Zwergmispel (*Cotoneaster* sp.), kleinwüchsige Rhododendren (*Rhododendron* sp.) oder kriechende Ginster (*Genista* sp.) verwenden.

Um dieses Bild etwas aufzulockern, bieten sich zum Beispiel die Schneeheide (*Erica herbacea*), einige Efeuarten (*Hedera* sp.) und natürlich die verschiedenen Stauden an: Blaukisten (*Aubrieta* sp.), Grasnelke (*Armeria* sp.) Glockenblume (*Campanula* sp.), Teppichphlox (*Phlox* sp.) und Fetthenne (*Sedum* sp.). Von den Gräsern, die eine Dauerbepflanzung bereichern können, ist besonders der Blauschwingel (*Festuca glauca*) zu nennen.

Heute wird sogar schon der Steingarten auf dem Balkon propagiert. Dafür werden ausschließlich Zwergstauden verwendet. Allgemein bekannt sind Hauswurzarten (*Sempervivum* sp.), Mauerpfeffer (*Sedum acre*). Abgesehen von den genannten Arten bietet das reichhaltige Sortiment der Steingartenstauden für jeden Geschmack etwas.

Balkonkästen, Brüstungströge und Schalen, die überwiegend mit immergrünen Laub- und Nadelgehölzen bepflanzt sind, lassen sich im Frühling, Sommer und Herbst mit den traditionellen Balkonpflanzen, aber auch anderen Arten aus der großen Gruppe der einjährigen Blütenpflanzen auflockern und bereichern. Es empfiehlt sich, mehrere Blütenpflanzen in kleinen Gruppen gleicher Farbe zwischen den Zwerggehölzen anzuordnen.

Umfangreichere Balkonbepflanzungen belegen in der Regel nicht die ganze Fläche der Gefäße. Der Anteil schwankt zwischen 50 und 80 Prozent. Damit eröffnet sich die Möglichkeit, jahreszeitlich Akzente zu setzen, z. B. im Frühjahr mit den bekannten Frühlingsblühern aus der Gruppe der Zwiebel- und Knollengewächse, im Sommer mit Pflanzen aus dem Sommerblumensortiment und im Herbst mit Heidekraut und Chrysanthemen.

Die meisten Gärtnereien und Gartencenter bieten heute ihre Pflanzen in Töpfen und Containern. Dies hat den Vorteil, daß die Pflanzen mit einem intakten Wurzelballen verpflanzt werden können und meist keine oder nur geringe Anwachsschwierigkeiten haben. Vor dem Bepflanzen der Tröge, Kästen oder Schalen nimmt man die Pflanzen aus ihren Töpfen, setzt sie vorsichtig in das Substrat des Balkongefäßes und drückt sie jeweils gut an. Mitunter ist es ratsam, den Topfballen zuvor in Wasser zu tauchen, damit er beim Pflanzen nicht zu trocken ist.

Entscheidend für den guten Gesamteindruck des Winterbalkons ist die Anordnung der Pflanzen. Man muß dabei beachten, daß sich hochwachsende Pflanzen immer über niedrige oder hängende erheben, daß die höheren im Hintergrund und die niedrigeren im Vordergrund zu stehen kommen.

Pflanzen auf Terrasse und Balkon brauchen einen guten Halt. Das Substrat darf nicht zu locker, aber trotzdem gut durchwurzelbar sein. Die ungewöhnlichen, ja manchmal extremen Bedingun-

Muster sind im Winter oft wichtiger als im Sommer. Diese Kugeln aus Buchs, die einen Backsteinweg säumen, verleihen den Rabatten auch ohne krautige Pflanzen ein interessantes Aussehen; im Sommer tauchen sie fast im Laub unter. Rosa akebia 'Veilchenblau', *Quinata* und *Lonicera* 'Dropmore Scarlet' sind zur Wand hin zurückgeschnitten.

Oben: Die reifbedeckten Samenstände der graublättrigen *Phlomis fruticosa* ziehen Vögel an. Falls man ihn nicht zurückschneidet, neigt dieser Strauch dazu, wild zu wuchern. Man kann ihn bis zu den neuen Knospen stark zurücknehmen, falls notwendig sogar bis auf ein Drittel seiner ursprünglichen Größe. Machen Sie dies im späten Frühjahr, dann wird er bald mit Blättern bedeckt sein.

Rechts: Im Königlichen Botanischen Garten von Kew Gardens bilden gestutzte Hainbuchen eine eindrucksvolle Hecke auf Stelzen. Zu ihren Füßen sind Schneeglöckchen als Attraktion im Winter und Alpenveilchen als Farblieferanten im Spätsommer gepflanzt. Ein regelmäßiger Schnitt stellt sicher, daß die erhöhte Hecke ihre Form behält.

gen auf dem Balkon bedingen höhere Anforderungen an das Erdsubstrat. Schließlich ist der Wurzelraum für die Pflanzen im Vergleich zum Garten eng begrenzt. Durchlässigkeit, Stabilität in der Struktur und eine gute Durchlüftung einerseits, eine ausreichende Wasserhaltefähigkeit und Nährstoffspeichervermögen andererseits müssen gegeben sein. Damit wird unter anderem verhindert, daß die Erde vernäßt und daß sich in den Wintermonaten zuviel Eis im Substrat bildet. Dies würde die Wasserversorung der Immergrünen, die auch im Winter auf Wasser angewiesen sind, unterbinden. Ein länger andauernder Wassermangel könnte zum Tod der Pflanzen führen.

Als Balkonsubstrat, das übrigens auch fertig gemischt im Gartencenter angeboten wird, eignen sich Mischungen aus einem Teil Kompost, einem Teil Lauberde und einem Teil Torf. Da Torf inzwischen immer knapper wird, sollte man versuchen auf Alternativen auszuweichen, z.B. Rindenkompost. Auch er verleiht dem Substrat über einen längeren Zeitraum eine stabile Struktur.

Ein gelungener Winterbalkon steht und fällt mit den Gefäßen, die man verwendet. Auch wenn der Raum begrenzt ist, sollte man versuchen, die Pflanzen nicht in allzu kleine Tröge, Kästen oder Schalen zu zwängen. Balkonkästen beispielsweise sollten nicht weniger als 20 cm Breite aufweisen. Achten Sie generell darauf, daß die Wurzelballen der dauerhaften Pflanzen einigermaßen bequem in den Gefäßen Platz finden. Qualität vor Quantität – das gilt für die Pflanzen wie für die Gefäße.

Bei der Anlage beziehungsweise dem inneren Aufbau von Pflanztrögen sind einige wichtige Gesichtspunkte zu beachten. Größere Pflanztröge und Gefäße weisen in der Regel eine Tiefe von 40 bis 50 cm auf. Ganz unten im Gefäß wird zunächst die Dränschicht angelegt. Es folgt die Filterschicht, an die sich die Vegetationsschicht mit den Pflanzen anschließt.

Jede der drei Schichten hat eine besondere Funktion. Die mindestens 10 cm starke Dränschicht führt das überschüssige Wasser, zum Beispiel nach durchdringendem Gießen oder einem starken Regen schnell ab. Vergessen Sie die Abzugslöcher im Boden der Tröge nicht! Als Dränmaterial kommen beispielsweise Kies, Blähton- oder Styroporkugeln und Tonscherben in Frage.

Die Filterschicht verhindert, daß Erdpartikeln oder Humusteile aus der Vegetationsschicht nach unten gelangen und die Dränschicht verstopfen. Filtervliese aus unverrottbarem Material verhindern das Einsickern.

Die wichtigste Schicht ist die oberste, dort wo die Pflanzen wurzeln. Von der Beschaffenheit der Vegetationsschicht hängt das Gedeihen der Pflanzen ganz wesentlich ab. Gute Ergebnisse erzielt man mit standardisierten Erdsubstraten (Einheitserden

oder Torfkultursubstrate, die alle bereits oben geforderte Eigenschaften aufweisen).

Denken Sie daran, daß der Winterbalkon ebenso wie der Garten im Winter der Pflege bedarf, der Winterbalkon und seine Pflanzen sogar noch mehr. Vergessen Sie vor allem eines nicht: Gießen findet nicht nur im Sommer statt. Die immergrünen Pflanzen auf dem Balkon brauchen auch in der kalten Jahreszeit viel Wasser, denn die Erde in Trögen, Kübeln, Containern und Kästen trocknet rasch aus. Schäden sind unvermeidlich. Man erkennt Winterschäden an den vertrockneten Triebspitzen.

Besonders hoch ist der Wasserbedarf an sonnigen Wintertagen, die wir ja alle sehr schätzen. Gegossen werden darf allerdings nur dann, wenn die Erde nicht gefroren und auch anschließend ein längerer Zeitraum ohne Frost zu erwarten ist. Verwenden Sie zum Gießen niemals heißes Wasser. Das mag zwar gut gemeint sein, führt aber dazu, daß die Wurzeln platzen und die Pflanzen absterben. Man verwende immer nur kaltes oder lauwarmes Wasser zum Gießen von Balkonpflanzen im Winter.

Der eindringliche Gießappell hat folgenden Hintergrund: Immergrüne Pflanzen vertragen in der Regel Frost und Kälte recht gut. Wenn allerdings ein starker Bodenfrost herrscht und gleichzeitig Sonne auf die grünen Pflanzenteile strahlt und in den grünen Pflanzenteilen das Leben erwacht, droht Gefahr. Die Blätter verdunsten Wasser, der Nachschub aus dem Boden bleibt aber aus. Das führt zu dem bereits oben angesprochenen Wasserdefizit und die Blätter, Nadeln, Zweige, unter Umständen die ganze Pflanze trocknen aus. Es ist also kein Erfrieren, wie man annehmen könnte.

Noch ein Wort zum Winterschutz: Der klassische Winterschutz mag zwar das Aussehen eines schön gestalteten Winterbalkons etwas beeinträchtigten, aber an besonders harten Wintertagen gibt es eben keine andere Möglichkeit, als beispielsweise die Pflanzen abzudecken. Bewährt hat sich das Aufstellen von kleinen Lattengerüsten, von Strohmatten, Jutegeweben oder ganz einfach von Tannen- und Fichtenreisig. Auf keinen Fall dürfen die Pflanzen dick verpackt werden, weil sie leicht darunter ersticken könnten. Es sollen ausschließlich Kälte, Wind und Sonne abgehalten werden.

Mittlerweile gibt es auch einen flüssigen Verdunstungsschutz zu kaufen. Es handelt sich um Präparate, die man über die Pflanzen versprüht. Fachleute empfehlen, besonders wertvolle Immergrüne damit zu behandeln. Im Frühjahr, sobald die Pflanzen zu wachsen beginnen, soll der atmungsaktive, verdunstungshemmende Überzug wieder verschwinden.

Selbst all jene, die sich nicht für eine Dauerbepflanzung auf Balkon oder Terrasse begeistern können, müssen auf Winterschmuck nicht verzichten. Anstelle der Immergrünen, der niedrigen Nadelgehölze und Zwergsträucher lassen sich auch mit einzelnen Zweigen immergrüner Gehölze und fruchttragender Pflanzen wunderschöne Winterarrangements zusammenstellen. Man könnte zum Beispiel Zweige von Kiefern, Tannen und Fichten mit Zweigen von Zwergmispel, Sanddorn oder Schneebeere kombinieren. Besonders leuchtkräftig sind Zweige mit Hagebutten oder die Früchte des Feuerdorns. Besonders dekorativ wirken natürlich Zweige mit Zapfen.

Und nun viel Freude an Ihrem »Garten im Winter« – auch auf dem Balkon!

EIN ARBEITSPROGRAMM FÜR DEN WINTER

Dezember

Leere Flächen werden mit Laub, Kompost oder anderen Mulchmaterialien bedeckt. Wer umgräbt, sollte sich überlegen, ob es sinnvoll sein könnte, gleichzeitig Mist einzuarbeiten.

Von den Kohlarten sollte man alle gelben Blätter entfernen: Sie können Schädlinge beherbergen und Krankheiten verursachen. Außerdem sehen sie nicht besonders dekorativ aus.

Artischocken bedecken Sie mit einer Lage Stroh und überziehen das Ganze mit einer gelochten Folie als Schutz vor Frost, Schnee und Feuchtigkeit.

Umlegen Sie einige Rhabarberstöcke mit Stroh, decken Sie sie zusätzlich mit einer Haube oder einer lockeren schwarzen Folie ab, um schon frühzeitig ein paar Stiele ernten zu können. Schlagen Sie Lauch, Sellerie, Gelbe Rüben und Pastinaken und Speiserüben für den Küchenbedarf in eine Erdmiete ein.

Schützen Sie Kohl und andere grüne Gemüsepflanzen vor Fraß durch Tiere. Um hungrige Vögel, Kaninchen, Hasen und andere Tiere fernzuhalten, hat jeder Gärtner seine eigene Methode. Ich finde, daß feste Kunststoffolien oder Bedeckungen wie etwa Vogelschutznetze, die über die Pflanzen gezogen werden, als Schutz vor Fraßschäden sehr wirkungsvoll sind.

Prüfen Sie die im November vorgenommenen Aussaaten oder Pflanzungen, um sie gegebenenfalls vor Frost und Schnee zu schützen. Wir können dafür eine Abdekkung aus Glas oder hartem Kunststoff benützen, auch eine Folienhaube oder abgeschnittene Zweige von laubabwerfenden Sträuchern oder Nadelgehölzen, die entlang der Reihen in die Erde gesteckt werden.

Mäuse richten unter Umständen sehr schnell Schaden an. Deshalb ist es sinnvoll, einige Mäusefallen strategisch günstig aufzustellen. Decken Sie sie aber mit einer umgedrehten Holzkiste oder etwas Ähnlichem ab, damit sich statt der ungeliebten Nagetiere nicht eines Ihrer Lieblingstiere im Garten darin verfängt.

Falls Sie gerne selbst angebautes Gemüse essen, helfen Ihnen verschiedene Folien, die zum Beispiel über Reihen mit Spinat, Feldsalat oder über die letzten Salatköpfe gelegt werden, zu weiteren vitaminreichen Mahlzeiten.

Schneiden Sie die alten, abgetragenen Triebe der Himbeeren bis zum Grund zurück.

Januar

Die Routinearbeiten sind die gleichen wie im Dezember.

Spritzen Sie Apfel- und Birnbäume, sofern es die Witterung erlaubt, vorbeugend gegen Blattläuse und andere Schädlinge.

Entfernen Sie alle Strünke und graben Sie den Boden um. An den in der Erde verbliebenen Strünken des Kohls werden sich vielleicht kleine »Köpfe« zeigen, die im Winter ein willkommenes Grün darstellen, wenn andere Gemüse rar sind.

Pflanzen Sie an einer offenen, sonnigen Stelle Knoblauchzehen, sofern Sie nicht bereits im Herbst eine Reihe gesteckt haben.

Setzen Sie bis zum Ende des Monats Steckzwiebeln in Saatkisten; sie haben dann im Februar oder März (je nach Wetter) beim Auspflanzen im Garten genügend Wurzelverankerung, damit die Vögel sie nicht auspicken können.

Denken Sie daran, sich um die Aussaat von Petersilie, Kopfsalat und Blumenkohl im Haus zu kümmern.

Februar

Zwei Wochen bevor Sie in weitere Reihen Erbsen, Bohnen und Frühkarotten säen, sollten Sie den Boden durch Aufstellen von einfachen Folientunneln oder durch Auflegen durchsichtiger, gelochter Flachfolie aufzuwärmen versuchen.

Gegen Ende des Monats können im Januar gesäter Kopfsalat und Blumenkohl, nachdem sie in einem kalten Kasten abgehärtet wurden, im Freien unter Folie gepflanzt werden.

Das Aufstellen und stabile Verbinden von Bohnenstangen ist ein wenig zeitraubend. Es empfiehlt sich deshalb, dies möglichst schon im Februar zu tun, bevor die Frühjahrsarbeit im Gemüsegarten die meiste Zeit in Anspruch nimmt. Wir benützen stabile, 2,50m hohe Stäbe aus Holz, kunststoffummanteltem Aluminium oder auch aus Bambus. Sie halten sich mehrere Jahre.

Jetzt ist auch der richtige Zeitpunkt zum Pflanzen von Schalotten.

Bereiten Sie das Saatbeet so vor, daß die oberste Bodenschicht eine feine Krume aufweist.

Falls notwendig, können Sie die Fläche, auf der Sie die ersten Kohlarten säen möchten, mit durchsichtiger Kunststoffolie bedecken, damit sie sich aufwärmt. Dies bringt natürlich auch Unkraut zum Keimen, das entfernt werden kann, bevor die Gemüsesamen ausgesät werden. Sobald die einjährigen Unkräuter zu keimen beginnen, ist das ein untrügliches Zeichen für Gärtner, daß die Gartenpflanzen ausgesät werden können und wohl bald erfolgreich keimen. Werden sie zu früh gesät, liegen sie vielleicht angekeimt und kalt in der Erde, von Fäulnispilzen und anderen Schädlingen bedroht.

Gegen Ende Februar sind Gemüse- und Blumengarten voller Versprechungen und Erwartung. Der Boden ist sauber und gedüngt, die Blütenknospen an den Obstbäumen schwellen. Jeden Tag erwärmt sich die Erde etwas mehr und bereitet sich auf den Frühling vor.

Ein winterlicher Gemüsegarten

Oben: Eine der größten Winterfreuden ist es, Vögel zu beobachten, wie sie in Scharen zur Futterstelle kommen. Viele der Finken kommen, sobald sie Zutrauen gefaßt haben, aus den Hecken. Stäbchen, die waagerecht in Abständen durch den Futterbehälter gesteckt werden, bieten den Vögeln eine Sitzgelegenheit.

Rechts: Das Gefieder der Blaumeise wirkt vor dem verschneiten Hintergrund frisch und farbenfroh. Das wunderbare an einer Futterstelle ist, daß man die Möglichkeit erhält, das Verhalten der Vögel zu beobachten. Nach gewisser Zeit lernt man sogar einzelne kennen, besonders Rotkehlchen und Meisen.

FÜTTERN DER VÖGEL

Wenn die Welt draußen tief verschneit ist, gehe ich als erstes hinaus, um die Futterstelle freizumachen und den Vögeln Futter zu geben. Den Garten auch als Lebensraum für Vögel zu gestalten, ist eine wichtige Aufgabe des Naturschutzes. Dabei lernt man gleichzeitig die verschiedenen Vogelarten und ihre oft erstaunliche Lebensweise sehr gut kennen.

Man erfreut sich nicht nur am Treiben, den Eigenarten und am Gesang der Vögel, sondern findet auch Vergnügen an den Farben, die sie in den Garten bringen: Kernbeißer, Eichelhäher, Finkenvögel.

Um Vögel im Winter in den Garten zu locken, gibt es viele Möglichkeiten. Am wirkungsvollsten ist eine ständig und gut versorgte, einfach zu erreichende Futterstelle. Wasser ist übrigens genauso wichtig wie feste Nahrung. Wenn es draußen friert, nimmt man als Wassergefäß eine Blechdose, die man bei Bedarf auf den Herd stellen kann.

Futterplätze richtet man dort ein, wo man sehen kann, was sich tut; zur eigenen Freude und zur Sicherheit der Vögel, die Feinde sofort wahrnehmen und fliehen können. Ein Dach ist notwendig, damit das Futter nicht durchnäßt wird. Ein Stück Maschen- oder Stacheldraht in der Mitte des Pfostens hält Katzen und Eichhörnchen ab.

Vögel sind Kindern ähnlich: Man muß zuerst ihr Zutrauen gewinnen. Sobald ihre natürlichen Nahrungsquellen knapp werden, kommen wahrscheinlich als erste Amseln und Meisen. Weil Amseln und Drosseln ihre Nahrung vorwiegend vom Boden aufnehmen, sollte man etwas Futter im Gras verstreuen.

Wenn Sie einmal mit dem Füttern begonnen haben, werden Sie sehr bald die Vorlieben und Abneigungen der Vögel kennenlernen. Die Heckenbraunellen z.B. verlassen im Winter die Hecken und kommen in den Garten. Im Sommer besteht ihre Kost hauptsächlich aus Insekten. Wenn diese rar werden, suchen sie im Garten nach Samen.

Wenn Sie Ihr Futterhäuschen an Baumstämmen oder Ästen aufhängen, geraten immer wieder Körner und Fettstückchen zwischen die Furchen der Rinde. Dies ist für scheue Vögel wie Baumläufer, Goldfinken und Zaunkönige günstig. Der knorrige und tief zerfurchte Stamm meiner alten Akazie ist dafür ein gutes Beispiel. Im Sommer verbringen hier auch die Baumläufer viel Zeit mit Futtersuche.

Ein Garten mit vielen Beeren, Samenständen und Früchten wird immer Vögel anziehen. Am meisten schätzen Vögel Beeren

von Zwergmispel, Eberesche, Feuerdorn und Stechpalmen, ganz zu schweigen von den Hagebutten.

Für Körnerfresser ein Festessen sind die Samen verschiedener Beetstauden, z.B. von Brandkraut, vielen Gräsern, Monarda, Rudbeckia und Agapanthus. Falls sie zu früh zurückgeschnitten werden, fehlt Meisen und Finken ein wichtiger Teil ihrer Nahrung.

Die Hagebutten der Kartoffelrosen sind schon im Herbst reif, die härteren Früchte vieler anderer Kletterrosen werden für die Vögel jedoch erst nach Weihnachten interessant. Verteilen Sie deshalb ein Angebot über die Wintermonate.

Für Vögel bedeutet es ein Fest, wenn sich die Samenstände öffnen. Beispielsweise schütten die üppigen Zapfen der Hemlocktanne *Tsuga caroliniana* Tausende hellflügeliger Samen aus. Im Herbst, Winter und im zeitigen Frühjahr wird sie zu einer Zufluchtsstätte für Kernbeißer, Zeisige und Kreuzschnäbel. Vögel, die sich von den Samen der Koniferen ernähren, wagen sich selten weit weg von den Nadelwäldern.

Vögel brauchen im Winter einen Unterschlupf, den sie in einem entsprechend bepflanzten Garten auch finden. Ich sehe gern die Zaunkönige aus dem Efeu an der Mauer fliegen und die Meisen und Spatzen, die hoch oben in den Kronen der gestutzten Eiben an kalten Tagen Schutz suchen.

In einem Stadtgarten kommen nicht weniger interessante Vögel zu Besuch als auf dem Land. Ein Grund dafür mag sein, daß es im Winter in der Stadt mehr Insekten gibt. Manche Vögel suchen außerdem gezielt die Wärme der Städte; Rabenkrähen sitzen oft zusammen mit Staren und Hausspatzen hoch oben auf den Dächern.

WINTERLICHER BLUMENSCHMUCK

Alles, was ab der zweiten Dezemberwoche bis Ende Januar blüht, sollte im Garten Platz finden. Die Iris *Iris unguicularis* zeigt mitunter schon an Weihnachten ihre ersten Blüten. Am ersten Weihnachtsfeiertag einen Strauß auf dem Tisch zu haben, stellt eine besondere gärtnerische Herausforderung dar. Das Wetter des vergangenen Jahres entscheidet allerdings darüber, was an Weihnachten blühen wird.

Ein Blumenstrauß, der aus nicht weniger als 59 verschiedenen Blüten besteht, wird auf Seite 127 beschrieben.

Die geschnittenen Blumen arrangiere ich in einer flachen Schale mit feuchtem Moos, die ich auf den Eßzimmertisch stelle. Natürlich begeistert mich die Christrose (*Helleborus niger*) am meisten. Betrachtet man die Blüten aus der Nähe, zeigt sich, wie gut die Natur Bilder zeichnen kann. Zweige der Winterblüte (*Chimonanthus praecox*) sind wichtig für den Duft. Jede Blüte an den kahlen Ästen hat eine purpurfarbene Mitte. Die durchsichtigen gelben Blüten der Sorte 'Luteus' öffnen sich ein oder zwei Wochen später. Außerdem füge ich ein paar Zweige des Geißblatts (*Lonicera fragrantissima*) und der Zaubernuß (*Hamamelis*) hinzu, die im Winter einige wertvolle, ebenfalls duftende Blüten hervorbringen.

Jedes Jahr ist zwar anders, aber von der Zierquitte *Chaenomeles japonica* konnte ich schon einmal am 1. Weihnachtsfeiertag Blütenzweige schneiden.

Wichtig sind auch die Schneeballarten, auf die man sich beinahe das ganze Jahr verlassen kann. Es gibt vier Arten, die zu Weihnachten mit Blüten aufwarten können. Zuerst *Viburnum* x *bodnantense* mit den Sorten 'Deben' und 'Dawn'. Dann gibt es noch *V. farreri*, früher als *V. fragrans* bekannt. Er wirkt nicht nur im Winter, wenn er in Blüte steht, sondern auch im Herbst, wenn seine Blätter sich bronzerot färben.

Auch auf die Schönheit des immergrünen *V. tinus* möchte ich hinweisen. Von den Sorten hat *V. tinus* 'Gwenllian' kräftige rosafarbene Knospen. 'Eve Price' bildet einen kompakten Busch und ist deshalb für kleine Gärten besser geeignet. Es existiert auch eine Sorte mit panaschierten Blättern.

Es gibt noch weitere Sträucher, deren Blüten sich in den Wintermonaten öffnen können. Von den stechenden, aber süß riechenden Mahonien blüht *Mahonia lomariifolia* am frühesten. Ihre maiglöckchenähnlichen Blüten beginnen sich im November zu entfalten. Die weißen Blüten der Kirsche *Prunus subhirtella* 'Autumnalis' erscheinen unter Umständen auch einmal vor Weihnachten. Die Orangenblume (*Choisya ternata*) wird vielleicht ein paar weiße, sternförmige, duftende Blüten haben; außerdem riecht ihr glänzendes dunkelgrünes Laub sehr angenehm. Das durchdringende Aroma wird beim Zerreiben der Blätter frei.

Die Kronwicke (*Coronilla valentina* ssp. *glauca*) blüht unregelmäßig, vereinzelt auch schon einmal im Dezember. Wer die Kamelie *Camellia sasanqua* und ihre Sorten kultiviert, kann seinem Winterblumenstrauß wunderbar duftende Blüten hinzufügen.

Möglichweise öffnen sich auch einige Knospen des Lorbeerseidelbasts (*Daphne laureola*). Zum Schneiden sind die Zweige jedoch zu schade. Ich lasse sie lieber stehen, damit sich später aus den Samen Jungpflanzen entwickeln. Von den Strauchveroniken zeigen am ehesten die Sorten *Hebe* 'Mrs. Winder' und 'Autumn Glory' ein paar Blüten. Ich habe herausgefunden, daß Formen mit schmalen Blättern winterhärter sind als breitblättrige. Auch die Färbung ihrer Blätter, die allmählich von Grün in Purpur übergeht, ist erwähnenswert.

Die Sorten der Erika *Erica* x *darleyensis*, die auch kalktolerant sind, tragen mitunter schon ihre weißen bis fliederrosa Blüten.

Vielleicht findet man noch einige lila Blütenähren von *Liriope muscari* zwischen den steifen, grasähnlichen Blättern. Das Lungenkraut (*Pulmonaria officinalis*) könnte seine roten und blauen Blüten unter günstigen Bedingungen schon zeigen. Stiefmütterchen und Veilchen mag es vereinzelt auch schon geben. Das Hornveilchen (*Viola cornuta*) wird gelegentlich eine Blüte öffnen.

Weihnachten ist es noch etwas früh für Schneeglöckchen in großer Zahl, aber *Galanthus plicatus* sollte bereits ein paar reinweiße Blüten zeigen. Auch einige gefüllte *Galanthus nivalis* 'Flore Pleno' sind manchmal an Weihnachten zu sehen. *G. elwesii* paßt gut zu niedrigem Efeu. In manchen Jahren gibt es bereits sehr früh schon Blüten, in anderen muß man länger warten.

Der zuverlässigste frühe Krokus ist *Crocus laevigatus*, eine schöne Art mit einer zartlila Zeichnung auf der Außenseite der Blütenblätter, gelbem Schlund und weißen Staubblättern. Der goldfarbene *Crocus ancyrensis* kann sich ebenfalls schon zeigen, erscheint aber wahrscheinlich erst ab Februar.

Am Übergang vom Herbst zum Winter erscheinen Beeren, die die rarer werdenden Blumen und Blätter hervorheben. Diese Collage aus Winterfarben, besteht aus Ahorn- und Eukalyptusblättern, Schneeball, Samen von *Iris foetidissima*, Strauchveronika in Blatt und Blüte, Raute, Mahonie, *Hedera helix* 'Goldheart', panaschiertem Buchs, verschiedenen Hagebutten, *Garrya elliptica*, Kronwicke, Buddleie und Veilchen.

Das winterharte Alpenveilchen *Cyclamen hederifolium* ist bereits verblüht, aber das einfache grünblättrige *Cyclamen coum* könnte einige Blüten haben, falls das Wetter nicht zu unfreundlich war.

Nun habe ich einen großen, vielfältigen Strauß zusammengestellt. Sicherlich stehen nicht jedes Jahr alle Blüten zur Verfügung – und das ist auch nicht notwendig. Das Interessante liegt doch darin, jedes Jahr im Winter neue und unerwartete Möglichkeiten zu entdecken.

Zum Abschluß möchte ich noch vorstellen, mit welchen Zweigen, Blüten, Blättern oder Früchten ausgesprochene Pflanzen- und Gartenfreunde ihr Haus im Winter schmücken. Ein Arrangement besteht beispielsweise aus Zweigen der Bitterorange (*Poncirus trifoliata*) mit ihren großen Dornen. Hemlocktanne, Thujen und Zedern liefern das Grün für einen Kranz, und die Stechpalme *Ilex opaca* verleiht dem Ganzen einen Hauch von Rot. Trockenes Silberblatt, große Kiefernzapfen, Weinlaub und getrocknete Rosen zeugen von einem sehr individuellen Geschmack. Der süße Geruch der Heckenkirsche *Lonicera fragrantissima* fügt einen Hauch von Frühling hinzu.

Eine eigenwillige Auffassung von winterlichen Arrangements steckt auch hinter der Verwendung von Pflanzenteilen, die z.B. der Wind abgerissen hat oder die beim Schneiden übriggeblieben sind. Getrocknete Blüten, Samenhülsen, ein graziler Ast zwischen Gräsern und Zweige mit noch anhaftenden trockenen Blättern werden hier kombiniert.

Blütenköpfe mit ungewöhnlichen Formen, z.B. der Artischokken, von Karden, Disteln und Zierlauch, Samenkapseln der Magnolie *Magnolia grandiflora* und Blauregen, vermitteln schon fast den Eindruck eines Stillebens. Gräser sind ähnlich anspruchsvolle Gestaltungselemente, z.B. *Miscanthus sinensis* mit seinen Sorten 'Variegatus' und 'Zebrinus', Schilfrohr, Schachtelhalm und Pampasgras (*Cortaderia selloana*).

Besonderheiten stellen Kombinationen trockener Pflanzenteile beispielsweise mit blühenden Rittersternen (»Amaryllis«) in zartestem Rosa, Narzissen und Rexbegonien (*Begonia rex*) dar. Dazu vielleicht ein schöner Hochstamm der Zimmerlinde (*Sparmannia africana*), etwas Efeu und der Duft von Zitronen und Limonen - phantasievolle Dekorationen, die sich deutlich von der Masse der Stechpalmen, Weihnachtssterne, Kiefern- und Fichtenzweige abheben.

Allerdings ist für viele Winter und Weihnachten ohne Stechpalmen, Christrosen, Fichten, Kiefern und Tannen einfach nicht vorstellbar. Adventskranz, Kerzen, Lebkuchen, Strohsterne, Weihnachtsstern und Weihnachtsbaum kommen nun in den Sinn. Hinter all dem steckt auch Brauchtum, das an die »gute alte Zeit« erinnert und ein Stück heile Welt vermittelt. Dem Einfallsreichtum beim Gestalten winterlicher und weihnachtlicher Gestecke und Sträuße sind jedenfalls kaum Grenzen gesetzt. Dominieren werden die Koniferenarten, begleitet von Buchsbaum, Stechpalme, Kirschlorbeer, Mahonien und Efeu. Farbe bringen die unterschiedlichsten Accessoires, vom roten Band bis zur Perlenkette.

EIN WINTERLICHER BLUMENSCHMUCK

Außerhalb der Saison und unerwartet erscheinende Blüten

Zistrose (*Cistus x skanbergii*)
Chrysantheme (*Chrysanthemum* 'Mary Wootton')
Fremontodendron (*Fremontodendron californicum*)
Inkalilie (*Alstroemeria psittacina*)
Gazanie (*Gazania rigens* 'Aureovariegata', mit geöffneten Blütenblättern, syn. *Gazania splendens* 'Variegata')
Gelenkblume (*Physostegia virginiana* 'Vivid')
Leinkraut (*Linaria purpurea* 'Canon Went')
Chrysantheme (*Chrysanthemum hosmariense*)
Olearia (*Olearia nummulariifolia*)
Bat's Double Red Gartennelke (vor 1707 gezüchtet)
Bengalrose (*Rosa chinensis* 'Viridiflora')
Nelkenwurz (*Geum* 'Lionel Cox')
Beinwell (*Symphytum caucasicum*)
Goldlack (*Cheiranthus* 'Harpur Crewe')
Veilchen (*Viola* 'Nellie Britton')
Rosmarin (*Rosmarinus officinalis*)
Köcherblümchen (*Cuphea cyanea*)
Grindelia (*Grindelia chiloensis*)
Taubnessel (*Lamium maculatum*)
Fuchsie (*Fuchsia microphylla*)
Kissenprimel (*Primula vulgaris*)
Schlüsselblume (*Primula veris*)
Primeln und Tuberosen (*Priumula* sp., *Polianthes tuberosa*)
Aurikeln (*Primula auricula*)
Veilchen und Stiefmütterchen (*Viola* sp., einschließlich 'Suttons Azure')
Säckelblume (*Ceanothus* 'Delight')
Erdbeere (*Fragaria* 'White Pine')
Bergenie (*Bergenia* 'Margery Fish')
Anemone (*Anemone* 'De Caen')
Alpenveilchen (*Cyclamen coum*)

Typische Winterblüher

Schneeball (*Viburnum farreri*)
Schneeball (*Viburnum x bodnantense* 'Dawn')
Laurustinus (*Viburnum tinus*)
Laurustinus (*Viburnum tinus* 'Eve Price')
Mahonie (*Mahonia x media* 'Winter Sun')
Mahonie (*Mahonia x media* 'Lionel Fortescue')
Glockenheide (*Erica x darleyensis* 'Silberschmelze')
Winterjasmin (*Jasminum nudiflorum*)
Seidelbast (*Daphne mezereum*)
Kamelie (*Camellia oleifera*)
Erdbeerbaum (*Arbutus unedo*)
Schmetterlingsstrauch (*Buddleia asiatica*)
Riemenblume (*Loropetalum chinense*)
Sarcococca (*Sarcococca humilis*)
Ölweide (*Elaeagnus x ebbingei*)
Iris (*Iris unguicularis*)
Iris (*Iris unguicularis* 'Mary Barnard')
Spaltgriffel (*Schizostylis coccinea* 'Major')
Spaltgriffel (*Schizostylis coccinea* 'Sunshine')
Spaltgriffel (*Schizostylis coccinea* 'Mrs. Hegarty')
Nieswurz (*Helleborus atrorubens*)
Nieswurz (*Helleborus olympicus*)
Nieswurz (*Helleborus lividus* 'Boughton Beauty')
Krokus (*Crocus laevigatus* 'Fontenayi')
Kirsche (*Prunus subhirtella* 'Autumnalis Rosea')
Kirsche (*Prunus serrulata* 'Fudan-zakura')

Ganz links: Die zierlichen violettblauen Blüten von *Iris unguicularis* erscheinen oft schon vor Weihnachten und blühen dann bis in den März. Pflückt man sie, wenn die Blütenstiele sich schon gestreckt haben, die Knospen aber noch fest zusammengerollt sind, kann man im Haus beobachten, wie sie sich öffnen.

Mitte links: *Helleborus niger*, die echte Christrose, bringt manchmal um Weihnachten einige frühe Blüten hervor und blüht dann den ganzen Januar hindurch in verschwenderischer Fülle.

Links: Bemerkenswert wegen ihrer eleganten Form, der warmen Farben und ihres Wohlgeruchs ist *Chimonanthus praecox*, die Winterblüte. Sie hat nach oben gebogene Zweige, an denen von Dezember bis Februar steife, herabhängende, goldene Blüten erscheinen.

In einer geschützten Ecke bilden *Galanthus nivalis* und *Lunaria annua* eine ungewöhnliche Kombination. Die äußeren Hüllen an den Samenständen des Silberblatts sollten im Herbst entfernt werden, um die silbrigen »Taler« zum Vorschein zu bringen. Sie überstehen Herbststürme und Regen, wenn sie an einer geschützten Stelle wachsen, während das Schneeglöckchen üppig blüht und gedeiht, auch wenn es dem härtesten Winterwetter ausgesetzt ist. Beide haben eine feine, zierliche Form, die sie zu ergänzenden Bestandteilen eines Weihnachtsstraußes macht.

PFLANZEN UND PFLANZENNAMEN

In jedem Winter wird es regnerische Tage geben, werden Eis und Schnee den Garten bedecken. Selbst die größten Verehrer des Winters werden dann den Platz im warmen Zimmer einem Aufenthalt im Freien vorziehen.

Das ist die Zeit, um Gartenbücher zu lesen, Pflanzenlexika zu studieren und Kataloge durchzublättern. Dort stößt man immer wieder auf interessante Pflanzen, die es wert sind, einen Platz im Garten zu erhalten. So wächst die Pflanzenwunschliste für die kommende Gartensaison schnell auf einige Seiten an.

Wer sich mit Gartenpflanzen beschäftigt, muß sich zwangsläufig mit Namen auseinandersetzen und zwar immer häufiger mit wissenschaftlichen, d.h. botanischen Namen in lateinischer Sprache. Diese einheitlichen wissenschaftlichen (lateinischen) Pflanzennamen sind notwendig, damit sich Fachleute, aber auch Pflanzenliebhaber nicht mit unzähligen Volksnamen in vielen Sprachen auseinandersetzen müssen. Der eine muß schließlich eindeutig wissen, wovon der andere spricht.

Der Gebrauch botanischer Namen setzt sich auch bei den Gartenfreunden, die heute eine internationale Gemeinde sind, immer stärker durch. Wer ein wahrer Gartenenthusiast ist, beschränkt den Pflanzeneinkauf vielfach nicht mehr auf die Gärtnerei um die Ecke, sondern bestellt auch einmal in Großbritannien, USA, ja selbst in Asien. Pflanzentausch und Pflanzenliebhabergesellschaften fördern diese Entwicklung. Auch dem hiesigen Gärtner erleichtert die einheitliche Sprachregelung den Umgang mit dem Kunden.

Volks- oder Populärnamen geben also häufig Anlaß zu Mißverständnissen. Ein Beispiel: Eine allseits bekannte, in unzähligen Sorten angebotene Balkonpflanze wird vielfach noch immer mit dem falschen Namen »Geranie« bezeichnet. Richtig muß sie »Pelargonie« (lateinisch *Pelargonium*) heißen und wächst zum Beispiel in südeuropäischen Ländern zu prachtvollen Halbsträuchern heran. Die richtige »Geranie« (lateinisch *Geranium*) heißt dagegen korrekt »Storchschnabel«, ist eine Staude, blüht in der Wildform im Frühling auf den Wiesen und wird aber auch im Garten als dekorative blühende, bodenbedeckende Pflanze geschätzt. Was Storchschnabel und Pelargonie verbindet, ist die Zugehörigkeit zur großen Familie der Geraniengewächse (Geraniaceae).

Die in der Praxis gebräuchlichen wissenschaftlichen (lateinischen) Pflanzennamen beschränken sich in aller Regel auf den

Gattungs- und den Artnamen. Beim Schneeglöckchen beispielsweise lautet er *Galanthus nivalis*. *Galanthus* ist der Gattungsname, *nivalis* die Artbezeichnung. Diese doppelte Benennung (»Binäre Nomenklatur«) hatte am 1. Mai 1753 ihre Geburtsstunde. An diesem Tag erschien die erste Auflage des Buches »Species Plantarum« mit einer durchgehenden Kombination von Gattungs- und Artnamen. Verfasser dieses grundlegenden Werkes war Carl von Linné, ein berühmter schwedischer Naturforscher, Arzt und Botaniker.

Häufig findet man in der botanischen Literatur hinter dem lateinischen Namen noch den Namen eines Autors, d.h. desjenigen, der die Pflanze zum ersten Mal beschrieben hat. Im Falle des Schneeglöckchens *Galanthus nivalis* am Ende ein L. Das Kürzel L steht für »Linné«. In der gärtnerischen Praxis ist der Autorenname allerdings entbehrlich.

Pflanzennamen sind nicht aus der Luft gegriffen. Abgesehen von den üblichen Ausnahmen, sagen sie immer etwas über die Pflanzen aus, z.B. über ihre Beschaffenheit, ihre Herkunft, Ähnlichkeit mit anderen Pflanzen, Tieren oder Gegenständen, über die Ehrung einer Person oder die Verwendung der Pflanze. *Galanthus* setzt sich beispielsweise aus den beiden griechischen Wörtern gala für »Milch« und anthos für »Blume« zusammen; *nivalis* bedeutet »Schnee-«, »Schneeweiß«.

So wie es keine Regel ohne Ausnahme gibt, beschränken sich auch die wissenschaftlichen Pflanzennamen nicht generell auf die Gattungs- und Artbezeichnung. Vereinzelt findet man Bezeichnungen für Unterarten, lateinisch subspecies und abgekürzt ssp., wie z.B. bei der Wolfsmilch *Euphorbia characias* ssp. *wulfenii*. Der Gattungsname *Euphorbia* geht auf Euphorbus, den Arzt des Königs Juba von Mauretanien zurück. Die Artbezeichnung *characias* ist ein antiker Name für »Pfähle« und nimmt Bezug auf die aufrechte Wuchsform der Pflanze. Die Unterart mit *wulfenii* zu bezeichnen, war vermutlich eine Verbeugung des deutschen Botanikers und Arztes David Heinrich Hoppe (1760 – 1846) vor einem Kollegen, dem österreichischen Mathematiker, Physiker und Botaniker Franz Xaver von Wulfen (1728 – 1805).

Noch häufiger als das Kürzel ssp. findet man var., das für lateinisch varietas bzw. Varietät steht. Unter Varietät versteht man eine geringfügig von der Art abweichende Form. Als Beispiel sei eine Berberitze (Sauerdorn) mit Namen *Berberis gagnepainii* var. *lanceifolia* genannt. Die Artbezeichnung sagt aus, daß die Pflanze dem französischen Botaniker François Gagnepain (1866 – 1956) gewidmet ist. Die Varietät besitzt »lanzettliche« Blätter. Nichts anderes bedeutet nämlich das lateinische Wort *lanceifolia*. Daß vor allem in Pflanzenverzeichnissen oder Katalogen die Bezeichnung der Varietät oft direkt auf die Gattungsbezeichnung folgt, führt häufig zu Verwechslungen und Irrtümern.

Seit der Mensch erkannt hat, daß er Pflanzen innerhalb gewisser Grenzen nach seinem Geschmack formen und umformen kann, sind aus vielen Wildpflanzen Kulturpflanzen und aus Kulturpflanzen wieder neue Kulturpflanzen geworden. Die Ergebnisse ganz früher Züchtungsarbeiten waren dabei mehr oder weniger zufällig. Seit der Mönch Gregor Mendel im vorigen Jahrhundert erste Kreuzungsexperimente durchgeführt und gewisse Gesetzmäßigkeiten festgestellt hat – die Mendelschen Gesetze –, vollzieht sich die (gärtnerische) Pflanzenzüchtung gezielt und planvoll. Unzählige neue Pflanzen sind bis heute entstanden.

Der »Internationale Code der Botanischen Nomenklatur«, der den Gebrauch botanischer Namen bei Pflanzen regelt, verlangt, daß die Hybriden – das natürliche oder durch Zutun des Menschen entstandene Ergebnis von Kreuzungen – schon am Namen erkennbar sind. Dazu bedient man sich des Malzeichens, wie z.B. beim Erdbeerbaum *Arbutus x andrachnoides*, der aus einer Kreuzung von zwei Arten, *Arbutus andrachne* und *Arbutus unedo*, entstanden ist. In seltenen Fällen gelingt eine Kreuzung auch bei Gattungen, wie zum Beispiel bei *x Fatshedera lizei*, der Efeuaralie. Als Eltern grüßen der Efeu (*Hedera helix*) und die Zimmeraralie (*Fatsia japonica*).

Wenn man sich an einem trüben, kalten Wintertag die bunten Kataloge ansieht, stößt man auf fast jeder Seite auf klangvolle Namen wie zum Beispiel 'Schneewittchen', 'Baggesen's Gold', 'Red Jade' oder 'Ballerina'. Hier handelt es sich um Namen von Sorten, die es zu Abertausenden gibt. Jedes Jahr kommen, dank fleißiger Pflanzenzüchter neue hinzu. Sortennamen müssen in der Regel lebenden Sprachen entnommen sein und werden zwischen einfache Anführungszeichen gesetzt. Bedingt durch die in früheren Jahrhunderten gepflegte Vorliebe des Latinisierens sind auch noch lateinische Sortenbezeichnungen im Umlauf und werden als Ausnahmen beibehalten, wie zum Beispiel bei *Ajuga reptans* 'Multicolor', eine 'vielfarbige' Sorte des Kriechenden Günsels.

Dieser dreiteilige Name gibt die drei Hauptrangstufen wieder, die der »Internationale Code der Nomenklatur der Kulturpflanzen« für Kulturpflanzen vorsieht: Gattung (*Ajuga*), Art (*reptans*) und Sorte ('Multicolor'). Dies reicht aus, damit sich Berufs- und Hobbygärtner ohne Sprachverwirrung international über ihre Pflanzen unterhalten können.

Es liegt nahe, daß Pflanzennamen nicht für alle Zeit und Ewigkeit festgeschrieben sind. Neue wissenschaftliche Erkenntnisse über verwandtschaftliche Beziehungen machen ständige Änderungen notwendig, die oft als lästig empfunden werden.

Pflanzenporträts

Ich habe die Pflanzen, die auf den folgenden Seiten beschrieben werden, nicht nur wegen der Schönheit ihrer Rinde, ihres Laubes und ihrer Blüten im Winter ausgewählt, sondern auch wegen ihrer Farbe, Duft, Form und Struktur, die sie dem Garten das ganze Jahr über geben. Die Pflanzen werden sogenannten Winterhärtezonen (s. Seite 161) zugeordnet, die jedoch zwangsläufig unterschiedliche lokale Bedingungen noch nicht berücksichtigen (s. auch Nachwort auf Seite 163).

Abeliophyllum distichum gehört zur Familie der Ölbaumgewächse und stammt aus Korea.

Es ist ein kleiner Strauch, normalerweise 1 m hoch und breit. Die duftenden, sternförmigen weißen Blüten mit einem Hauch von Rosa erscheinen im Februar. Am besten wächst er in der Nähe einer warmen Mauer, wo er bereitwillig blüht und unter günstigen Bedingungen sogar einen anmutigen, bis etwa 2,50 m hohen Strauch bilden kann.

Ich wundere mich manchmal, warum wertvolle Pflanzen wie diese nicht weiter verbreitet sind. Ich finde, *Abeliophyllum* sollte häufiger gepflanzt werden.

Laubabwerfender Strauch — Zonen 4-9

Acacia dealbata, die Akazie, auch als Mimose bekannt, ist in Australien und Tasmanien heimisch und wurde 1820 nach Europa eingeführt.

Die Massen flaumiger, duftender gelber Blüten tauchen im Winter und im zeitigen Frühjahr inmitten des feingliedrigen, fast farnähnlichen, silbriggrauen Laubes auf.

Sie wächst gut in geschützten Gärten und kann im besten Fall etwa 8 m Höhe erreichen. Wo es ihr zu kalt ist und sie im Wintergarten gehalten wird, denken Sie daran, ihr nur kleine Mengen kalkhaltigen Dünger zu geben und sie in saure Erde zu pflanzen.

Immergrüner Strauch oder kleiner Baum — Zone 8b-

Acer davidii ist für mich der beste japanische Ahorn mit schlangenartiger Rinde, gleich gefolgt von *A. grosseri* 'Hersii'. Von *A. davidii* gibt es drei Kulturformen. Die erste besitzt einen kompakten Habitus. Die zweite zeigt einen mehr lockeren Aufbau mit jungen Stämmen in auffallendem Purpur. Sie kam im 19. Jahrhundert aus China. Die dritte hat ebenfalls eine kompaktere Form.

Es ist ein Erlebnis, unerwartet auf einen dieser Bäume zu treffen oder ihn am Ende eines Weges als charakteristisches Merkmal gepflanzt zu sehen. Es ist ein schöner Baum, 9 bis 12 m hoch werdend, mit dunkelgrünen Blättern im Sommer, einer kräftigen Herbstfärbung und vielen Früchten. Die Rinde ist schwärzlichgrün, wird später purpurrot und bekommt weiße Streifen, besonders in schattiger Lage. Wie alle japanischen Ahornarten gedeiht er in saurem Boden am besten.

Laubbaum — Zonen 7a-9a

Acer griseum wurde 1901 als Samen aus China nach England geschickt. Er wird bis 14 m hoch.

Die graue Unterseite seiner Blätter gibt diesem Ahorn den Namen, aber es sind seine glänzendroten Blätter und die kräftigbraune Rinde, die im Winter – vor allem im Oktober und November – Interesse wecken. Später schält sich die Rinde und enthüllt die darunterliegende Färbung, die an Zimt erinnert. Wenn Sie diesen Ahorn in Ihrem Garten pflanzen wollen, wählen Sie ein Exemplar, das sich schon von unten her verzweigt. Wegen seiner geringen Vermehrungsrate ist dieser Ahorn sehr selten.

Laubbaum — Zonen 6-7b

***Acer palmatum* 'Sango-kaku'** , ein Japanischer Ahorn, wurde in den zwanziger Jahren zum ersten Mal in Europa angepflanzt.

Mit seinem aufrechten, allgemein schmalen Habitus ist er zu jeder Jahreszeit ein eleganter Baum. Im Winter bietet er einen wundervollen Anblick, wenn die Sonne durch seine roten Zweige scheint. Ein Zweig in einer Vase sieht wunderschön aus. Es lohnt sich, diesen Baum zu suchen, auch wenn es schwierig ist.

Er ist winterhart und kann 9 m Höhe erreichen. Er wächst jedoch langsam, sogar in der bevorzugten offenen Lage und in gutem, feuchtem Boden.

Laubbaum — Zonen (5b-9a)

Adiantum pedatum ist bekannt als Frauenhaarfarn. Sein Name kommt vom griechischen Wort adiantos, das »trocken« bedeutet. In der Tat stoßen die Blätter dieser Farnfamilie jeden Wassertropfen ab, der auf ihnen landet.

Er ist einer der robustesten Farne; seine schwarzen, drahtigen Stiele und sein absterbendes Laub wirken zwischen den anderen niedrigen Pflanzen im winterlichen Garten attraktiv. Bei guten Bedingungen wird er etwa 50 cm hoch. Er braucht Schatten und feuchte Erde, denn seine empfindlichen Blätter werden leicht braun.

Laubwechselnder Farn — Zone 4-

Adonis amurensis kam 1896 aus der Mandschurei nach Europa. Es ist nach Adonis benannt, einem der Liebhaber der Venus. Der Artname kommt vom Fluß Amur in Sibirien, wo es ebenfalls heimisch ist.

Das Adonisröschen bildet im Februar und März einen bemerkenswerten Farbteppich, wenn die gelben, weißen, rosa- oder rotgestreiften Blüten mit einem Durchmesser von 5 cm gerade über den Blättern stehen. Die einzelnen Blätter sind in schmale, farnartige Lappen geteilt.

Es treibt aus einer Menge schnurartiger Wurzeln und liebt leichten, lehmigen, sauren Boden. Da sein natürlicher Standort auf nach Norden oder Osten geneigten, gut dränierten Hängen liegt, braucht es im Sommer Kühle und gedeiht am besten unter Laubbäumen.

Pflanzen und teilen Sie es im Juni, gerade wenn die Blätter verwelken.

Staude — Zone 3-

***Ajuga reptans* 'Multicolor'**, ein Günsel, ist im gemäßigten Europa und Asien zu Hause. Als altbekanntes Kraut für Wunden findet man ihn in vielen Heil- und Kräuterbüchern beschrieben.

Die bronzefarbenen Blätter sind attraktiv rosa und cremefarben gesprenkelt, wodurch die später erscheinenden blauen Blüten hervorgehoben werden. Eine Pflanze wird nicht höher als 12 cm, kann sich aber 25 oder 30 cm weit ausbreiten.

Alle Sorten von *Ajuga* sind als Bodendecker

unter Bäumen, in der gemischten Rabatte und im Steingarten unentbehrlich. Ich verwende *A. reptans* 'Multicolor' in meinen Pflanzungen zusammen mit frühen Zwiebelblumen – Iris reticulata, Puschkinia, Scilla und Krokus –, die durch den Günsel hindurchwachsen.
Immergrüner Bodendecker Zonen 4-8

***Alnus incana* 'Aurea'**, eine Sorte der Grauerle, ist Mitglied einer Familie, die in Fachkreisen mehr wegen ihrer Eignung zum Schnitt als wegen ihrer Qualitäten als Baum geschätzt wird. Sie wächst langsamer als die Art *A. incana* und bleibt etwa 6 m hoch, passend für durchschnittliche Gärten.

Im Winter zeigt sie sich von der besten Seite, wenn das neue Holz des vorangegangenen Sommers hellorange wird und sich manchmal schon im Februar die rotgetönten Kätzchen zeigen. Sie sieht vor einem Hintergrund aus dunklen Blättern, z.B. von Eibe oder Lorbeer, dekorativ aus.
Laubbaum Zone (3-)

Anemone blanda, das blaue Buschwindröschen, wurde in den neunziger Jahren des letzten Jahrhunderts aus Kleinasien eingeführt. Es muß eine der beliebtesten späten Winterblumen sein; viele Gartenbuchautoren haben Lobeshymnen auf es geschrieben.

Das glänzende Blau jeder Blüte wird durch einen inneren weißen Kreis gedämpft; jedes der hellgelben Augen ist gleich auffallend. Es gibt verschiedene Sorten – malvenfarbig, rosa und weiß, außerdem hellrot mit weißer Mitte, 'Radar' genannt. Meine liebste Sorte ist 'White Splendour'.

Ich schätze einen Teppich aus Anemonen als Bodenbedeckung oder im Gras. Sie bevorzugen Halbschatten, entweder im Gras oder in Steinspalten, und sind dankbar für einen humosen, gut dränierten Boden.
Knolle Zonen 7-9

Arbutus x andrachnoides ist der robusteste und meiner Meinung nach empfehlenswerteste unter den Erdbeerbäumen – immergrünen Schmuckbäumen mit glänzenden Blättern. Er ist eine Hybride von *A. unedo x A. andrachne*, der in Griechenland wild wächst und im März und April blüht.

Seine weißen Blütenbüschel können sich schon ab Dezember öffnen. Sie teilen sich die Zweige mit den erdbeerähnlichen Früchten des vergangenen Jahres und mit einer kräftigzimtroten Rinde. Er wird 9 m hoch, wächst jedoch langsam und toleriert Kalk.

Zu meinem Bedauern konnte ich *A. x andrachnoides* in meinem eigenen Garten bisher nicht erfolgreich etablieren. Trotzdem empfehle ich, den Erdbeerbaum einmal versuchsweise zu pflanzen.
Immergrüner Baum Zone 9a-

***Arum italicum* 'Pictum'** , ein Aronstab, hat seinen Familiennamen von Theophrastus bekommen. Der griechische Name aron zeigt die europäische und mittelmeerische Herkunft dieser Pflanze an. 'Pictum' ist die exotische Gartensorte.

Seine glänzendgrünen Blätter erscheinen im Herbst genau dann, wenn andere Pflanzen die ihren verlieren – elfenbeinfarben marmoriert oder gestreift. Dann verschwinden sie wieder und werden durch Stiele mit roten Beeren ersetzt, die sich im späten Herbst und frühen Winter stolz präsentieren. So attraktiv sie aussehen, so giftig sind sie.

Sie säen sich in allen möglichen Ecken des Gartens aus, besonders im Schatten. Ein gutes Exemplar kann bis 40 cm hoch werden.
Staude mit Wurzelknollen Zone (7b-)

Arundinaria viridistriata (syn. *Pleioblastus viridistriatus*) ist ein immergrüner Bambus aus Japan. Er wird in Europa und Asien seit 1870 kultiviert.

Seine Blätter, schmal mit dottergelben Längsstreifen, verbleiben bis in den späten Dezember. Seine Rohre sind purpur-grün. Er erreicht bis 90 cm Höhe und breitet sich stark aus. Deshalb benötigt er einen Platz für sich allein.

Margery Fish schrieb: »Ich pflanze ihn im Freien mit dem Perlpfötchen (*Anaphalis triplinervis*) im Vordergrund.« Als Alternative und Kontrast zu seinen gelben Blättern böten sich dunkelrot belaubte Berberitzen oder der Perückenstrauch *Cotinus coggygria* 'Purpureus' an. *A. murielae* (syn. *Sinundinaria murielae*) ist eine gruppenbildende Art mit ausschwingenden Stämmen. Im Herbst bekommen ihre hellgrünen Blätter einen gelben Schimmer, der den Winter über anhält.
Immergrüner Bambus Zone 7-

Adonis amurensis

Anemone blanda

***Aucuba japonica* 'Crotonifolia'** ist eine männliche Aukube. Wenn Sie sich schöne Beeren wünschen, sollten Sie auch eine weibliche haben, z. B. *A. japonica* 'Gold Dust'.

Alle Aukuben besitzen hübsche, glänzende Blätter. Sie gedeihen in fast jedem Boden und an schattigen Stellen. In guter, sonniger Lage wird sie sich zu einem 3 m hohen Exemplar entwickeln. Ihre Zweige mit den goldfarben gezeichneten Blättern passen gut in eine Vase. Man könnte versuchen, *Taxus baccata* 'Repandens' an ihrer Basis zu pflanzen.

Immergrüner Strauch Zonen (7b-9a)

Azara microphylla ist in Chile und den angrenzenden Teilen Argentiniens beheimatet.

Sie gedeiht am besten vor einer warmen Mauer, wo sie eine Höhe von 3,50 m erreichen kann. Jedes Blatt ist 2,5 cm lang und hat an seiner Basis ein winziges Nebenblatt; es sieht so aus wie 2 Blätter, die sich gegenseitig überlappen. Ihre kleinen, senfgelben Blüten erscheinen von Februar bis April.

Ihr vanilleähnlicher Duft schwebt besonders an warmen Tagen durch die Luft.

Immergrüner Strauch Zone 8a-

Berberis gagnepainii* var. *lanceifolia kommt aus Sichuan in China.

Ich liebe diese immergrüne Berberitze wegen ihres Aussehens im Winter, wenn die stark stechenden, schmalen und gewellten Blätter im Sonnenlicht glitzern. Im Dezember, nach den ersten Frösten, werden einige dieser Blätter rot. Ihre blauschwarzen Beeren sehen wie Juwelen aus. Sie besitzt farbige Triebe; in diesem Fall sind sie kräftig gelb. Im Sommer bildet sie riesige Blüten, die im Juni in hellgelben Büscheln erscheinen. Die Bienen werden vollkommen berauscht davon!

Sie wächst bei mir als freistehender, 2,50 m hoher Strauch. Ihr dichter Habitus macht sie auch hervorragend für eine undurchdringliche Hecke geeignet. Die Vermehrung über Stecklinge ist schwierig. Am schnellsten geht die Vermehrung durch Samen.

Immergrüner Strauch Zonen 6b-9a

Bergenia x schmidtii blüht als erste der Bergenien. Sie sind nach dem Botaniker Carl August von Bergen aus dem 18. Jahrhundert benannt und wurde bis vor einiger Zeit als Unterart von *Saxifraga* betrachtet.

B. x schmidtii bildet mit ihren breiten, ledrigen, immergrünen Blättern, die bis 23 cm lang und 15 cm breit werden und im Winter eine schöne purpur- bis karmesinrote Färbung annehmen, eine wundervolle, langlebige Bodenbedeckung. Ihre hellen, rosenroten Blüten, die sich mitunter schon im Januar oder frühen Februar öffnen, können durch Frost geschädigt werden, aber es bilden und öffnen sich fast sofort neue Knospen.

Arbutus x andrachnoides

Arundinaria murielae

Bergenien sollten in deutlichen Gruppen unter Bäumen oder am Wasser gepflanzt werden. Um neue Pflanzen zu erhalten, trennt man im frühen Herbst die fleischigen Stiele am Grund und gräbt sie tief ein. Außerdem kann man sie durch Samen vermehren. *B. ciliata*, *B. cordifolia* und *B. crassifolia* sind alle winterhart und allgemein erhältlich.
Immergrüner Bodendecker

***Betula albosinensis* 'Septentrionalis'** ist eine Birke aus Westchina. Sie wird bis 30 m hoch.

Die Rinde ist orangebraun oder orange bis gelblichorange auch orangegrau. Seine Schönheit läßt den Baum auffallen. Ich finde, diese Birke wirkt in einem natürlichen Gartenbereich besonders gut, wo man die Stämme aus der Entfernung leuchten sieht, wenn sie von der Wintersonne angestrahlt werden.
Laubbaum Zonen (5b-8a)

Betula jacquemontii, im frühen 19. Jahrhundert im Himalaja entdeckt, wird seit Ende des letzten Jahrhunderts in Europa kultiviert.

Sie ist die beste Birke mit blendendweißer Rinde. Ihr Stamm kann 9 m Höhe erreichen. Am besten steht sie dort, wo die Wintersonne sie stark anstrahlt und sie eine schattige Ecke aufhellen kann. Denken Sie daran, die Birke besser am Anfang einer Schneise zu pflanzen, wo ihre Helligkeit das Auge anzieht und die Schneise kürzer erscheinen läßt.

Geben Sie ihr andere stark gefärbte Stämme zur Seite: Rote Hartriegel oder Weiden werden den ganzen Winter über einen schönen Kontrast bilden. Ein jährliches sanftes Abbürsten – gerade genug, um Staub und Algen zu entfernen – wird die Farbe gut herausbringen. Die ersten Tage danach wird die Rinde, bis sie getrocknet ist, eine rosa Tönung haben.
Laubbaum Zone 6

Buddleja auriculata ist das südafrikanische Mitglied dieser mannigfaltigen Gattung Buddleja, die nach dem Botaniker Adam Buddle, ein Vikar im 17. Jahrhundert, benannt ist.

Ihre stark duftenden, cremeweißen Blüten mit gelbem Auge blühen unbeirrt von September bis Januar. Sie wird etwa 2 bis 3 m hoch und sieht vor einer Mauer am besten aus. Obwohl sie etwas empfindlich ist, kann sie vor einer sonnigen, geschützten Mauer gut gedeihen.

Wie bei anderen Buddleien bewurzeln die Stecklinge gut. Weitere Arten, die im Winter blühen, sind *B. madagascariensis*, *B. x lewisiana* und *B. asiatica*, deren Duft sich mit dem von *B. auriculata* messen kann, die aber in hohem Grade eine Pflanze für das Gewächshaus ist.
Immergrüner Strauch Zone 10

***Buxus sempervirens* 'Handsworthensis'**, ein Buchsbaum, ist die Version des 19. Jahrhunderts eines Baumes aus alten Zeiten.

Seine dicken und ledrigen, dunkelgrünen Blätter sind groß und breit, und er wächst kräftig und aufrecht. Wie alle Buchsarten, kann auch diese Sorte problemlos geschnitten werden. Regelmäßige Pflege ist notwendig, um sie in Form zu halten. 'Handsworthensis' ist eine der besten Sorten für eine höhere Hecke; sie kann eine Höhe von etwa 2 bis 2,5 m erreichen. Buchs wird auch häufig für Formbäume verwendet, obwohl er keine komplizierten Gestalten erlaubt. Bleiben Sie bei runden, quadratischen oder pyramidalen Formen.
Immergrüner Strauch Zonen (6a-8b)

Callicarpa bodinieri* var. *giraldii, die Schönfrucht, fällt, wie ihr Name andeutet, durch ihre dekorativen Beeren auf – kallos bedeutet griechisch »Schönheit« und carpos »Frucht«. Ursprünglich in China zu Hause, kam sie um die Jahrhundertwende in Europa in Kultur.

Die wundervolle Färbung ihrer Früchte reicht von einem blassen Lila mit Blaustich bis zu kräftigem Purpur. Die Einzelbeeren sind klein, erzeugen jedoch in Büscheln einen auffallend schönen Eindruck.

Es wird wahrscheinlich zwei Jahre dauern, bis die Schönfrucht gut angewachsen ist. Sie bildet zunächst eine Menge Wurzeln, bevor sie deutliches oberirdisches Wachstum und Früchte zeigt. Geben Sie ihr einen fruchtbaren Boden und eine sonnige Lage. Pflanzen Sie verschiedene Sämlinge zusammen, um eine Fremdbe-

Bergenia x schmidtii

Betula jacquemontii

Callicarpa bodinieri* var. *giraldii

fruchtung und damit einen besseren Fruchtansatz zu erzielen.
Laubabwerfender Strauch Zonen 6-8

Calluna vulgaris, die Besenheide, wurde früher in Bündeln am Ende eines Stockes zu einem Besen zusammengebunden. Daher der Name der Pflanze; kalluno bedeutet griechisch »säubern«.

Obwohl Heidekrautarten im Winter nicht blühen, haben sie so schönes Laub, daß es sich allein deswegen lohnt, sie zu pflanzen. Wählen Sie 'Beoley Gold','Gold Haze' oder vergleichbare Sorten mit goldfarbenem Winterlaub. Sie blühen im September weiß und werden etwa 60 cm hoch. 'Golden Carpet' zeigt einen niederliegenden Habitus. Sein Laub wird im Winter orange und rot, während 'Wickwar Flame' ein helles, flammendes Rot annimmt. Zwei hervorragende graulaubige Sorten sind 'Silver Knight' und 'Silver Queen'.

Sie brauchen alle kargen, sauren Boden. Fruchtbarer Boden läßt sie zu gut wachsen.
Laubabwerfender Strauch Zone 5-

***Camellia reticulata* 'Captain Rawes'**, eine Kamelie aus China, erreichte als erste Sorte von *C. reticulata* das Abendland.

Ihre Blüten sind immens groß, oft 15 cm im Durchmesser, mit gewellten, kräftig karmesinroten Blütenblättern. Ihre harten, geäderten, gezähnten und glänzendgrünen Blätter sind zu jeder Jahreszeit schön anzuschauen.

Sie ist ziemlich winterhart und wird am besten an eine nach Westen oder Norden gewandte Mauer gepflanzt. So werden die Knospen nicht angeregt, sich zu früh zu öffnen oder nach einem Frost zu schnell aufzutauen. Sie bevorzugt ebenfalls sauren Boden.
Immergrüner Strauch Zone (9a)

***Camellia reticulata* 'Captain Rawes'**

***Camellia sasanqua* 'Narumi-gata'** ist eine der zahlreichen Kamelien mit doppelter Nationalität – heimisch in China und Japan. Sie wurde 1896 zum ersten Mal nach Europa eingeführt.

Ihre immergrünen Blätter sind klein und glänzend, ihre Blüten cremeweiß, ziemlich groß und mit einem Hauch von Rosa zu den Rändern hin. Die ersten Blüten öffnen sich deutlich vor Weihnachten und weitere bis in den Februar. Anders als bei den meisten Kamelien duften die Blüten.

Es ist eine große Pflanze, die 6 m hoch und 3m breit werden kann, aber nicht verläßlich winterhart ist. In allen, außer sehr gut abgeschirmten, Gärten wird sie am besten in sonniger, geschützter Lage vor einer Mauer gepflanzt.
Immergrüner Strauch Zonen (7b-9a)

***Chaenomeles x superba* 'Rowallane'**, eine Zierquitte, hat Eltern, die aus China und Japan kommen.

Die großen, blutroten Blüten öffnen sich, abhängig vom Wetter, vom späten Herbst an bis in den Februar. Diese Quitte gehört zu den verläßlichen Winterblühern. Die Blüten erscheinen am alten Holz, daher sollten die jungen Triebe mit ihren neu ausgebildeten Blättern stark zurückgeschnitten werden.

Die Pflanze ist sehr winterhart und für die meisten Böden geeignet. Sie ist eine Hybride der Gartenquitte und bildet typische »Quitten«, die zu Gelee verarbeitet werden können. Sie erreicht etwa 2 m in Höhe und Breite. Ein schön ausgebildetes Exemplar an der Mauer eines Landhauses kann einen Blickfang darstellen. Dazu ist aber sorgfältiges Stutzen erforderlich.

Ich würde auch *C. speciosa* 'Moerloosii' mit ihrer eleganten Mischung rosa und weißer Blüten und *C. speciosa* 'Nivalis' mit einfachen weißen Blüten wählen. *C. speciosa* 'Simonii' mit ihren hellroten Blüten hat einen breiten Habitus.
Laubabwerfender Strauch Zonen 5-9a

***Chamaecyparis lawsoniana* 'Lanei'** ist einer der wenigen Pflanzennamen, der absolut einleuchtet. Das griechische Wort chamai heißt »auf dem Boden« und sagt uns, wie sie wächst. Kyparisson, ebenfalls griechisch, bedeutet, daß

***Chaenomeles speciosa* 'Simonii'**

es eine Zypresse ist, Lawson, daß sie von dieser Baumschule in Edinburgh, 1854, eingeführt wurde, und Lane, daß es sich um eine Linie handelt, die, 1938, von der Baumschule Berkhamsted herausgebracht wurde. Die einzige fehlende Information ist ein Hinweis auf ihre goldgelbe Färbung, obwohl einige Baumschulen den Zusatz 'Aurea' verwenden.

Ihre goldgelben Nadeln mit grünen Unterseiten heben sich im Winter leuchtend von dunkleren Hintergründen ab, z.B. von einer dunklen Eibenhecke.

Immergrüner Baum Zonen (6-8a)

***Chamaecyparis pisifera* 'Filifera Aurea'** ist eine Form der Sawara-Zypresse aus Japan.

Der kleine bis mittelgroße, kegelförmige Baum oder auch große, gewölbte Strauch hat ausgebreitete Zweige mit herabhängenden Leittrieben. Als runde Form geschnitten und mit einem dichten Nadelkleid kann er 4,50 m oder höher werden. Geben Sie ihm genügend Platz und verwenden Sie kurzlebige Pflanzen als Bodendecker rundherum, während er noch wächst.

Versuchen Sie, ihn vor oder neben eine dunkellaubige Stechpalme oder als Kontrast zu einer goldfarbenen Stechpalme wie *Ilex x altaclarensis* 'Golden King' zu setzen. Ein Paar dieser goldfarbenen Scheinzypressen sieht auf den Seiten eines Torweges ebensogut aus wie ein einzelnes Exemplar in einer schattigen Ecke.

Immergrüner Baum oder Strauch Zonen (5a-8a)

Chimonanthus praecox, die Winterblüte, besitzt den ausdrucksvollsten Namen unter den Pflanzen des Gartens im Winter. Im Griechischen bedeutet cheimon »Winter« und anthos »Blüte«. Sie wurde schon 1766 aus China eingeführt.

Sie ist ein auffallender, im Winter blühender Strauch mit runden Knospen. Die gelben Blüten sind sternförmig mit zentralen Ringen kürzerer, purpurfarbener Blütenblätter. Die Winterblüte sollte an einer Mauer in der Nähe eines Fensters gepflanzt werden, damit ihr Duft nach Veilchen und Jonquillen nach innen dringen kann. Im Sommer sind ihre Blätter nicht besonders schön; gesellen Sie ihr daher eine Kletterpflanze zu, z.B. Clematis, Wicken oder Prunkwinden.

Denken Sie an Vita Sackville-Wests Feststellung: »Sie beginnt nicht zu blühen, bevor sie 5 oder 6 Jahre alt ist – aber es lohnt sich, darauf zu warten.«

Laubabwerfender Strauch Zonen 7-9

Chionodoxa luciliae vereint zwei griechische Wörter in sich: chion bedeutet »Schnee« und doxa »Ruhm von«. Sie wird volkstümlich »Schneestolz« genannt. George Maw, ein berühmter Gärtner in der Mitte des 19. Jahrhunderts, trug im Mai 1877 bei einer Türkeireise auf dem Gipfel eines Berges Chionodoxa-Zwiebeln zusammen, pflanzte sie erfolgreich in seinen Garten und verteilte sie an seine Freunde.

Ihre großen Blüten mit etwa 3 cm Durchmesser sind von einem sehr feinen, blassen Himmelblau, das fast unmerklich zur Mitte zu in Weiß übergeht. *Chionodoxa luciliae* ist die gebräuchlichste und am einfachsten zu kultivierende Art dieser kleinen Gattung sehr zeitiger Frühlingszwiebeln. Sie sollte in Gruppen zusammen mit Scilla – einer nahen Verwandten – und Traubenhyazinthen gepflanzt werden.

Zwiebel Zonen 4-8

Choisya ternata, die Mexikanische Orangenblume, erhielt ihren Namen von Jacques Denis Choisy, einem Schweizer Botaniker aus dem 19. Jahrhundert.

Sie erreicht etwa 2 m Höhe und ist mit ihrer runden, schönen Form und den glänzenden, dunkelgrünen Blättern ein Strauch, den man in die Nähe des Hauses pflanzen kann. Die Blüten erscheinen manchmal im Hochsommer und manchmal im Winter.

Viele Jahre wurde *Choisya* nur als für das Gewächshaus geeignet angesehen; man will sie jedoch schon im Freien wachsen gesehen haben. Schon früher in diesem Jahrhundert soll sie auch von einer Baumschule als Hochstamm angeboten worden sein. In einer Reihe abwechselnd mit Hibiscus gepflanzt, würde sie bei gleichzeitiger Blüte Aufsehen erregen. Für das gelbe Beet gibt es eine neue, gelblaubige Sorte, 'Sundance'.

Immergrüner Strauch Zonen 8b-9a

***Chrysanthemum parthenium* 'Aureum'**, das goldene Fieberkraut, bekannt auch als *Tanacetum parthenium* 'Aureum', ist die gelblaubige Sorte des alten Heilkrautes, das als Mittel gegen Fieber und Kopfschmerzen angebaut wurde. Es ist in Europa heimisch und zuverlässig winterhart.

Ich benutze diese krautige Staude, die 30 bis 40 cm hoch wird und zarte, goldgrüne Blätter hat, als Einfassung in voller Sonne oder als helles Element unter dunklen Eiben. Ich pflanze sie gern in irgendwelchen Ecken, an Mauern und unter Hecken. Läßt man sie blühen, sät sie sich bereitwillig aus. Das Laub bleibt jedoch in einem besserem Zustand, wenn man die Blütenknospen entfernt, bevor sie sich zu entwikkeln beginnen.

Staude Zone 5-

Clematis armandii kam 1901 als Saatgut aus China.

Sie ist eine der immergrünen Kletterpflanzen, die ich wegen ihres Winterlaubes und wegen der zeitigen Blüte im Frühling sehr hoch schätze. Die Sorte 'Apple Blossom' besitzt immergrüne, glänzende Blätter und bronzefarbene, mit rosa Blüten besetzte Ranken.

Sie erreicht mindestens 3,50 m Höhe – in guten Lagen sogar mehr. Jede Beschreibung, die ich gelesen habe, empfiehlt einen Platz an einer warmen, nach Süden gerichteten Hausmauer. Im Norden ist sie nicht ganz winterhart und stirbt in sehr strengen Wintern bis zur Erdoberfläche ab, treibt aber gewöhnlich von selbst wieder aus. Ihre trockenen Blütenköpfe sind unattraktiv.

Immergrüne Kletterpflanze Zonen 7b-9a

***Clematis cirrhosa* 'Balearica'** kommt, wie der Hinweis auf die Balearen andeutet, aus Südeuropa und auch aus Kleinasien.

Die glockenförmigen Blüten dieser immergrünen Clematis duften und sind cremeweiß. Ihre zarten, farnähnlichen Blätter sind im Winter, wenn ein Hauch von Bronze sie überzieht, doppelt attraktiv. Diese Clematis erreicht 3 m Höhe und sollte in guten Lagen gepflanzt werden, wo man ihre Blüten, die von Januar bis März erscheinen, schön sehen kann. Sie braucht eine Süd- oder Westmauer.

Immergrüne Kletterpflanze Zone 8

***Cornus alba* 'Sibirica'** ist ein Hartriegel aus einer in Sibirien wild vorkommenden Linie.

Es ist der glänzende, von den Ästen gebildete siegellackrote Schleier, der die Schönheit dieses Hartriegels im Winter ausmacht – wenn auch sein Name andeutet, daß die weißen Beeren seine Hauptattraktion darstellen. Pflanzen Sie mehrere Sträucher zusammen. Starkes Stutzen, entweder jedes Frühjahr oder jedes zweite, regt den Austrieb junger Äste an, die im Winter lebhafte rote Farben bringen.

Ich bin einen Kompromiß eingegangen und habe *C. alba* 'Spaethii' gepflanzt – wegen seiner goldgezeichneten Blätter im Sommer und seiner nicht ganz so glänzenden roten Äste im Winter. Frühblühende Zwiebelblumen setzen an seiner Basis interessante Akzente.

Der nordamerikanische Blumenhartriegel *C. florida* zeigt die spektakulärste Herbstfärbung.

Laubabwerfender Strauch Zonen 3-8

Cornus mas, die Kornelkirsche, behält ihren ursprünglichen Namen – *Cornus*. Linné verwendete diesen Namen für alle Hartriegel und Kornelkirschen.

Im Februar schwellen ihre festen, runden, gut stecknadelkopfgroßen Knospen und bringen grellgelbe Blüten mit gelbgrünen Deckblättern hervor, die ihre Pracht wochenlang halten. Ihre Früchte sind rot und kirschähnlich. Ihr Sommerlaub sieht, wie das vieler Winterblüher, nicht besonders eindrucksvoll aus.

Sie braucht Platz, da sie sich beträchtlich ausbreitet, mindestens 5,50 m. Sie wächst auf kalkhaltigen Böden besonders gut, braucht aber, wie die meisten Hartriegel, eventuell eine Südmauer, wenn sie gut gedeihen soll.

Laubabwerfender Strauch
oder Baum Zonen 5a-8a

***Cornus stolonifera* 'Flaviramea'** ist auch als *C. sericea* bekannt. Die Indianer verwendeten die Rinde, um Kinnikinic, einen Tabakersatz, daraus zu machen.

Die jungen Triebe variieren von Gelb bis Olivgrün. Er ist vielleicht nicht so aufsehenerregend wie seine Verwandten mit den roten Ästen, kann aber, in großen Gruppen am Wasser gepflanzt, schön aussehen, wenn seine Äste von der Sonne angestrahlt werden. Wenn er mit *C. alba* 'Sibirica' kombiniert wird, ergibt sich ein guter Kontrast.

Er braucht etwas Zeit, um Wurzeltriebe zu bilden, wächst aber unter feuchten Bedingungen sehr gut. Die rotästigen Sorten neigen dazu, auf ihrem Stück Boden zu bleiben. Wenn er einmal etabliert ist, sollte er alle 1 oder 2 Jahre im Frühjahr bis zur Basis zurückgeschnitten werden, um rechtzeitig den Austrieb neuer Äste anzuregen, die im Winter Farbe liefern.

Laubabwerfender Strauch Zonen 3-8

Cortaderia selloana, besser bekannt als Pampasgras, kam 1848 von Südamerika nach Europa.

Die aufrechten silbrigen Federbuschblüten – 3 m hoch – halten gut bis in den Winter und sehen zart und elegant aus. Die weiblichen Ähren sind schöner als die männlichen. Die

***Clematis cirrhosa* 'Balearica'**

schmalen Blätter sind sehr hart und scharf und können den Rückschnitt zur Plage werden lassen.

Zur Vermehrung teilen Sie den bestehenden Stock im April unmittelbar vor dem Neuaustrieb.

Ausdauerndes immergrünes Gras Zone 8-

Corylopsis pauciflora wurde 1874 aus Japan eingeführt.

Die Scheinhasel ist eine der schönsten frühblühenden Sträucher, deren zierliche, blaß-primelgelbe Blütentrauben nach Schlüsselblumen duften. In milden Wintern kommen die ersten Blüten, die vor den Blättern erscheinen, Ende Februar heraus.

Sie erreicht knapp 2 m Höhe und Breite, mag am liebsten sauren Boden und ist nicht begierig auf Kalk. Sehr schön sieht sie aus, wenn sie in einem Teppich aus Schneestolz (*Chionodoxa*) oder *Crocus tommasinianus* steht, besonders im gebrochenen Sonnenlicht eines Wäldchens.

Laubabwerfender Strauch Zonen 6a-9a

***Corylus avellana* 'Contorta'** trägt den griechischen Namen für Haselnuß: korylos. Ihr eigenartig gedrehter Wuchs wird durch das lateinische Wort contorta angedeutet. Ihr volkstümlicher Name ist Korkenzieherhasel.

Sie wächst langsamer als die anderen Haselarten, kann aber 2,50 m hoch werden. Ihre langen männlichen Haselkätzchen erscheinen im Februar.

Alle, die gerne mit Blumen gestalten, sollten diese Hasel wegen ihrer ungewöhnlichen Form in ihrem Garten haben. Schneiden Sie im Win-

ter einen blattlosen Zweig ab, und er wird über Wochen in gutem Zustand bleiben. Wenn Sie ihn im Sommer gut verwahren, können Sie ihn im folgenden Winter wieder herausholen und dekorieren.
Laubabwerfender Strauch
oder Baum Zonen 3-8

***Cotoneaster distichus* 'Tongolensis'** ist ein Strauch aus der riesigen Familie der Zwergmispeln und eine der besten Zwergformen. Im Lateinischen bedeutet Cotoneaster wörtlich »niedrige Quitte«, aber man kann den Pflanzennamen nicht immer trauen.

Als langsam wachsenden, mittelgroßen Strauch für ein Beet wähle ich aus den unzähligen beerentragenden Cotoneastern bestimmt diesen aus, besonders dann, wenn man ihn vom Fenster aus sehen kann. Seine leuchtend scharlachfarbenen Beeren sind einzigartig in Farbe und Größe und haben den großen Vorzug, daß sie für Vögel uninteressant sind. Die leicht flaumigen Blätter bleiben bis in den späten Winter hängen.

Es gibt Cotoneaster in jeder Form und Größe für jede beliebige Ecke des Gartens – laubabwerfend oder immergrün, aufrecht oder ausgebreitet. Sie tolerieren alle fast jeden Boden, sind in fast jedem Klima winterhart und reich fruchtend; daher sollten Sie den Ihren nach Gestalt und Größe auswählen. Die beste Form mit gelben Beeren ist *C.* 'Rothschildianus'.
Laubabwerfender Strauch

***Corylus avellana* 'Contorta'**

***Crataegus monogyna* 'Biflora'** ist eine Form des eingriffeligen Weißdorns. Sein Name leitet sich vom griechischen Wort kratos für »Kraft« ab. Eine Legende erzählt, daß Joseph von Arimathäa seinen Weißdornstab in die Erde stieß, worauf er sofort »wuchs, fortan Knospen trieb und am Weihnachtstag blühte«.

Die weißen Blüten mit ihrem wunderbaren Geruch stellen im Winter die Hauptattraktion dieses hageren, kärglichen und dornigen Baumes dar.
Laubbaum Zonen (5a-7b)

Crocus chrysanthus wächst in Griechenland, der Türkei, Bulgarien und Jugoslawien wild, besonders in steinigen Hanglagen. Diese Wildformen sind gewöhnlich hellgelb und duften süßlich; die Blüten und Blätter entwickeln sich gleichzeitig. Die vielen Sorten, die uns heute zur Verfügung stehen, beinhalten ein breites Farbenspektrum – gelbe, blaue und weiße Farben; einige Blüten sind gestreift oder außen gefiedert.

Sie wirken wunderschön auf erhöhten Beeten in voller Sonne. Man pflanzt sie auch in Töpfe, läßt sie draußen, bis sie Farbe zeigen, und bringt sie dann ins Haus. Leider werden sie auch von Mäusen, Wühlmäusen und Eichhörnchen geschätzt.

Die Knollen werden im Herbst ungefähr 5 cm tief gepflanzt. Mit ihren Wurzeln sind sie in der Lage, sich selbst tiefer zu graben.
Knolle

***Crocus laevigatus* 'Fontenayi'** blüht von November bis Januar. Wenn er in großen Mengen gepflanzt wird, entsteht ein lila Gesamteindruck. Die Außenseiten der Blütenblätter sind kräftig purpur gezeichnet. Im Inneren der Blüte werden Sie ein lebhaftes Gelb mit einem Hauch Orange finden. Bücken Sie sich und genießen Sie den Duft.
Knolle Zone 6-9

Crocus tommasinianus, der im Januar und Februar blüht, kommt aus Westjugoslawien, der Türkei und Griechenland.

Es handelt sich um den »silber-lilafarbenen« Krokus, der manchmal fast grau aussieht. Variationen der Farbe treten dann auf, wenn man ihn verwildern und frei auf Beeten, Rabatten und im Steingarten wachsen läßt. Wenn seine Samen, durch Gras nicht behindert, direkt auf die Erde fallen können, breiten sie sich problemlos aus.

Pflanzen Sie einige Knollen zwischen die schönen, marmorierten Blätter des im Herbst blühenden Alpenveilchens *Cyclamen hederifolium*. Die niedrige *Narcissus* 'Peeping Tom', *N. cyclamineus* und *Fritillaria verticillata* passen ebenfalls gut dazu.
Knolle Zonen 4-8

***Cryptomeria japonica* 'Elegans'** kam 1861 aus Japan.

Die Sicheltanne ist eine schöne, immergrüne Konifere, deren weiche Nadeln sich im Winter von Grün nach Bronze und kräftigem Purpur ändern. Der Stamm ist rötlichbraun und kann überhängen, besonders unter Schneelast; eine unauffällige Stange schafft Abhilfe. Die Sorte 'Elegans' wird mit nur 4,50 m bei weitem nicht so hoch wie die Art im allgemeinen (15 m) und ist so für den kleineren Garten geeignet.

Ich habe sie in meinen Garten gepflanzt und finde sie immer noch schön, obwohl sie auf unserem alkalischen Boden nicht so elegant bleibt wie auf saurem, wo sie über Jahre hinweg üppig und symmetrisch wächst. Sie wird als Pflanze beschrieben, die feuchten Boden vorzieht und nur mäßig anpassungsfähig an trokkene Lagen ist.
Immergrüner Baum Zonen 7-9a

***Cupressus glabra* 'Pyramidalis'** wächst schnell zu einer hohen Pyramide heran. Sie hat kleine, blaugrüne Nadeln mit schöner Struktur und eine glatte, purpurfarbene Rinde, die sich löst; darunter kommt die Gelbfärbung zum Vorschein.

Sie erreicht etwa 10 m Höhe. Ihre Farbe kontrastiert gut mit dunkelgrünen Koniferen, und sie bildet dort eine gute Abschirmung, wo Scheinzypressen nicht passen. Auch als geschnittene Hecke entlang eines Fahrweges wirkt sie vorteilhaft.
Immergrüner Baum Zone 6-

Cyclamen coum ist eines der winterharten Alpenveilchen, das am besten blüht und am leichtesten anwächst. Es kommt wild in Griechenland und anderen Mittelmeerländern vor und leitet seinen Gattungsnamen vom griechischen kyklos ab, was »kreisrund« bedeutet. Dies gilt als Hinweis auf die Art, wie die Blütenstiele sich zu Spiralen drehen, wenn die Samenkapseln reifen.

Mit Überlegung gepflanzt, sind fast das ganze Jahr über blühende Cyclamen im Garten zu sehen. Einen großartigen Eindruck erzeugt

C. hederifolium, das im August und September blüht, gefolgt von *C. coum* mit Blüten während des Winters. Seine 10 cm großen, karminroten bis rosa oder weißen Blüten duften oft süß und sehen schön aus, wenn sie, am Fuß von Bäumen gepflanzt, aus einem Meer von grau-grün gesprenkelten Blättern auftauchen. Was paßt besser zu frühen Schneeglöckchen?

Alpenveilchen vermehren sich selbst; wenn Sie Samen in einen anderen Teil des Gartens säen, denken Sie daran, daß sie erst keimen, kurz bevor die Blüten der nächsten Saison erscheinen. Der Umfang ihrer Knollen nimmt jährlich zu, aber nur dort, wo sie jahrelang ungestört bleiben. Wenn Sie Pflanzen mit Blättern kaufen, wird es Ihnen keine Mühe machen, sie richtig herum zu setzen; bei Knollen ohne Austrieb müssen Sie sorgfältiger aufpassen.

Knolle Zonen 6-9

Daphne blagayana, ein Seidelbast, wurde 1857 von Graf Blagay auf seinem slowenischen Besitz entdeckt.

Ende Februar trägt jeder Ast dieses niederliegenden immergrünen Strauchs ein endständiges Büschel süßlich duftender, elfenbeinfarbener Blüten. Es ist eine der attraktivsten Seidelbastarten.

Er braucht kalkhaltigen Boden, Halbschatten und ausreichend Platz, wo er sich selbst ansiedeln kann. Die Äste werden leicht kahl; sie werden deshalb abgesenkt, mit Erde bedeckt und mit Steinen beschwert. An den niederliegenden Trieben bilden sich, während sie sich ausbreiten, neue Wurzeln. Dieser Seidelbast ist kein Strauch, den man auf gut Glück pflanzen kann; er beansprucht beste Pflege und reichlich Lauberde.

Immergrüner Strauch Zone 6-

Daphne laureola, der Lorbeerseidelbast, hat einen besonderen Reiz. Seine gelbgrünen, röhrenförmigen Blüten, die im Februar und März erscheinen, duften am Abend. Er hat grüne, glänzende Blätter. 'Philippi' ist eine empfehlenswerte Sorte.

Seidelbastarten wollen nicht gestört werden, seien Sie deshalb vorsichtig, wenn Sie um die Wurzeln herum graben oder mit der Gabel arbeiten. Seidelbast braucht für sein Wurzelwachstum Feuchtigkeit und Kühle und zieht deshalb einen Platz im Schatten vor, wo er etwa 1 m hoch und breit wird.

Immergrüner Strauch

Daphne mezereum, der Seidelbast, wird seit Jahrhunderten kultiviert.

Seine duftenden Blüten, die von Weiß bis Purpur variieren, erscheinen in dichten Büscheln von Februar bis April, manchmal schon im Januar. Die Beeren der purpurblütigen Form sind glänzend rot, die der weniger verbreiteten weißblütigen bernsteinfarben. Beide sind stark giftig.

Der Seidelbast wird zwar zu den Pflanzen des Bauerngartens gerechnet, verdient jedoch auch im Ziergarten einen Platz. Er bildet einen 60 cm hohen Strauch mit sehr aufrechten Ästen.

Weil er keine langlebige Pflanze ist, sollte man Sämlinge, die rundherum wachsen, als Ersatzpflanzen behalten.

Laubabwerfender Strauch Zonen 3b-7b

Dianthus caryophyllus ist eine Pflanze der Götter – dias ist das griechische Wort für Zeus und anthos für »Blume«. Wir kennen sie etwas nüchterner als Gartennelke. Im Winter sind ihre hellen, graugrünen Blätter interessant.

Die Nelken bilden eine sehr große Gruppe und haben eine lange Tradition. Sie sind leicht zu kultivieren, duften fast alle, lieben Sonne und brauchen einen gut dränierten Boden, vorzugsweise alkalisch, aber sie sind auch mit fast jedem anderen – außer staunassem – Boden zufrieden. Wenn sie einen Fehler haben, dann ist es die Tendenz, bis zur Erschöpfung zu blühen. Befolgen Sie Vita Sackville-Wests Rat: »Schneiden Sie die Fülle von Blüten stark bis auf die graugrünen Stöcke zurück, um sie vor ihrer eigenen extravaganten Großzügigkeit zu schützen und zu erretten.« Wenn Sie jedes Jahr im August Stecklinge nehmen, sichert das eine gute Versorgung mit frischen Pflanzen.

Immergrüne Staude Zone 8-

***Elaeagnus pungens* 'Maculata'**, eine Ölweide, erhielt schon 1891 ein Zertifikat. Die Stammform kam 1830 aus Japan.

Die ledrigen grünen Blätter haben eine glänzende Oberfläche. Ein jedes ist entlang der Hauptader leuchtend gelb gezeichnet. Dadurch erhält die Pflanze ein spektakuläres Aussehen, das besonders auf einem goldfarbenem Beet zur Wirkung kommt. Ihr einziger Nachteil ist ihre etwas ungünstige, spitzwinkelige Art der Verzweigung.

Geben Sie ihr genügend Platz, damit sie sich in Höhe und Breite etwa 5 m ausdehnen kann. Ab und zu bringt ein Zweig plötzlich rein grüne Blätter hervor; schneiden Sie sie sofort heraus.

Ich ziehe die Sorte 'Maculata' allen anderen vor; manche halten 'Dicksonii' und *E. x ebbingei* 'Gilt Edge', beide mit Gelbfärbung am Blattrand, für in der Farbe überlegen.

Immergrüner Strauch Zonen (7a-9a)

Epimedium perralderianum wurde 1867 aus Algerien nach England eingeführt.

Die als Elfen- oder Sockelblume bekannte Pflanze hat hellgelbe Blüten und scharfgezähnte, dreifache Blätter. Es ist das einzige wirklich immergrüne *Epimedium*; das Laub der anderen sollte im Februar zurückgeschnitten werden, um die Blüten und die zarten jungen Blätter offenzulegen, die zu dieser Zeit herauskommen.

Crocus chrysanthus

***Elaeagnus pungens* 'Maculata'**

Erica carnea **'Springwood'**

Alle Epimedium-Arten sind Stauden, die sich langsam durch verschlungene Rhizome ausbreiten und eine hervorragende Bodenbedeckung ergeben. Ihr Laub ist das ganze Jahr über schön und im Herbst und Winter braun schattiert. Sie tolerieren trockenen Schatten und volle Sonne, fühlen sich aber in tiefem, nährstoffreichem Boden und leichtem Schatten am wohlsten.
Immergrüner ausdauernder Bodendecker Zonen 5-9

Eranthis hyemalis ist uns als Winterling bekannt, obwohl der griechische Name »Frühlingsblume« bedeutet (er für »Frühling« und anthos für »Blume«). Er ist in Europa heimisch und überall winterhart, außer weit im Norden.

Einmal angewachsen, bleibt diese Schönheit des Winters mit den knolligen Wurzeln niemals aus. Sie blüht im Überfluß und bildet Anfang Februar – manchmal sogar früher – einen hellen, gelben Teppich. Die Blüten öffnen sich in der Sonne; verstecken Sie die Pflanzen deshalb nicht im Schatten. Zur Blütezeit sind sie nur 15 cm hoch; die Blätter werden im Frühjahr aber noch etwas höher und bilden eine dichte grüne Masse.

Der Winterling liebt gut dränierten und fruchtbaren Boden, vorzugsweise unter Laubbäumen und -sträuchern, wo er nicht gestört wird. Am besten vermehrt man ihn durch Samen, die 3 Monate nach der Blüte reifen, einfach zu sammeln und auszusäen sind. Im folgenden Jahr erscheinen die typischen Blattrosetten, und von da an können Sie mit der wachsenden Entfaltung von Blüten rechnen.
Staude mit Wurzelknollen Zonen 4-7

Erica carnea, die Schneeheide, ist auch als E. herbacea bekannt.

Die Pflanze ist robust und buschig, oft 23 cm hoch. In milden Wintern blüht sie im Dezember oder Januar; ihre Blüten überziehen sich allmählich mit einem rosaroten Schimmer. Sie ist eine der wenigen kalktoleranten Heidekrautarten. Ideal sind sie als Gruppen oder als Bodendecker für andere, höhere Sträucher gepflanzt.

E. x darleyensis ist eine beliebte Hybride aus *E. carnea* und *E. erigena* (syn. *E. mediterranea*). Sie hat blasse, rosarote Blütenähren, die kontinuierlich von November bis März erscheinen.
Immergrüner Strauch Zonen 6b-7b

Eucalyptus niphophila ist ein immergrüner Baum, wegen seiner ungewöhnlich weißen Äste und Stämme auch als »Schnee-Eukalyptus« bekannt. Seine Heimat sind die Berge von Victoria und Neusüdwales (Australien).

Die Rinde fällt besonders auf, da sie abblättert und eine schlangenhautartige, cremefarbene, rostbraun-grau und -grün gemusterte Haut enthüllt. Die Blätter sind ebenfalls schön, wenn sie in der Sonne an den silberfarbenen Ästen hängen; die Farbe kommt durch den Flaum auf den Zweigen zustande.

Dieser Eukalyptus sollte als Sämling gepflanzt werden, im Idealfall nicht größer als 15 cm. Die meisten wachsen schnell und erreichen schließlich 9 m. Geben Sie diesem Eukalyptus, wenn er noch jung ist, keinen Stützstab, sonst wird er immer darauf angewiesen sein.

Wenn Sie einen Eukalyptus wegen seines jungen Laubes pflanzen wollen, sollten Sie *E. gunnii* wählen. Kappen Sie die Äste jedes Jahr, bevor der Saft zu steigen beginnt, und Sie werden den ganzen Winter über gutes Material zur Dekoration haben.
Immergrüner Baum Zone 8-

Euonymus fortunei **'Variegatus'** ist eine Abart des grünlaubigen *E. fortunei* var. *radicans*, der 1860 aus Japan eingeführt wurde.

Die Blätter dieses Strauches sind leicht gräulich und weiß-gelb gesäumt. Bei fallenden Temperaturen zeigen sie eine rosa Tönung, an den Rändern fast karmesinrot. Wenn im Frühjahr die neuen Blätter einen Teil des vorjährigen Laubes verdrängen, ist die Färbung des Strauches sehr lebhaft. Er trägt typische spindelförmige Beeren, rund und cremefarben, die sich schließlich öffnen, um winzige, orangefarbene Samen freizugeben.

Der Spindelstrauch ist winterhart, immergrün und klettert, wenn er an eine Mauer oder einen Baum gepflanzt wird. Freistehend kultiviert behält er die Strauchform und wird etwa 60 cm hoch.

Alle Formen von *E. fortunei* bilden brauchbare Zwerghecken und können ordentlich getrimmt werden.
Immergrüner Strauch Zonen 5-9a

Euphorbia characias* ssp. *wulfenii ist eine Art einer Gattung, die nach Euphorbus, dem Arzt des Königs Juba von Mauretanien, benannt ist. Die fast winterharte Staude ist am Mittelmeer beheimatet.

Blaugraue, etwas behaarte Blätter sind spiralenförmig an den Stielen angeordnet, die in einem Jahr wachsen und im nächsten blühen. Ich beobachte gern die Entwicklung der Blütendolden im späten Winter; die Stiele mit Blüten neigen ihre Köpfe nach dem ersten Frost, heben sie später wieder an und öffnen ihre Blüten im späten Frühjahr. Die Blüten sind chartreusefarben; die Art *E. characias* ist ähnlich, hat aber Blüten mit dunklem Auge.

Die strauchähnliche Pflanze bildet ausladende, 1 m hohe Büsche und ist für eine Ecke mit gut dräniertem Boden geeignet, wo eine imposante Pflanze gebraucht wird. Sie sät sich, wie andere Euphorbien, selbst aus. Halten Sie Ausschau nach Sämlingen, aber verpflanzen Sie sie nur, wenn notwendig – sie haben lästige, fleischige Wurzeln, und die Stiele sondern bei Verletzungen einen dicken Milchsaft ab.
Staude Zone 8

Euphorbia myrsinites, seit Ende des 16. Jahrhunderts bekannt, ist im südlichen Europa beheimatet.

Ihre fleischigen, blaugrauen Blätter wachsen, in Spiralen angeordnet, an den niederliegenden, schlangenartigen Stielen, die nie höher als 15 cm werden. Die gelben Blüten sind unscheinbar. Es ist das Laub, das das ganze Jahr über attraktiv ist.

Obwohl sie in manchen Gegenden vollständig winterhart ist, gilt sie als eine kurzlebige Pflanze, die aber charakteristisch großzügig Samen um sich herum verteilt. Sie wird sich auf einem erhöhten Beet oder bei guter Dränage üppig aussäen.
Staude Zone 5-

Fatsia japonica, auch als Zimmeraralie bekannt, ist ein auffallender Strauch, der wohlüberlegt verwendet werden sollte, z.B. als Mittelpunkt oder in Verbindung mit architektonischen Elementen.

Sie ist nur sehr eingeschränkt winterhart, wächst ziemlich schnell und erreicht schließlich etwa 4,50 m. Ihre großen, glänzenden, tief eingeschnittenen Blätter – 38 cm breit und 25 cm lang – zeigen sich in kräftigem Grün mit deut-

Eucalyptus niphophila

Festuca glauca

lich markierten blassen Adern. Im Oktober ist der Strauch übervoll mit Rispen cremefarbiger Blüten am Ende jedes Zweiges. Später entwickeln sie sich zu schwarzen Beeren, die im Winter hängen bleiben. Wie bei vielen anderen Immergrünen erschlaffen die Blätter nach einem schweren Frost und sehen schwarz aus; sie erholen sich aber bald mit steigenden Temperaturen.

Immergrüner Strauch Zonen 8a-9a

Festuca glauca (syn. *F. ovina* 'Glauca'), der Blauschwingel, ist ein niedriges, dichtbüscheliges, ausdauerndes Gras, das etwa 15 cm hoch wird. Er ist immergrün, pflegeleicht und bildet unter trockenen Bedingungen eine intensivere Farbe aus. Als Gruppe vor dem Beet wie auch als Einfassung wertvoll, gedeiht der Blauschwingel am besten, wenn er häufig geteilt wird, eventuell einmal im Frühjahr und erneut im Herbst. Wenn Sie ihn als Einfassung verwenden, sollten Sie die Blütenähren herausschneiden, um das Wachstum neuer Blätter zu unterstützen. Es gibt viele Sorten der Arten *F. caesia*, *F. cinerea*, *F. glauca* und *F. ovina*.

Ausdauerndes Gras Zonen 4-9

***Fragaria x ananassa* 'Variegata'** ist eine Sorte der wilden Erdbeere – der lateinische Name für Erdbeere ist fraga. Sie trägt ihre aromatischen, eßbaren Früchte nur selten und blüht bescheiden. Die Hauptattraktion ist ihre Panaschüre: cremefarbene Blätter mit grünen Flecken.

Die wilde Erdbeere hält den ganzen Winter über, und ich verwende sie als ungewöhnliche Bodenbedeckung im Gemüsegarten rund um die Basis der Apfelbäume. Sie breitet sich mit ihren vielen Ausläufern fast zu schnell aus, unterdrückt aber das Unkraut und wächst in Sonne oder Schatten gleich gut.

Eine andere ungewöhnliche Erdbeere ist *F. vesca* var. *monophylla*, die im 17. Jahrhundert entdeckt wurde und die ein Blatt anstelle von dreien besitzt.

Immergrüne Staude

***Galanthus nivalis* 'Flore Pleno'** leitet seinen Gattungsnamen aus dem Griechischen ab; gala bedeutet »Milch« und anthos »Blume«.

Diese gefüllte Sorte des bekannten Schneeglöckchens hat sich in meinem Garten durchgesetzt. Es duftet süßlich, hält im Wasser besonders gut und breitet sich rasch aus.

Die drei äußeren Segmente der Blüten, die sich ab Januar öffnen, haben eine normale Form und Größe; sie umschließen eine dichte Rosette aus einer ganzen Anzahl weißer Blütenblätter mit smaragdgrüner Zeichnung. Die innere Rosette kann nicht geschlossen werden, aber die Komplexität der Blütenblätter hält Insekten vom Besuchen und Bestäuben des Fruchtknotens ab; daher gibt es keinen fertilen Samen. Um das auszugleichen, wird eine Unmenge kleiner Zwiebeln produziert und durch die Erde nach oben geschoben, die dann zum Bewurzeln wieder nach unten wandern.

Alle Schneeglöckchen ziehen ziemlich festen, schweren Boden vor, der feucht, aber nicht zu naß sein soll. Sie zu teilen ist eine schöne Beschäftigung. Als goldene Regel gilt der Zeitpunkt nach dem Verblühen und vor der Änderung der Blattfarbe.

Zwiebel Zone (4-)

***Galanthus* 'Samuel Arnott'** hat Blüten, die lange halten und stark duften. Sie sind rundherum tiefgrün herzförmig gezeichnet und abgerundet, mit starken Stielen und Blättern. Diese Schneeglöckchen vermehren sich sehr schnell.

Zwiebel Zonen 2-8

Garrya elliptica, in Kalifornien heimisch, erinnert an Nicholas Garry, Schriftführer der Hudson Bay Company.

Im Januar und Februar ist sie wegen ihrer seidigen Kätzchen – silbriggrau und bis 30 cm lang – besonders attraktiv. Die Blätter sind ebenfalls schön: abgerundet, auf der Oberseite glänzend und unten wollig behaart.

Als Strauch an einer Mauer gezogen, bildet sie einen 3 m hohen und genauso breiten Blickpunkt. Sie kann auch freistehend gepflanzt werden, jedoch in geschützter Lage, denn die Blätter leiden unter kalten Winden.

Immergrüner Strauch Zone 8-

Gaultheria procumbens, die Scheinbeere, ist amerikanischen Ursprungs. In ihrem Herkunftsland wurde sie sehr geschätzt und hat die Bildung des Ausdruckes »Bodendecker« angeregt. Schon 1900 wurde »Gaultheria empfohlen, weil sie imstande ist, eine schöne immergrüne Bodenbedeckung zu bilden«.

Neben der schwarzfruchtigen G. shallon bildet diese verläßlichste der Scheinbeeren ein Dickicht mit gebogenen, bis 90 cm hohen Zweigen. Sie breitet sich über unterirdische Ausläufer aus, was sie zu so einem guten Bodendecker macht. Im Herbst trägt sie leuchtendrote Früchte, hat kleine, dunkle, glänzende Blätter, die im Winter bronzefarben und rot werden, und blüht im Sommer rosa.

Immergrüner Strauch Zonen 3a-7a

***Hamamelis* 'Pallida'** ist in West- und Zentralchina beheimatet.

Sie erreicht 2,50 m Höhe und Breite und bildet stark duftende Blüten im Überfluß, manchmal schon Ende Dezember. Der Hauptschub an Blüten kommt im Januar und Februar. Sie macht an einem sonnigen Februartag zusammen mit Winterlingen, Krokusarten und frühen Narzissen einen hervorragenden Eindruck.

Die Zaubernuß, wie sie volkstümlich heißt, liebt gut dränierten, neutralen bis sauren Boden. Ein Stutzen ist nicht notwendig, aber ein überlegtes Schneiden von Stielen für das Haus schadet nicht.

Laubabwerfender Strauch Zonen 5b-9a

Hebe rakaiensis, eine der Strauchveronikaarten, verdankt ihren Namen der griechischen Mythologie: Hebe, Gattin des Herkules, war die Göttin der Jugend. Wie die meisten Strauchveroniken kommt sie aus Neuseeland.

Ihre attraktive Form und die blaßgrünen, glänzenden Blätter machen sie zu einem besonders brauchbaren immergrünen Bodendecker für den winterlichen Garten. Sie bildet einen kompakten, 60 bis 70 cm hohen, etwas breiteren Busch.

Sie wächst so regelmäßig wie Buchsbaum, aber schneller. Weil sie keinen Schnitt erfordert, kann sie auf ähnliche Art verwendet werden. Wegen ihrer Kurzlebigkeit empfiehlt sie sich nicht für Formsträucher. Ein Exemplar sieht 10 oder 12 Jahre lang gepflegt aus, dann bricht es auseinander und verliert sein ordentliches Aussehen. Nach einem starken Rückschnitt wird es zwei oder drei Jahre dauern, bis es sich erholt hat.

Sie ist gut für Küstengebiete geeignet, bewurzelt leicht aus Stecklingen und kann wegen ihrer vielen Faserwurzeln problemlos verpflanzt werden.

Immergrüner Strauch Zone 7

***Hedera colchica* 'Dentata Variegata'** ist die creme- und goldfarbene Varietät eines Efeus aus dem Kaukasus und aus Kleinasien.

Seine großen Blätter sind von ledriger Struktur, gezähnt, wie der Name andeutet, und haben eine unregelmäßige Zeichnung, die mit fortschreitendem Blattalter von Cremegelb nach Cremeweiß wechselt. Blätter, die kein Licht erhalten, können vollkommen gelb sein.

Diesen Efeu läßt man großzügig an Mauern und Zäunen entlang wachsen. Er kann eine Ausdehnung von 9 m erreichen. Die ganze Pflanzenmasse wird allerdings zu schwer, um sich nur mit ihren eigenen Luftwurzeln festhalten zu können. Wir müssen sie gut anbinden.

Die Sorte *H. colchica* 'Dentata' besitzt sogar noch größere und ganz grüne Blätter; *H. colchica* 'Paddy's Pride', mit korrektem Namen 'Sulphur Heart', hat eine kräftigere, gelbe Zeichnung.

Immergrüne Kletterpflanze Zonen (8a-9a)

***Hedera helix* 'Glacier'** ist eine gute und dekorative Form des normalen Efeus.

Sie ist schön grau gefärbt, wächst in alkalischem Boden besonders gut und bildet einen

Garrya elliptica

Gaultheria procumbens

***Hedera helix* 'Glacier'**

idealen Hintergrund für malvenfarbene, im Winter blühende Rhododendren. Ich verwende sie gern in Verbindung mit Schneeglöckchen und frühen *Iris reticulata*.

Die meisten Efeuarten sind in Nordeuropa heimisch, immergrün und winterhart. Harte Fröste und eisige Winde können aber ihre Blätter ausdörren. Am Ende jedes Winters »striegeln« wir unsere Pflanzen, indem wir alle Triebe abschneiden, die lästig werden, und sie von allen braunen, verwelkten Blättern befreien.

Immergrüne Kletterpflanze Zone 6b

***Hedera helix* 'Goldheart'** scheint eine der beliebtesten Efeusorten zu sein. Ihre Blätter sind klein, zierlich, dreilappig und grün mit goldgelber Mitte; die Stiele spielen ins Rosa oder Rötliche.

Es ist ein kompakte Kletterpflanze, die etwa 3 m erreicht und daher für kleine Gärten gut geeignet ist. Am besten wird dieser Efeu in der Sonne gepflanzt, damit seine goldfarbene Zeichnung voll zur Wirkung kommt; diese bleibt sogar in fast völligem Schatten erhalten. Er kann als Bodendecker wachsen, sieht aber am allerbesten aus, wenn er einen Baum durchklettert, der sich bereits nahe am Boden verzweigt. Bei uns wächst er durch eine Quitte, und viele der langen Triebe kriechen jetzt wieder nach unten. Vor kurzem ist er zum Blühen gekommen, und die Beeren leuchten im Winter schön gelb.

***Hedera helix* 'Goldheart'**

Eine andere Sorte des gewöhnlichen Efeus, der robuste, schöne und verläßliche *H. helix* 'Baltica', bildet den idealen Bodendecker unter Laubbäumen.

Immergrüne Kletterpflanze Zone 6b

Helleborus corsicus ist auf Korsika, Sardinien und den Balearen heimisch. Sein Gattungsname soll die Bedeutung »Speise zum Töten« haben. Die Droge, die man aus seinen Wurzeln herstellte, wurde als Heilmittel und Gift verwendet.

Er trägt von Dezember bis April Büschel blasser, apfelgrüner Blüten. Die Blätter sind hell graugrün mit dunkleren Adern und gekerbten Rändern. Während des Frühjahrs und Sommers bildet er eine Menge neuer, 60 bis 90 cm langer Triebe. Eine eingewachsene Pflanze kann bei guten Bedingungen – kühler, nährstoffreicher Boden, leichter Schatten, Schutz vor starken Winden und Frösten – bis zu 30 steife Stiele hervorbringen.

Sie sollten diese Pflanze ungestört lassen, sie im Herbst gut düngen und dann nach Sämlingen Ausschau halten, die Sie ausgraben und zu neuen Stöcken heranziehen können. Schneiden Sie die alten Triebe, wenn die Samen reif sind, bis zum Boden zurück, um Platz für den Neuaustrieb zu schaffen.

Zu ihren besten Begleitpflanzen zählen die Lilien, deren junge Triebe den Schatten der Nieswurzblätter lieben.

Immergrüne Staude Zone 7-

Helleborus foetidus wächst wild in Südeuropa, Westasien und Großbritannien. Die Bezeichnung foetidus ist etwas lieblos, da er nur stinkt, wenn man ihn streift oder quetscht.

Diese Nieswurzart ist eine 60 cm hohe, eher auffallende als besonders schöne Pflanze. Ihre stattlichen, tiefgrünen, fächerförmigen Blätter kontrastieren gut mit den Büscheln becherförmiger Blüten. Sie erscheinen in ihrem Grüngelb fast zu fluoreszieren. Die Kelchblätter sind fein karmesinrot gezeichnet.

Diese Nieswurz kann wie *H. corsicus* behandelt und in jeder schattigen Ecke oder unter Laubbäumen gepflanzt werden. Sie paßt gut zu Primeln, Veilchen und Schneeglöckchen in einem Wäldchen. Wenn Sie etwas Ausgefallenes wollen, versuchen Sie es mit graulaubigen Pflanzen.

Es gibt eine schöne, rotstielige Sorte, *H. foetidus* 'Wester Flisk' und eine süßlich riechende, *H. foetidus* 'Gertrude Jekyll'. Wenn Sie sortenechte Sämlinge haben möchten, sollten Sie die Typen getrennt anpflanzen.

Winterharte Staude Zone 6b

Helleborus niger, die Christrose, ist eine Wald- und Gebirgspflanze, beheimatet im südlichen Europa und Teilen Westasiens. Die Blüten mit goldenen Staubgefäßen sind zuerst reinweiß und überziehen sich mit zunehmendem Alter der Kelchblätter leicht rosa. Die Blätter sind breit und ledrig, in 7 oder 9 Segmente geteilt. Sie wachsen niedrig am Boden, so daß die 10 bis 12 cm hohen Blüten über dem Laub stehen.

Dieser Helleborus wächst nicht leicht an; pflanzen Sie ihn daher sorgfältig, im Halbschatten und in einen Boden, der nicht austrocknet. Mulchen Sie jedes Jahr mit Lauberde und düngen Sie gut.

H. niger 'Louis Cobbett', eine schöne Sorte, hat große, attraktive Blüten mit einem Hauch von Rosa. Außerdem mag ich *H. niger* 'Potter's Wheel' – durch Teilung vermehrt, nicht aus Samen gezogen – und 'Nigriliv', eine ausgesprochen gute Hybride mit schönen, dunklen Blättern und reinweißen Blüten.

Immergrüne Staude Zonen 4-8

Helleborus orientalis ist die am längsten bekannte Nieswurzart.

Die Farbe der wundervollen Blüten reicht von Reinweiß über Rosa bis zu Weinrot. Die Pflanzen wachsen leicht an und sind langlebig. Bevor die alten Blätter abgestorben sind, erscheinen neue, so daß das Stück Boden, auf dem sie gepflanzt wurden, nie unbedeckt ist. Sie werden etwa 60 cm hoch.

Die Vermehrung erfolgt durch Samen. Entweder man läßt Selbstaussaat zu, oder man sät die Samen gleich nach der Reife in ein Saatbeet oder eine Kiste.

Immergrüne Staude Zonen 4-8

***Hepatica x media* 'Ballardii'**, allgemein als Leberblümchen bekannt, leitet seinen Gattungsnamen vom griechischen Wort hepar für »Leber« und wurde von alters her als Leberheilmittel verwendet. Diese Hybride – eine Kreuzung von *H. nobilis* und *H. transsilvanica* – wurde 1916 gezüchtet.

Die wunderschöne Pflanze mit ihren intensiv blauen, 10 cm hohen Blüten, die zum Ende des Winters in Massen erscheinen, wird Ihnen gefallen. Die Blätter folgen den Blüten und bleiben den Rest des Jahres über grün.

Das Leberblümchen ist eng verwandt mit der Anemone und überall in halbschattigen Wäldern im nördlich-gemäßigten Klima anzutreffen; pflanzen Sie es im Garten deshalb in eine schattige Ecke. Es will nicht gestört werden und sollte im frühen Herbst oder sogar schon im späten Sommer, wenn es äußerlich im Ruhezustand ist, geteilt werden. Samen sät man

flach in Reihen in feuchte, vorzugsweise alkalische Erde. Verpflanzen Sie die Sämlinge im Herbst, wenn sie groß genug sind.
Immergrüne Staude

***Heuchera* 'Palace Purple'** ist eine der besten Neuheiten aus dieser Gattung.

Ihre herzförmigen Blätter mit unregelmäßigen Rändern bringen das ganze Jahr über Farbe und Anziehungspunkte in den Garten. Sie sind bronzerot gefärbt, auf der Unterseite hell magentarot bis rosa. Im Mai und Juni tragen die Massen von dunklen, drahtigen Stielen Blütenstände aus winzigen weißen Blüten, die sich rasch zu rosig-bronzefarbenen Samenkapseln entwickeln. Sammeln Sie die Samen und säen Sie sie im folgenden Frühjahr aus. Bei der Vermehrung aus Samen erhält man eine Palette von Farben, von denen nur die dunkelsten 'Palace Purple' genannt werden sollten.

Diese Heuchera paßt gut zu grauen und silberfarbenen Blättern, z.B. von Heiligenkraut, Nelken und *Artemisia*-Arten, oder im Kontrast zu goldfarbenem Majoran und der goldfarbenen Form des Pfennigkrautes (Lysimachia).
Immergrüne Staude Zonen 4-9

***Hepatica x media* 'Ballardii'**

Iris ungicularis

Iberis sempervirens, allgemein als Schleifenblume bekannt, kommt, wie ihr Gattungsname andeutet, von der Iberischen Halbinsel.

Die tiefgrünen, schmalen Blätter dieses am Boden sich ausbreitenden Halbstrauchs bleiben den ganzen Winter über erhalten. Im Frühjahr zeigt die Schleifenblume viele Wochen lang reinweiße Blüten.

Vor einem dunklen Hintergrund hebt sie sich gut ab, besonders in voller Sonne. Sie ist leicht aus Samen oder durch Stecklinge zu vermehren.
Immergrüner Halbstrauch Zone 4-

Idesia polycarpa, die Orangenkirsche, ist ein schnellwachsender Laubbaum, der bis zu 12 m hoch wird.

Im Sommer hat er charakteristische große Blätter und gelbgrüne, duftende Blüten; im Winter erregt er Interesse durch Trauben leuchtendroter Beeren, die hängen bleiben, bis sie vom Frost geschwärzt werden. Um Beeren zu erhalten, müssen männliche und weibliche Formen gepflanzt werden, jedoch nicht unbedingt nahe zusammen. Die Blüten werden offenbar auch dann noch bestäubt, wenn die Bäume mehrere hundert Meter voneinander entfernt sind. Dies und die Tatsache, daß sie duften, deutet darauf hin, daß sie von Insekten bestäubt werden, die vom Duft angelockt werden.

Es gibt einige Bäume und Sträucher, die besser blühen und fruchten, wenn die Sommersonne so heiß ist, daß die Triebe des laufenden Jahres gut ausreifen; *Idesia* scheint dieser Kategorie anzugehören.
Laubbaum Zonen 6b-9a

***Ilex x altaclarensis* 'Golden King'** ist eine der zahllosen Sorten, die von der wildwachsenden Stechpalme (*I. aquifolium*) abstammen.

Ein kleiner bewurzelter Steckling dieser Sorte kann 18 Jahre brauchen, um eine Höhe von etwa 3 m zu erreichen. Die Blätter haben glatte, goldfarbene Blattränder, die Blattspreite ist dunkelgrün.

Diese Stechpalme setzt als Hecke, zu Kugeln oder Spiralen geschnitten, kräftige Akzente. Für den Formbaumgestalter haben Stechpalmen den Vorteil, daß sie direkt aus den Knospen austreiben, auf die sie zurückgeschnitten wurden; es sterben daher selten Teile ab.

Trotz ihres Namens 'Golden King' ist diese eine weibliche Sorte, die Beeren bildet.
Immergrüner Strauch Zonen (7b-9a)

***Ilex x altaclarensis* 'Lawsoniana'** ist eine Kreuzung aus *I. aquifolium* und *I. perado*, der Stechpalme der Azoren und von Madeira.

Ihre prächtigen, dunkelgrünen Blätter haben einen goldenen Strich in der Mitte, umgeben von Hellgrün – eine sehr ungewöhnliche und schöne Zeichnung. Ihrer Farbe und Helligkeit wegen, die sie den Beeten im Winter geben, ist dies eine meiner liebsten Stechpalmen. Sie kann bis 6 m hoch werden, durch sorgsamen Schnitt aber in der gewünschten Höhe gehalten werden.

Die Äste sind dunkel wie die von *I. x altaclarensis* 'Hendersonii', aus der sie entstanden ist und auf die sie zurückzuschlagen neigt. Rein grüne Triebe schneidet man sofort heraus.
Immergrüner Baum oder Strauch Zonen 7b-9a

Iris danfordiae erhielt ihren Namen von der griechischen Göttin des Regenbogens. In ihrer türkischen Heimat wächst die Pflanze in den Bergen in einer Höhe bis zu 2700 m, meist nahe der Schneegrenze.

Die zierlichen Blüten in dunklem Gelb sind olivgrün und orange gezeichnet. Sie sitzen auf 7,5 cm langen Stielen und öffnen sich im Februar.

Nach der Blüte teilen sich die Zwiebeln gewöhnlich in kleine Tochterzwiebeln, die erst nach Jahren eine blühfähige Größe erreichen. Man gräbt sie deshalb im Sommer aus und pflanzt sie an eine neue Stelle, am besten 15 bis 20 cm tief in Sand, um eine gute Dränage zu gewährleisten. Durch die tiefere Pflanzung werden die Zwiebeln angeregt, größere Seitenzwiebeln zu bilden.

Ich habe herausgefunden, daß eine Knochenmehlgabe im Herbst dieser Iris zu einer regelmäßigen Blüte verhilft; sie profitiert außerdem von einem schönen, heißen Sommer.
Zwiebel Zonen 4-9

Iris foetidissima ist, wörtlich übersetzt, die stinkende Iris. Ihr Geruch ist nicht wirklich unangenehm, er erinnert mehr an einen Sonntagsbraten.

Im Winter unterscheidet sie sich durch die glänzenden, korallenroten Samen von allen anderen Irisarten, die ihrerseits braune oder schwarze Samen haben. Im Sommer bildet sie kleine, dunkle Blüten in unauffälligem Purpur.

Sie liebt eine schattige, nicht zu trockene Ecke. Bewunderung ist ihr sicher, besonders an Wintertagen, an denen Schnee liegt. Die Samenstände halten wochenlang im Haus. Gertrude Jekyll rät, sie einige Zeit gebündelt mit den Köpfen nach unten aufzuhängen, damit die Stiele gerade werden.
Zwiebel Zonen 5-9

***Iris histrioides* 'Major'** wächst wild in der Türkei, südlich des Schwarzen Meeres.

Ihre großen porzellanblauen Blüten sind einzigartig mit ihren schönen marineblauen Adern und Tupfen und ihrem charakteristischen orangefarbenen Fleck. Die Blüten erscheinen vor den Blättern und sind extrem robust; sie überdauern unbeschadet Schnee, Frost oder Regen.

Wenn sie an einer sonnigen, gut dränierten Stelle gepflanzt wird, vermehrt sie sich durch Tochterzwiebeln und bildet vom Januar bis in den späten Februar einen intensiv blauen, 10 cm hohen Teppich.
Zwiebel Zonen 4-9

Iris reticulata wächst wild in der Türkei, im Kaukasus, im Iran und Irak. Sie ist hauptsächlich an der Schneegrenze zu finden.

Diese 15 cm hohen Iris sind im Februar im Garten unentbehrlich. Sie schieben sich durch den Schnee und blühen mit den frühesten Krokussen. Die kräftig samt-purpurfarbenen Blüten haben eine goldfarbene Zeichnung und einen schwachen, aber wunderbar süßlichen Duft. Er macht sie für die Topfkultur im Frühbeet und die anschließende Verwendung im Haus gut geeignet sind.

Meiner Erfahrung nach vermehren sich diese Iris nicht besonders schnell, daher sollten jeden Herbst ein paar Zwiebeln gekauft und gepflanzt werden. Nach der Blüte werden die binsenartigen Blätter lang und sehen ziemlich unordentlich aus. Am besten läßt man sie auf natürliche Weise absterben.
Zwiebel Zonen 4-9

Iris unguicularis ist in Kleinasien, Algerien, Griechenland, Syrien und auf Kreta zu Hause.

Ihre zierlichen, violettblauen Blüten, die etwa 8 cm Durchmesser haben und 20 cm hoch sind, ändern ihre Farbe mit dem herrschenden Licht. Nach einem heißen, trockenen Sommer erscheinen sie oft vor Weihnachten und blühen bei mildem Wetter bis in den März.

Einmal angewachsen, sollte sie nicht mehr gestört werden; die beste Zeit zum Verpflanzen ist der August, wenn sich neue Wurzeln entwikkeln. Entfernen Sie laufend alle braunen Blätter, weil sie Schnecken anziehen.
Zwiebel Zone 8

Itea ilicifolia, in Westchina beheimatet, kam als Samen 1895 nach Europa.

Die glänzenden, stechpalmenähnlichen Blätter mit dunkelgrüner Ober- und blasserer Unterseite bilden im Winter ihren wichtigsten Schmuck. Im Sommer ist sie mit hängenden, duftenden, grünlichweißen Blütentrauben bedeckt.

Sie hat einen mehr lockeren Habitus als Stechpalmen oder die Portugiesische Lorbeerkirsche und wird etwa 5 m hoch, wenn sie nicht durch Frost geschädigt wird. Als etwas empfindliche Pflanze liebt sie den Schutz einer Mauer. Bei mir wächst diese Itea vor einer nach Westen gewandten Mauer. Dort hat sie bisher 10 Jahre überlebt, obwohl sie in harten Wintern stark zurückgeschnitten wurde. Sie gedeiht in Sonne oder Schatten und liebt leicht sauren und feuchten Boden.
Immergrüner Strauch Zone 9a-

Jasminum nudiflorum kam 1844 aus Westchina nach Europa.

Der Winterjasmin ist erstaunlich vielseitig und kann als Kletterpflanze, freistehender

Idesia polycarpa

Strauch oder als Bodendecker verwendet werden. Weil er sich nicht selbst festhalten kann, müssen ältere Zweige an einer Mauer oder einem Zaun gesichert werden. Die jungen Triebe hängen dann kaskadenartig elegant nach unten und sehen von Dezember bis März wie ein gelber Wasserfall aus. Mitten im tiefsten Winter sind seine gelben Blüten so willkommen, daß ihm sein mittelmäßiges Aussehen in der übrigen Zeit des Jahres gern verziehen wird. Wenn er am Boden kultiviert wird, sollte er mit Sträuchern kombiniert werden, die steife Zweige haben, wie *Cotoneaster horizontalis* oder *C. dammeri*.

Als einzige notwendige Pflegemaßnahme muß man im April einen Teil des alten Holzes herausschneiden. Wenn Sie jeden Trieb einzeln zurückschneiden, erzielen Sie ein natürliches Aussehen.

Laubabwerfender Strauch — Zonen 6b-9a

***Juniperus communis* 'Hibernica'**, ein Wacholder, bildet eine aufrechte, schmale und dichte, silbriggraue Säule. Der wunderbare, 3 m hohe Baum gehört zu meinen liebsten Immergrünen und ist hervorragend als streng geformter Solitärbaum geeignet.

Wir haben unsere Exemplare seit einer Nacht im April vor mehreren Jahren leicht mit Schnur umwickelt. Es hatte unerwartet und stark geschneit, und als wir erwachten, fanden wir unsere wunderschön symmetrischen Wacholder mit weit auseinandergebogenen Zweigen. Vorsichtig brachten wir sie wieder in ihre ursprüngliche Form.

Sie lassen sich durch Schneiden zwar in die gewünschte Form und Größe bringen, verlieren aber nach meiner Erfahrung ab einem Alter von etwa 20 Jahren ihre schöne Gestalt. Dies ist der Augenblick, wo man sie durch jüngere Exemplare ersetzt.

Wacholder sind robust, winterhart, bevorzugen arme, saure Böden und ziehen Sonne dem starken Schatten vor. Sie werden im späten Sommer über Steckhölzer, die entnommen werden, vermehrt.

Immergrüner Baum — Zonen 5b-8a

Kerria japonica leitet ihren Namen von William Kerr, einem der ersten englischen Pflanzensammler ab, der sie 1803 in China entdeckte.

Ihre blattlosen Zweige glänzen im Winter grün, wenn die älteren Äste nach der Blüte im Mai herausgeschnitten wurden. Im Frühsommer ist sie von orangegelben Blüten eingehüllt, die wie überdimensionale Butterblumen aussehen. *K. japonica* 'Aureo-vittata' hat grüne und gelbe Streifen auf ihren Zweigen.

Sie macht sich gut als Hintergrund für Hartriegel und Weiden mit farbigen Ästen, sorgt für Höhe (etwa 2 m) und Tiefe und sieht auch vor einer Mauer gut aus.

Laubabwerfender Strauch — Zonen 5b-9a

***Lamium maculatum* 'Beacon Silver'** ist eine Sorte der Taubnessel.

Sie ist winterhart und sehr gut als ausdauernder Bodendecker geeignet. Ihre glänzendsilbrigen, grün umrandeten Blätter gedeihen in lichtem Schatten und in voller Sonne gleich gut. Die Blätter zeigen mit zunehmendem Alter und verursacht durch Pilzbefall rötliche Flecken, die die dunkelviolettrosa Blüten passend ergänzen.

Diese Taubnessel wächst schnell, bildet einen 20 bis 30 cm hohen Teppich und stellt den idealen Bodendecker zwischen frühen Zwiebelblumen dar. Neuerdings gibt es auch die Sorte 'White Nancy' mit weißen Blüten und noch intensiver grauen Blättern.

Schneiden Sie jede Pflanze Ende Juni nach der Blüte bis zum Boden zurück und legen Sie Torf, Komposterde oder Dünger auf. Innerhalb von Tagen werden neue Blätter durchstoßen; 2 oder 3 Wochen später bildet sich schon wieder ein eindrucksvoller Teppich. Man vermehrt diese Taubnessel über Stecklinge oder teilt vorhandene Stöcke.

Ausdauernder Bodendecker — Zonen 4-9

Leucojum vernum, der Echte Märzbecher, gehört zur Familie der Amaryllisgewächse und ist sowohl in Europa als auch in Kleinasien heimisch.

In der nördlichen Hemisphäre erscheinen seine Blüten im Februar und werden mit 15 cm nahezu doppelt so hoch wie in wärmeren Klimaten. Sie sind weiß mit einem grünen Fleck in den Blütenzipfeln und haben die Form viktorianischer Lampenschirme.

Pflanzen Sie die Zwiebeln im Herbst 10 cm tief und lassen Sie sie ungestört wachsen, bis die Stöcke zu dick werden. Geteilt werden sie dann, wenn die Blätter sich gelb färben. Ich sehe Märzbecher lieber in lockeren als in starren Gruppen angeordnet, eventuell zwanglos kombiniert mit Narzissen und Primeln. Sie lieben feuchten Boden, der in der heißen Sonne nicht austrocknet. Wenn man sie auf natürliche Art einziehen läßt, werden sie sich schnell vermehren.

Zwiebel — Zonen 5-9

***Ligustrum ovalifolium* 'Aureum'** stammt aus Japan und ist ein beinahe immergrüner, gelblaubiger Liguster.

***Lamium maculatum* 'Beacon Silver'**

Seine ovalen, kräftiggelben Blätter, manchmal in der Mitte grün gefärbt, bilden bei Sonne einen herausragenden, leuchtenden Farbfleck. Die cremefarbenen, im August erscheinenden Blüten duften überraschend süß.

Ligustrum ovalifolium 'Aureum' erreicht etwa 3,50 bis 4,50 m in Höhe und Breite, wächst auf allen durchschnittlichen Böden und behält oft seine Blätter den ganzen Winter über. Wenn er einen Fehler hat, dann höchstens den, daß er sehr schnell wächst und deshalb zurückgeschnitten werden muß.

Ich benutze ihn als Ruhepunkt in gemischten Rabatten und als Klettergerüst für die frühblühende *Clematis macropetala*.

Immergrüner Strauch — Zonen 7a-9a

Liriope muscari gehört zur Familie der Liliengewächse. Sie ist in China und Japan heimisch. Wie andere Arten der Gattungen *Ophiopogon* und *Liriope* bildet sie eine undurchdringliche Bodenbedeckung.

Sie ist eine eindrucksvolle, niedrige, immergrüne Pflanze mit dunkelgrünen, etwa 40 cm langen Blättern, die wie schmale Bänder aussehen. Im späten Herbst schieben sich zwischen ihnen violette Stiele mit Büscheln dichtsitzender, violett-purpurfarbener Glocken hervor.

Sie liebt einen gut dränierten Boden in sonniger oder schattiger Lage und verträgt, ist sie erst einmal angewachsen, auch sommerliche Trockenheit. Sie kann als Einfassung entlang eines schattigen Weges verwendet werden. Die Stöcke von *Liriope muscari* werden durch Teilung vermehrt.

Ausdauernder immergrüner Bodendecker — Zonen 6b-9

Liriope muscari

Leucojum vernum

Lonicera x purposii

Lonicera fragrantissima, ein immergrünes, strauchartig wachsendes Geißblatt, wurde 1845 aus China eingeführt.

Es erreicht etwa 2 m Höhe und Breite und ist, wie die anderen im Winter blühenden Geißblattarten, z. B. *L. x purposii*, ein Strauch und keine Kletterpflanze. Ab Dezember ist es mit kleinen, cremefarbenen Blüten bedeckt, die einen kräftigen, reinen Duft ausströmen. Ich schätze dieses Geißblatt wegen der Intensität seines Geruchs mehr als die gerühmte Winterblüte.

Im Sommer ist es einer dieser unförmigen Sträucher, die – eventuell mit einer durch die Zweige hindurchwachsenden Clematis – belebt werden müssen. Ein einziger tiefer Atemzug in der Nähe seiner Blüten im Winter läßt jedoch den Gedanken an seine Unzulänglichkeit im Sommer vergehen. Es besitzt die seltene Eigenschaft, in schattiger Lage am besten zu blühen.

L. standishii und die Hybride der beiden Arten, *L. x purposii*, blühen ebenfalls im Winter und duften ähnlich süßlich.

Teilweise immergrüner Strauch Zonen 6-9a

***Lonicera nitida* 'Baggesen's Gold'** ist ein Abkömmling von *L. nitida*, die 1908 aus China eingeführt wurde. Die goldfarbene Sorte wurde später als Sämling von der Firma J. H. Baggesen in Pembury in Kent herausgebracht.

Der goldgelbe Strauch mit sehr kleinen, glänzenden, immergrünen Blättern kann etwa 2 m und höher werden. Er liebt gut dränierten Boden und muß in voller Sonne gepflanzt werden, damit er seine goldene Farbe behält. Die Vermehrung durch junge Stecklinge oder Steckhölzer ist einfach. Seine langen, gebogenen Zweige sind im Winter, wie die kleinen goldenen Triebe im Sommer, sehr gut für Blumenarrangements geeignet. Die gelbgrünen, unscheinbaren Blüten öffnen sich im April und Mai.

Immergrüner Strauch Zonen (7-9a)

***Lychnis coronaria* 'Alba'**, die Weiße Vexiernelke, ist in Nordeuropa heimisch.

Ihre silbergrauen, grundständigen Blätter bilden Rosetten, die im Winter schön aussehen; im Sommer trägt sie milchigweiße Blüten.

Im vollen Sonnenlicht und auf leichtem Boden wird sie 60 cm hoch, ist jedoch nur kurzlebig. Ich pflanze Krokusse oder andere zeitige Zwiebelblumen dazwischen. Rund um die Elternpflanze keimen Sämlinge, die man ausdünnen und so die Gruppen vergrößern kann.

L. coronaria 'Oculata' ist eine weiße Form mit kirschrotem Auge, die sich glücklicherweise rein aussät. Außerdem gibt es die blaß kirschrote Art *L. flos-jovis*.

Staude

Magnolia grandiflora kam im 18. Jahrhundert aus den Südstaaten der USA nach Europa.

Ihre großen, glänzenden und ledrigen Blätter, die manchmal eine rostbraune Unterseite haben, machen sie im Winter wie im Sommer zu einem auffallend schönen Baum. Im Winter bilden die zapfenähnlichen Früchte mit orangefarbenen bis roten Samen eine zusätzliche Attraktion. Die duftenden, cremeweißen Blüten öffnen sich von Juli bis September.

Wenn sie durch Samen vermehrt wird, blüht diese Magnolie wahrscheinlich erst ab einem Alter von 15 Jahren. Aus Stecklingen gezogene Pflanzen brauchen unter Umständen nur 7 Jahre, bis sie blühen. Man pflanzt sie am besten von einer Mauer, die etwas Schutz bietet. Das Stutzen sollte auf das absolut notwendige Maß reduziert werden; bei freiem Stand ist kein Stutzen nötig, da sie eine natürliche Pyramidenform bildet.

Immergrüner Baum oder Strauch Zonen 7b-10

Magnolia heptapeta (auch *M. denudata*) kommt aus China und wird seit 200 Jahren kultiviert. William Frederick, ein Gartenarchitekt, hält sie für »einen wichtigen Kandidaten für den Garten, der nur einen Baum enthalten kann«.

Mit ihren leuchtendweißen Blüten, die sich bei mildem Wetter im Februar öffnen, ist sie eine der herausragendsten Magnolien. Schuppen mit struppigen grauen Haaren schützen die Knospen bis zu dem Augenblick, in dem sie aufbrechen und dicke, fleischige, stark duftende Blütenblätter enthüllen. Man hofft, daß kein Frost kommt und ihre Schönheit schon beim Aufgehen zerstört.

Der Baum wächst in den ersten 3 Jahren nach der Pflanzung auf etwa 2 m Höhe heran; in weiteren 5 Jahren hat sich seine Größe verdoppelt.

Laubbaum Zonen 6a-9a

Magnolia stellata, die Sternmagnolie, wurde 1862 aus Japan eingeführt.

Dieser wunderschöne Strauch mit den sternförmigen, duftenden Blüten ist die frühestblühende unter den Magnolien, mit kleineren, weißen Blüten. Die pelzigen Knospen sind so dekorativ, und die Rinde riecht so gut, daß man nicht enttäuscht ist, wenn die Blüte sich, wie in normalen Wintern, bis März oder sogar April verzögert.

Magnolia x soulangiana **'Lennei'**

Die Sternmagnolie braucht ausreichend Platz, da sie 3 m in der Höhe und etwa 5 m in der Breite erreicht. Pflanzen Sie zeitige Frühlingszwiebeln – Scilla und Chionodoxa – unter ihre niedrig ausgebreiteten Äste, damit etwas blüht, bevor sich die Magnolienknospen öffnen.

Laubabwerfender Strauch Zonen (5a-9a)

Magnolia x soulangiana **'Lennei'**, eine Hybride von *M. heptapeta*, ist nach Lenne, Gärtner von Wilhelm I., König von Preußen, benannt. Die Stammform wurde von M. Soulange-Bodin in Fromont bei Paris herausgebracht. Diese Hybride soll aber in der Mitte des 19. Jahrhunderts in einem Garten in der Lombardei gefunden worden sein.

Sie empfiehlt sich durch die Schönheit ihrer lebhaft rosa-purpurfarbenen Knospen für den winterlichen Garten. Wenn sie sich öffnen, enthüllen sie nach und nach das Weiß im Inneren ihrer großen, rosa, becherförmigen Blüten. Die Knospen erleiden selten Schaden, außer sie werden Ende April von Spätfrösten ereilt. Die langen Blätter dieser Magnolienart sind hell- bis graugrün.

Da sie wüchsig ist und einen ausgebreiteten Habitus entwickelt, sollten Sie ihr viel Platz zugestehen, vor allem, weil sie im April in voller Blüte am besten als Solitärbaum aussieht. Sie ist eine der besten Magnolien für einen Garten mit alkalischem Boden.

Laubbaum Zonen 5b-9a

Mahonia aquifolium ist im westlichen Nordamerika zu Hause.

Ihre glänzenden, gefiederten Blätter verfärben sich beim ersten Frost rot. Die ersten Blüten erscheinen im Februar, gefolgt von Büscheln duftender gelber Blüten im April und Mai. Anschließend zeigt sich ein reichlicher Ansatz schöner schwarzer, purpurfarbig bereifter Beeren.

Sie ist ein winterharter, immergrüner Laubstrauch und die robusteste aller Mahonien. Sie kann leicht durch Samen oder Stecklinge vermehrt werden und ist nicht anspruchsvoll in bezug auf den Boden. Unter geeigneten Bedingungen wird sie 75 cm hoch.

Unglücklicherweise verkaufen die meisten Baumschulen aus Samen gezogene Pflanzen von uneinheitlicher Höhe und Qualität, die den selektierten Klonen wie *M. aquifolium* 'Apollo' unterlegen sind.

Immergrüner Strauch Zonen 5b-9a

Mahonia x media **'Charity'** soll eine Kreuzung aus M. lomariifolia und M. japonica sein.

Ihre weichen, primelgelben, 25 cm langen Blütentrauben können schon ab November erscheinen, aber die Knospen öffnen sich noch über Wochen hinweg weiter. Die Blätter sind breit und stechen stark. Man pflanzt sie deshalb nicht dort, wo es oft zu Berührungen kommen könnte. Ungeschnitten wird sie 2,50 m hoch; aber wenn nach der Blüte die langen Triebe zurückgeschnitten werden, treiben die kahlen Zweige seitlich aus.

Sie gedeiht in einer schattigen Ecke und wirkt auch in einem waldartigen Gartenteil gut. Ihr Maiglöckchenduft, die Winterblüten und ihre Form machen sie zu einem idealen Strauch für den Innenhof eines Stadthauses oder für einen Platz in der Nähe der Eingangstür. Sie ist sehr winterhart und bildet ein gutes Klettergerüst für spätblühende Clematis.

Es gibt noch mehrere gute Sorten von *M. x media*; eine der besten ist 'Lionel Fortescue'.

Immergrüner Strauch Zone 9

Malus **'Red Jade'** wurde 1935 im Botanischen Garten von Brooklyn gezüchtet. Die Gruppe der Wildäpfel mit ihren schönen Blüten und Früchten gehört zu den besten kleinen, im Winter noch fruchttragenden, Bäumen.

Die kleinen, leuchtend kirschroten Früchte von *M.* 'Red Jade' halten bis in den Winter. Man sieht sie sogar vor dem Laubfall gut, da sie an 5 bis 8 cm langen Stielen unter den Blättern hängen. Das Gewicht der Früchte verstärkt den ohnehin hängenden Habitus. Aber nicht genug der Vorzüge: Im Mai öffnen sich schöne rosa Knospen und enthüllen weiße Blüten.

Ich finde, dieser Wildapfel ist einer der besten kleinen Bäume, die in jüngerer Zeit auf den Markt gekommen sind. Er wirkt gut als Solitärbaum auf einem Rasenstück, und sein laubloses Dach ist ein idealer Rahmen für frühblühende Krokusse und Schneeglöckchen.

Laubbaum Zonen 4-8

Malus x robusta soll um 1815 zum ersten Mal kultiviert worden sein. Seine runden, leuchtend scharlachroten Früchte sind kirschgroß und sehen den ganzen Winter über dekorativ aus. Wie der gelbfruchtige *M.* 'Golden Hornet' trägt er sie länger als die anderen Wildäpfel: in den meisten Jahren vom späten Herbst bis in den Februar. Nur die strengsten Fröste bewirken, daß sie letztlich abfallen.

Ich pflanze diese Wildapfelbäume am liebsten in Gruppen zu je drei Stück. Die Augenblicke ihrer Pracht – während der Blüte und wenn die Früchte die Farbe wechseln – sind wichtig, aber kurz; daher verwende ich sie gern als Bäume für den Hintergrund. Wenn ich in einer Stadt leben würde und einen sehr kleinen Garten hätte, würde ich vielleicht anders denken.
Laubbaum Zonen 4b-8a

Myrtus luma, kürzlich in *Luma apiculata* umbenannt, ist eine Myrte, die in Chile ihre natürlichen Standorte hat.

Es ist die Rinde dieses kleinen Baumes, die im Winter so wichtig ist. Sie ist zimtfarben und schält sich in Stückchen ab, wobei die schöne cremefarbene innere Schicht zum Vorschein kommt. Wie alle Myrten ist auch diese Art wohlriechend und immergrün. Sie trägt im späten Sommer und frühen Herbst eine große Menge weißer Einzelblüten. Den Blüten folgen rote und schwarze Früchte, die gut in den Winter hinein halten und eßbar sind.

Als Baum für warme, gemäßigte und tropische Klimate wird sie am besten an einer nach Süden gewandten Mauer gepflanzt. Sie kann bis etwa 8 m hoch werden. Sie verlangt einen gut dränierten und fruchtbaren Boden, ist aber nur mäßig tolerant gegenüber Kalk.
Immergrüner Baum

Narcissus bulbocodium, die Reifrocknarzisse, leitet ihren Gattungsnamen von dem griechischen Jüngling ab, der von seinem eigenen Spiegelbild so besessen gewesen sein soll, daß ihn die Götter in eine Blume verwandelten.

Diese löwenzahngelben Miniaturnarzissen sind sehr hübsch. In ungemähte Grasflächen gepflanzt, breiten sie sich von selbst aus, vorausgesetzt, der Boden ist ausreichend feucht. Ihre 30 cm langen, binsenartigen Blätter haben eine sehr lange Entwicklungszeit – sie zeigen sich schon früh im Herbst. Werden Reifrocknarzissen in Gartenerde gepflanzt, neigen sie dazu, sich zu stark zu vermehren, außer wenn sie gut 10 cm tief gesetzt werden.
Zwiebel Zonen 6-9

***Narcissus* 'February Gold'** ist eine Hybride von *N. cyclamineus*. Der Sortenname sagt aus, daß sie goldfarben ist und (wenn auch nicht immer) im Februar blüht.

'February Gold' ist ein Muß für den winterlichen Garten: Sie ist dunkelgelb, mit 30 cm ziemlich lang und hat im Gegensatz zu den meisten von N. cyclamineus-Sorten einen relativ kurzen, trompetenförmigen Becher. Ihre Blütenblätter biegen sich nach oben und hinten.

Sie eignen sich ideal für den vorderen Bereich von Beeten. Ich pflanze diese frühblühende Narzisse zusammen mit *N.* 'Tête-à-tête' und Scilla. Wo immer möglich, lasse ich sie zwischen und durch niedrige krautige Pflanzen wachsen. Ich habe einige um die Basis von *Clematis x jouiniana* gepflanzt, deren Austrieb im Frühjahr die absterbenden Narzissenblätter gut verdeckt.
Zwiebel Zonen (5-9)

Osmanthus heterophyllus trägt einen botanischen Namen, der seinen süß riechenden Blüten Rechnung trägt: osme ist das griechische Wort für »Duft« und anthos für »Blüte«.

Ein großes Exemplar dieses wichtigen, immergrünen, im späten Winter blühenden Strauches ist ein eindrucksvoller Anblick und ein duftendes Erlebnis. Er blüht überaus reich, und sein Geruch ist so intensiv wie süß. Die kleinen, elfenbeinfarbenen, röhrenförmigen Blüten schieben sich zwischen den ziemlich steifen Zweigen und dem dunkelgrünen Laub heraus.

Der zierliche, einigermaßen winterharte Strauch wird mit der Zeit etwa 3 m hoch. Er gedeiht in Sonne oder Schatten und in saurem oder kalkhaltigem Boden.
Immergrüner Strauch Zonen (8b-9a)

Osmaronia cerasiformis, jetzt bekannt als *Oemleria cerasiformis*, kam 1848 aus Kalifornien.

Im Februar und März erscheinen hängende Trauben duftender weißer Blüten mit grünen Kelchen und verströmen ihren charakteristischen Mandelduft. Wenn man Zweige in einen Raum bringt, ist der Duft überwältigend.

Es ist ein nützlicher, aber nicht gerade prächtiger Strauch, im Habitus ähnlich der Johannisbeere – sogar seine Blüten sind ähnlich. Die vielen Wurzelschosse bilden ein großes Dickicht von etwa 2 m Höhe und Breite. Seine Blätter sind oberseits grün und glatt, unterseits flaumig und gräulich. Die pflaumenähnlichen, 1 cm langen Früchte zeigen beim Erscheinen eine braune Färbung, die bei der Reife in Purpur übergeht.

Osmaronia ist sowohl winterhart als auch pflegeleicht und kann einfach über bewurzelte Teile oder aus Samen vermehrt werden.
Laubabwerfender Strauch Zone 4-

Pachyphragma macrophylla leitet ihren unverständlich klingenden Gattungsnamen von der Wand, die ihre Samen teilt, ab – pachys ist das griechische Wort für »dick« und phragma für »Wand« oder »Aufteilung«.

***Mahonia x media* 'Charity'**

***Narcissus* 'February Gold'**

Pachyphragma macrophylla

Sie ist ein hervorragender Bodendecker. Die Adern und Stiele ihrer charakteristisch runden Blätter zeigen im Winter eine purpurfarbene Tönung. Zeitig im März erscheint eine große Zahl leuchtendweißer, sternförmiger Blüten an den belaubten Pflanzen.

Sie liebt die gleichen Standorte unter Sträuchern und Bäumen wie das Kaukasus-Vergißmeinnicht und der Beinwell. Ich lasse die alten Blätter bis Ende Februar, wenn die neuen Blätter und Blüten herausspitzen, an den Pflanzen.
Immergrüner Bodendecker

Pachysandra terminalis, ein kräftiggrüner Bodendecker japanischer Herkunft, ist ein Fall für Kenner.

Er sieht im Winter am besten aus und paßt besonders gut als Teppich unter Bäume mit interessant gefärbter Rinde. Die glänzenden, immergrünen Blätter wachsen in Rosetten und sind leicht gezähnt. Büschel unscheinbarer grünlichweißer Blüten mit einem Hauch von Purpur zeigen sich im April.

Pachysandra wächst langsam an, kann aber, einmal etabliert, leicht aus Stecklingen oder durch Teilung vermehrt werden. Am wohlsten fühlt sie sich in kalkfreier Erde.
Immergrüner Bodendecker

Parrotia persica ist ein sehr winterharter Baum, denn er stammt von den Berghängen südlich und westlich des Kaspischen Meeres.

Die Parrotia gehört zur Familie der Zaubernußgewächse und blüht sehr zeitig im Jahr. Die Blüten sind zwar klein, aber sehen besonders vor schneebedecktem Boden gut aus. Sie bestehen aus roten Staubblättern, die aus den braunen Hochblättern herausschauen. Schneiden Sie, wenn sich die Blüten zu öffnen beginnen, einige kurze Zweige für das Haus.

Der ausladende Baum wird 5 m hoch und 4 m breit. Seine Äste setzen im Winkel von 45 Grad am Stamm an: Es entsteht ein wundervoller, pilzförmiger Habitus. Ein ungleichmäßig starkes Wachstum der Zweige verleiht dem »Pilz« sein unregelmäßiges Aussehen. Die Wuchsform fesselt mich so sehr wie seine Blattfarbe. Zu bestimmten Zeiten des Jahres wird man wegen der auffallenden Farben – karmesinrotes und goldfarbenes Laub – bewundernd stehenbleiben.
Laubbaum Zonen 6a-9a

Pernettya mucronata, eine Art der Torfmyrte, kommt aus Chile und Argentinien.

Die vielen Beeren, deren Farben von Weiß bis zu kräftigem Rosa reichen, verleihen diesem Strauch seinen winterlichen Reiz. Vorausgesetzt, man pflanzt einen männlichen Klon, erscheinen Mengen von Beeren an den rötlichen Stielen der weiblichen Pflanzen, die bis weit in den Winter halten. Die Beeren von *P. mucronata* 'Sea Shell' sind am Anfang zartrosa und färben sich mit kälter werdendem Wetter dunkler.

Der dichte und doch schlaffe Habitus und die langen, glänzenden, gezähnten Blätter machen diese niedrigen Sträucher ideal für lockere, große Pflanzungen. Eine Gruppe davon bildet schnell ein 90 cm hohes Dickicht, das im Sommer mit weißen, glockenförmigen Blüten bedeckt ist. Sie gedeihen am besten auf saurem Boden.
Immergrüner Strauch Zonen (7b-9a)

Phillyrea latifolia ist im Mittelmeergebiet heimisch. Ich wundere mich, wie wenige die Steinlinde kennen.

Der wohlgeformte Strauch mit breiten, glänzenden, tiefgrünen Blättern bringt im Frühjahr duftende, elfenbeinweiße Blüten hervor. Er läßt sich gut schneiden, bildet aber, wenn man ihn natürlich wachsen läßt, nach 10 Jahren einen eleganten, kleinen, etwa 2 m hohen Baum.

Parrotia persica

Phormium tenax

Er gedeiht in leichtem Boden und in voller Sonne am besten und kann sogar verpflanzt werden. Ich tat dies mit einem 2,50 m hohen und 1,50 m breiten Exemplar, ohne daß es Schaden erlitt. Die Vermehrung durch Stecklinge halte ich für schwierig.
Immergrüner Strauch Zone 7-

Phormium tenax, der Neuseeländer Flachs, wurde 1789 zunächst nach Großbritannien eingeführt und ist im Westen Irlands verwildert. Er gehört ebenfalls zur Familie der Liliengewächse und wird auch als Nutzpflanze kultiviert.

Er blüht im späten Sommer, und man kann sich darauf verlassen, daß ausgewachsene Stöcke, die etwa 3,50 m hoch werden, Blütenstände mit düsterroten, röhrenförmigen Blüten im Überfluß hervorbringen. Auf diese folgen ein Unmenge schwarzer Samenkapseln.

Die Pflanzen wachsen in feuchtem, nährstoffreichem, lehmigem Boden am besten und sind in voller Sonne, am Wasser oder als Einrahmung an Wegen ideal. Bunt- und purpurblättrige Formen (viele davon Hybriden mit *P. cookianum*) sind vielleicht noch beeindruckender, jedoch auch weniger winterhart.
Immergrüne Staude Zone 9-

***Picea pungens* 'Koster'**, eine bemerkenswerte silberblaue Stechfichte, wurde 1865 zum ersten Mal kultiviert.

Sie wächst zu einem schmalen, etwa 2 m hohen Kegel mit horizontal angeordneten Zweigen heran. Der kleine Baum fällt in jeder Art von Arrangement auf und muß daher im Garten sorgfältig plaziert werden, falls er nicht zu sehr dominieren soll.

Die Nadeln heben sich vom sanften Rot der Ziegelsteine gut ab; in einer steinigen Landschaft zöge ich diese blauen Koniferen im Winterlicht vor. Ein Überzug aus Rauhreif läßt die Nadeln eisblau aussehen; auch mit einer dünnen Schneeschicht bieten sie einen prachtvollen Anblick.

Zwei andere Sorten von *P. pungens* sind 'Globosa' (bis 60 cm hoch, buschiger Habitus mit flacher Spitze) und die etwas höhere 'Hoopsii', deren Nadeln hellsilbrigblau sind.
Immergrüner Baum Zonen (3a-7b)

Pieris japonica stammt, wie der Artname deutlich ausweist, von einem Sämling aus Japan ab.

Der immergrüne Strauch von etwa 1 m Höhe besitzt einen buschigen Habitus und dunkelgrüne, glänzende Blätter. Im Winter nimmt das junge Laub eine dekorative Rot- und Bronzetönung an. Es gibt im Februar kaum einen entzückenderen Anblick als die schneeweißen Quasten der glockenförmigen Blüten. Die Glocken hängen noch, wenn sich die rosa Blattknospen öffnen, und verbräunen erst im April. Sie kann als Moorbeet- und Schattenpflanze verwendet werden.

Es gibt eine Sorte, 'Christmas Cheer', die gegen Ende Dezember blüht. Ihre rosa Blüten haben eine karminrosa Schattierung an den Spitzen.

Die Pieris-Arten lieben feuchten, sauren Boden und einen geschützten Standort.
Immergrüner Strauch Zonen 6a-8a

Pinus bungeana wurde um 1846 aus China eingeführt.

Diese Kiefer besitzt eine außerordentlich auffallende, abschilfernde Rinde, die im winterlichen Garten ein wichtiger Blickfang ist. In ihrer natürlichen Umgebung in den chinesischen Bergen zeigen einige der älteren Bäume fast weiße Stämme. Wir im Westen müssen uns mit dunklem Apfelgrün und gelblichen Flekken, die durch das warme Braun der Rinde zu sehen sind, zufriedengeben.

Sie wächst oft mehrstämmig mit vertikalen Hauptästen und erreicht etwa 18 m Höhe und 14 m Breite. Jeweils drei ihrer grünen Nadeln mit einem Stich ins Gelbe sitzen an einem Kurztrieb; beim Zerreiben setzen sie ihr würziges Aroma frei.

Diese Kiefer bietet das ganze Jahr über Interessantes für den Betrachter.
Immergrüner Baum Zonen 5a-8

Pittosporum tenuifolium leitet seinen Gattungsnamen von den harzüberzogenen Samen ab. Pitta ist das griechische Wort für »Pech« und »spora« für Same. Die Pflanze kam vor ungefähr 100 Jahren aus Neuseeland nach Westeuropa.

Der winterharte, immergrüne Klebsame wächst aufrecht und pyramidenförmig. Die glänzenden, olivgrünen Blätter heben sich vorteilhaft von den sehr dunklen Zweigen ab. Im Sommer bildet er winzige, fast schokoladenbraune Blütenglöckchen. In warmen Klimaten können die Blüten ausgewachsener Sträucher wie Honig duften.

Er kann als Solitärpflanze oder als Strauch an einer Mauer gezogen werden. Mit stetigem, wenn auch nicht spektakulärem Wachstum erreicht er nach 5 Jahren etwa 1,50 m Höhe und fügt jedes Jahr weitere 30 cm hinzu, bis er 6 m hoch ist.
Immergrüner Strauch

***Picea pungens* 'Koster'**

Pinus bungeana

***Polystichum setiferum* 'Divisilobum'**

Primula denticulata

Platanus orientalis , eine Platanenart, wird seit dem 16. Jahrhundert kultiviert. Neben *P. occidentalis* aus der östlichen Hälfte Nordamerikas ist sie eine Ursprungsart der bekannten und beliebten *P. x acerifolia*.

Sie ist ein 6 bis 9 m hoher, majestätischer Baum. Mit ihrem Sommerlaub, der niedrigen Verzweigung und den charakteristischen blassen Flecken am Stamm bietet sie einen äußerst malerischen Anblick.

Man sieht sie in traditionsreichen Gärten.

Laubbaum Zonen 6a-9a

***Polystichum setiferum* 'Divisilobum'**, ein Schildfarn, hat einen Gattungsnamen, der genau die Art und Weise beschreibt, wie die Sporenbehälter entlang der Farnwedel angeordnet sind: polys bedeutet griechisch »viele« und stichos »Reihe«.

Die mit 60 cm immens langen Wedel dieses eleganten Farns entspringen aus der sanftbraunen Mitte. Sie sehen wie grüne Federn aus, die ein Florist kunstvoll in einem Steckschwamm arrangiert hat. Die Achse der Wedel biegt sich vom Zentrum der Pflanze weg. Es sieht aus, als suche jeder einzelne Wedel sein Plätzchen in der Sonne. In Wirklichkeit gedeihen sie in durchbrochenem Schatten am besten und passen sehr gut unter tief wurzelnde Bäume wie Eichen oder Immergrüne.

Dieser Schildfarn wächst zwar langsam, kann aber leicht vermehrt werden, indem man ein Blatt auf eine Kompost-Torf-Mischung legt und festheftet.

Winterharter immergrüner Farn Zonen 5-9

Populus alba, die Silberpappel, ist das ganze Jahr über ein dekorativer Baum. Im Winter sieht das feine Geäst ihrer kleinen Zweige sehr schön aus. Sie hat drei herausragende Vorzüge: Sie gedeiht auf nassem Untergrund, wächst sehr schnell und kostet nichts, wenn Sie einen Zweig eingraben. Ich empfehle, ein Exemplar davon hinter anderen Bäumen zu pflanzen. Die Pappel wird diese bald überflügeln und dann einen hohen Baum für den Hintergrundbereich bilden.

Laubbaum Zonen 4a-9a

Primula denticulata, die Kugelprimel, ist im Himalaja zu Hause.

Ihre blaßpurpurfarbenen Blüten mit gelbem Auge erscheinen fast zum Ende des Winters in Kugeln, die auf 30 cm hohen Stielen sitzen. Sie paßt hervorragend in den Vordergrund eines Beetes oder in den Steingarten und sieht auch in einem Naturgarten sehr gut aus.

Sie verlangt fruchtbaren, vorzugsweise feuchten Boden und vermehrt sich durch Triebe, die rund um die Elternpflanze erscheinen. Wenn man diese vorsichtig abtrennt, erhält man neue Pflanzen. Gute Sorten können auch leicht durch Wurzelstecklinge vermehrt werden.

Staude Zonen 6a-8

Primula vulgaris, die Kissenprimel, ist von Linné etwas frei nach ihrer Fähigkeit, früh im Jahr zu blühen, benannt worden: primus ist das lateinische Wort für »der Erste«. Bezeichnender ist der Name »prima rosa«, unter dem sie im Mittelalter bekannt war und der wörtlich »erste Rose« des Jahres bedeutet.

Die Blüten in zartem Hellgelb mit dunklerem Auge treten durch die charakteristisch dunkelgrünen Blätter deutlich hervor.

Primeln lieben lichten Schatten. Ich kultiviere sie unter buntblättrigen Stechpalmen, wo sich die Gelbtöne gut ergänzen. Sie wachsen an feuchten Stellen am besten und sehen zusammen mit Schneeglöckchen, frühen Krokussen, Scilla oder Veilchen sehr dekorativ aus.

Sie können leicht aus Samen gezogen werden. Alle gut entwickelten Sämlinge sollten Sie im Herbst ins Freie pflanzen, damit die Primeln zu Ihren »ersten Rosen« des neuen Jahres werden.

Staude Zone 6-

***Prunus incisa* 'Praecox'** ist ein kleiner Baum. Ich freue mich, wenn ich ihn im Garten in Blüte finde, weil er ein Vorbote für den bald darauf folgenden Reigen wunderschön blühender Kirschen ist.

Seine zahlreichen zarten Blüten in Weiß mit blaßrosa Tönung öffnen sich im Februar. Das scharlachfarbene Herbstlaub verleiht ihm weiteren Reiz.

Diese Kirsche wird 6 bis 10 m hoch und ist für kleine Gärten hervorragend geeignet. Sie benötigt Schutz, damit die Blüten nicht durch den Wind geschädigt werden und die Knospen nicht erfrieren. Sie wird normalerweise als Solitärbaum gepflanzt, kann jedoch auch für ungewöhnliche und dekorative Hecken Verwendung finden. Zweige von Prunus-Arten sind auch immer ein interessanter Vasenschmuck.

Beziehen Sie diese Kirsche aus einer Baumschule, wo sie im Freien kultiviert wurde. Sie sollte im Oktober oder im frühen November gepflanzt werden, damit sie vor Beginn des Winters noch zuverlässig anwachsen kann und kalte Tage übersteht.

Laubabwerfender Strauch oder kleiner Baum Zone (6-)

Prunus mume **'O-moi-no-mama'**

Prunus lusitanica **'Variegata'** ist eine interessante Version der in viktorianischer Zeit sehr beliebten und heute in Vergessenheit geratenen Portugiesischen Lorbeerkirsche.

Ihr grünweißes, glänzendes Laub entwickelt im Winter eine rosa Tönung. Die weißen, im Juni in langen Trauben erscheinenden und nach Weißdorn duftenden Blüten glitzern. Sie ist eine ausgezeichnete Pflanze für Hecken, wirkt aber ebenso eindrucksvoll als Solitärstrauch oder -baum.

Immergrüner Strauch oder Baum Zonen (7b-9a)

Prunus mume, die Japanische Aprikose, wurde schon 1844 aus Japan eingeführt.

Ab Ende Dezember erscheinen stark duftende, blaßrosa Einzelblüten an den laublosen, dunklen Zweigen dieses kleinen Baumes. Er kann in geschützter Lage als Solitärbaum gepflanzt oder an einer warmen Südwand gezogen werden.

Wenn Sie einen kleinen Garten besitzen, geben Sie dieser Aprikose einen Standort im Hintergrund, in einer Ecke oder – mit mindestens 2 m Abstand – vor einem begrenzenden Zaun oder einer Mauer.

Am besten wählt man eine der neueren Sorten, die bis 6 m hoch und 3 m breit werden können, z. B. die zart karmesinfarbene 'Benichidori' mit gefüllten oder 'O-moi-no-mama' mit halbgefüllten weißen Blüten.

Laubbaum Zonen 7a-9a

Prunus serrula wurde aus Westchina nach Europa eingeführt, zum ersten Mal 1908 von E. H. Wilson und 1913 erneut durch George Forrest.

Diese Kirsche mit ihrer attraktiven, mahagonifarbenen Rinde bietet einen der schönsten Anblicke im Winter. Die Rinde löst sich in horizontalen Streifen ab und enthüllt eine bemerkenswert glatte, polierte Oberfläche.

Sie wächst zu keinem sehr großen Baum heran; nach 5 Jahren erreicht sie 4 m und nach 13 Jahren etwa 7 m Höhe. Die Wachstumsrate nimmt mit den Jahren ab.

Laubbaum Zonen 6a-8a

Prunus subhirtella **'Autumnalis'** ist die wertvollste im Winter blühende Kirsche.

Ihre halbgefüllten weißen Blüten öffnen sich von November an bis in den März. Was ihnen an Größe fehlt, machen sie durch ihre Anzahl wieder wett.

Sie kann entweder als kleiner, etwa 6 m hoher Baum mit runder, leicht ausgebreiteter Krone, oder als großer, verzweigter Strauch mit einer Unmenge von Knospen in Augenhöhe gezogen werden.

Ich sah sie vor 10 Jahren zum ersten Mal als Schmuckbaum. Gehen Sie sofort auf die Suche nach dieser herrlichen Kirsche.

Laubbaum Zonen 5-8

Pulmonaria rubra leitet ihren Gattungsnamen – wie der volkstümliche Name Lungenkraut schon andeutet – vom lateinischen Wort pulmo für »Lunge« ab, was einen Hinweis auf ihre Heilwirkung gibt.

Diese Art des Lungenkrautes besitzt lange, schmale Blätter. Die Blüten in einem warmen, zarten Rotton können sich schon im Januar öffnen. Im Gegensatz zu anderen Mitgliedern dieser Gattung sind seine Blätter nicht gefleckt, sondern einfach frischgrün, die Stengel jedoch typisch behaart.

Die Pflanze breitet sich für eine Bodenbedeckung ideal aus und liebt Kühle und Schatten. Sie paßt gut zu Zwergnarzissen oder unter Laubbäume, wo sie gänzlich immergrün ist.

Wenn Lungenkrautarten gedeihen sollen, müssen sie von Zeit zu Zeit, d. h. alle 2 oder 3 Jahre, geteilt werden. Wenn der Boden leicht feucht gehalten wird, entwickeln sie sich schnell zu unkrautunterdrückenden Stöcken. Die Pflanzen sehen im Sommer ordentlicher aus, wenn Sie die Blütenstiele nach dem Verblühen bis zur Bodenoberfläche zurückzuschneiden.

Staude

***Pulmonaria saccharata* 'Alba'** ist nicht mit dem Echten Lungenkraut (*P. officinalis*) zu verwechseln, das deutlich kleiner ist.

Die schneeweißen, perlengroßen Blüten tauchen mitten im Winter auf, gefolgt von großen Rosetten klar gezeichneter Blättern. Da diese Art, unabhängig vom Wetter, zu den ersten blühenden Pflanzen gehört, ist sie besonders für winterliche Sträuße geeignet.

Der hervorragende Bodendecker liebt Halbschatten und gedeiht in feuchtem Boden am besten. Die Pflanzen können im Oktober oder März geteilt werden. Vermehrung über Samen bringt normalerweise keinen Erfolg.

Staude Zonen 4-8

Puschkinia scilloides ist Graf Apollos Mussin-Puschkin, dem russischen Pflanzensammler aus dem 18. Jahrhundert, gewidmet. Er trug Pflanzen im Kaukasus und am Ararat zusammen.

Die glockenähnlichen, blaßblauen oder weißen Blüten erscheinen am Ende des Winters. Die Blütenähren sind 10 bis 12 cm lang und höher als die der meisten Scilla- und Chionodoxa-Arten, neben denen diese Art in der Türkei und im Iran wächst.

Sie liebt Schatten und wirkt gut im Naturgarten oder unter Laubbäumen und -sträuchern. Sie wächst auch in der Sonne, jedoch nur in gut dräniertem Boden. Die Zwiebeln sollten in deutlichen Gruppen zwischen Sträuchern in einer Rabatte gepflanzt werden,damit sie sich gut abheben, bevor die Blätter der Sträucher austreiben.

Zwiebel Zone 3-

Pyracantha atalantioides (syn. *P. gibbsii*) ist volkstümlich als Feuerdorn bekannt. Pyr ist auch tatsächlich das griechische Wort für »Feuer« und akantha für »Dorn«. Er wurde 1907 in China entdeckt.

Große Mengen scharlachfarbener Beeren mit schwarzem Auge bedecken diesen ausladenden, robusten, immergrünen Strauch ab September bis in den März, d. h., wenn kaltes Wetter nicht die Vögel dazu veranlaßt, ihr Werk zu früh zu beginnen. Seine schneeweißen Blüten sind weit weniger interessant.

Normalerweise wird dieser Strauch an einer Mauer gepflanzt, er sieht jedoch als Solitärstrauch genausogut aus. Er erreicht etwa 3 bis 5 m Höhe und Breite. Falls Sie ihn an einer Mauer pflanzen, denken Sie daran, ihn nach dem Abfallen der Beeren stark zurückzuschneiden, damit er seine schöne Form behält. Vergessen Sie jedoch seine Dornen nicht!

Immergrüner Strauch

Quercus ilex, die Steineiche, heißt wörtlich eigentlich Stechpalmeneiche, denn quercus ist das lateinische Wort für »Eiche« und ilex für »Stechpalme«.

Sie besitzt glänzende Blätter, oberseits sanft olivgrün und unterseits silberfarben wie Salbei.

Puschkinia scilloides

***Rhododendron* 'Nobleanum Aurum'**

Ribes laurifolium

Wenn man ihr genügend Platz gibt und sie frei wachsen läßt, bildet sie einen sehr großen Baum mit runder Krone. Sie wächst 50 cm pro Jahr, ist jedoch ein Langsamstarter und verträgt ein Verpflanzen nicht gut. Richtige Kälte bekommt ihr allerdings nicht.
Immergrüner Baum Zonen 8-9a

***Rhamnus alaternus* 'Argenteovariegata'**, ein Kreuzdorn, bekam einen Namen von dem im Griechischen gebräuchlichen Begriff für verschiedene Frühlingssträucher. Die grünlaubigen Arten, aus denen die Sorte hervorgegangen ist, kamen ursprünglich aus dem Mittelmeergebiet.

Der winterharte, immergrüne Strauch besitzt silbrig umrandete, 3 cm lange, beiderseits glänzende Blätter. Seine leuchtendroten Früchte, die in solchem Überfluß erscheinen, daß er in dieser Beziehung fast mit Stechpalmen konkurrieren kann, sind im winterlichen Garten ebenfalls von großem Wert.

Er bildet eine Pyramidenform, wächst schnell und erreicht etwa 4 m Höhe. Sie sollten sich bei einer Pflanzung in Beeten auf den Hintergrund beschränken. Er verträgt ein Verpflanzen nicht gut und ist etwas empfindlich; daher gedeiht er im Schutz einer Mauer besser.
Immergrüner Strauch Zone (7-)

***Rhododendron* 'Nobleanum'** leitet seinen Gattungsnamen von der volkstümlichen griechischen Bezeichnung für einen Oleander ab – rhodon heißt »Rose«, dendron »Baum«. Er ist als Kreuzung aus *R. arboreum* und *R. caucasicum* entstanden und wurde schon 1829 gezüchtet.

'Nobleanum' und seine Abkömmlinge blühen bei passenden Bedingungen um Weihnachten. Die Blüten können weiß, rosa oder dunkel karmesinfarben sein, je nach Sorte. Dieser spezielle Rhododendron besitzt jedoch leuchtend rosa-scharlachfarbene Knospen in kompakten Dolden, die sich zu kräftigrosa Blüten mit weißem Hauch und karmesinroten Tupfen auf den Innenseiten öffnen. Seine einfachen, dunkelgrünen Blätter sind auf der Unterseite rostbraun überzogen.

Er bildet einen großen Strauch oder einen kleinen Baum, ist einer der winterhärtesten Rhododendren, wächst jedoch langsam.
Immergrüner Strauch oder Baum Zone 7-

Ribes laurifolium ist das chinesische Gegenstück zur Zierjohannisbeere.

Im Februar oder frühen März öffnen sich an den männlichen Pflanzen dekorative, schwefelgelbe Blüten in hängenden Trauben. Den weniger attraktiven Blüten der weiblichen Pflanzen folgen rote Beeren, die sich allmählich schwärzlich verfärben. 3 Pflanzen im Abstand von 50 cm ergeben eine schöne Winteransicht.

Er ist ein hervorragender immergrüner Strauch in Zwergform, mit ledrigen, glänzenden Blättern, wie sie für die meisten Johannisbeeren typisch sind. Man kann ihn über Wege oder Mauerwerk wachsen lassen. In der Rabatte benötigt er den Schutz einer Mauer.

Über Steckhölzer läßt er sich leicht vermehren. Entweder verwendet man ausgereifte Steckhölzer im Winter oder halb ausgereifte im Sommer. Der Strauch benötigt nur einen leichten Schnitt.
Immergrüner Strauch

Rosa **'Ballerina'**

Rosa 'Ballerina' kam 1937 zum ersten Mal auf den Markt. Sie ist eine kräftige, wüchsige Strauchrose, die als niedrige Hecke gut aussieht, etwa je 1 m in Höhe und Breite erreicht oder als Hochstamm gezogen werden kann. Sie zeigt das ganze Jahr über eine Fülle glänzendgrüner Blätter und trägt vom Sommer bis in den Herbst Massen winziger Blüten in hortensienähnlichen Blütenständen.

Die Blüten besitzen 5 Blütenblätter, sind blaßrosa mit dunklerem Rand und duften nach Moschus.
Immergrüner Strauch

Rosa banksiae, volkstümlich als Banksrose bekannt, ehrt Lady Banks, die Frau des Naturforschers Sir Joseph Banks, der im 18. Jahrhundert mit Captain Cook auf der »Endeavour« reiste. Die Rose wurde 1796 nach Europa gebracht. Die gefüllte weiße Form erschien erst ungefähr 11 Jahre später.

R. banksiae bietet zum Ende des Winters einen wundervollen Anblick, wenn sie bedeckt ist mit hängenden Büscheln kleiner, duftender Knospen, die sich während des Frühjahrs zu weißen Blüten entfalten.

An einer sonnigen Mauer entwickelt sie sich zu einer kräftigen Kletterpflanze. In Südfrankreich habe ich sie mit einer Höhe von 12 m gesehen. Die gefüllte, butterblumengelbe Sorte 'Lutea' ist am besten winterhart und erfordert nur einen sehr geringen Schnitt.

Immergrüne Kletterpflanze Zonen 8a-9a

***Rosa* 'Félicité Perpétue'** ist nach den Töchtern des französischen Rosengärtners A. A. Jacques benannt, der 1827 diese Hybride aus Rosa sempervirens züchtete.

Die kräftige Kletterrose blüht im Überfluß, und ihr großer Wert liegt darin, daß sie fast immergrün ist. Sie hat hellgrüne, ziemlich zierliche Blätter, die äußerst lange hängen bleiben. Wenn diese Rose an einem fest eingewurzelten Baum hochwächst, wird sie jedes Jahr neue, lange Triebe bilden und schließlich 6 m Höhe oder mehr erreichen. Sie braucht nur einen leichten Schnitt, d.h. man nimmt die verblühten Triebe, totes und altes Holz heraus.

Immergrüne Kletterpflanze

***Rosa* 'Frensham'** ist eine Floribunda-Hybride, entstanden aus der Kreuzung einer Sämlingspflanze mit 'Crimson Glory'. Sie wurde 1946 in England gezüchtet.

Sie erfreut im Sommer durch samtig rubinrote Blüten im Überfluß. Ihren Winterschmuck bilden die glänzenden, mittelgrünen Blätter. Sie wächst kräftig – etwa 1 m hoch – und war lange für große Beete oder Hecken sehr beliebt. Vita Sackville-West empfahl sie für eine hauptsächlich aus Blütensträuchern bestehende Rabatte. Mit ihrem Sinn für Farben stellte sie sich diese Sorte in einer purpurfarbenen oder rosa Gruppe zusammen mit der anderen karmesinroten Floribunda-Rose 'Dusky Maiden', mit Moschusrosen wie 'Wilhelm', 'Pink Prosperity', 'Cornelia', 'Felicia', mit den bekannten alten Pfingstrosen und mit darunter verstreuten Darwintulpen vor.

Immergrüner Strauch

***Rosa* 'Poppy Flash'** ist eine relativ neue Rose, die 1971 von den französischen Rosenzüchtern Meilland auf den Markt gebracht wurde. Sie wächst kräftig und buschig und besitzt schöne, gefüllte Blüten in hellem Zinnoberrot. Sie haben 8 cm Durchmesser und bilden mit ihren 20 Blütenblättern eine offene Form. Diese Floribunda-Rose verströmt einen wunderbaren, fruchtigen Duft und blüht bis zu den ersten Winterfrösten.

Immergrüner Strauch

***Rosa rugosa* 'Rubra'**, eine Kartoffelrose, wurde 1845 von Philipp von Siebold, dem bayrischen Augenspezialisten, Pflanzensammler und Autor der klassischen »Flora Japonica« eingeführt.

Eine Hecke mit dieser Rose, die wir vor etlichen Jahren als Windschutz gepflanzt haben, schenkt inzwischen das ganze Jahr über Freude. Eine Menge dekorativer orange-scharlachfarbener Hagebutten, rundlich und bis 2,5 cm im Durchmesser, erscheint am Ende der Blütezeit und bleibt – sofern es das Wetter und die Vögel erlauben – einen großen Teil des Winters hängen. Die Blätter färben sich im Herbst, wenn die Hagebutten zum Vorschein kommen, dunkler.

Ich schneide meine Hecke im Winter, um sie auf etwa 1 m Höhe zu halten – ideal, um den Duft der kurzlebigen Blüten zu genießen.

Laubabwerfender Strauch

Rubus cockburnianus wurde 1907 aus China eingeführt. Rubus ist das lateinische Wort für »Himbeere« und »Brombeere«, ein Hinweis auf die eßbaren Früchte einiger Arten.

Diese Brombeere ist starkwüchsig und hat dunkelpurpurne Äste, die von einem silbrigweißen Reif überzogen sind. Sie sollte mit einer dunklen Hecke im Hintergrund gepflanzt werden, vorzugsweise im Winkel zwischen zwei Immergrünen, um im Winter die Äste und im Sommer die silbriggrauen Unterseiten der Blätter gut hervorzuheben. Im Herbst trägt sie tiefschwarze Früchte.

Ich möchte warnend hinzufügen, daß sie mit ihren 3,50 m langen, gebogenen Ästen nicht für einen kleinen Garten geeignet ist. Sie ist jedoch ein Strauch für den Naturgarten, wo sie sich völlig ungehindert ausbreiten kann. Im Frühjahr sollte sie stark zurückgeschnitten werden.

Laubabwerfender Strauch Zone 6-

Rubus phoenicolasius, die Japanische Weinbeere, wurde etwa 1876 aus Asien eingeführt.

Sie ist wegen ihrer leuchtendroten, behaarten Äste bemerkenswert. Der Strauch wirft seine Blätter rechtzeitig ab und enthüllt so seine winterliche Pracht. Als ob dies nicht schon genug wäre, erscheinen ab August leuchtende, orangerote, rundliche Beeren, die süß und eßbar sind. Es nimmt kaum Wunder, daß dieser Rubus zum Ziel für die Vögel wird. Seine blaßrosa und weißen Blütentrauben erscheinen im Juli, sind aber unwichtig verglichen mit den auffallenden Ästen im Winter.

Die Weinbeere wächst kräftig und erreicht eine Höhe von 2 bis 2,50 m und eine Breite von 1 bis 1,50 m. Am Wasser gepflanzt, bietet sie einen vortrefflichen Anblick. Meine Exemplare wachsen durch das Geländer in der Nähe eines Teiches. Ich finde den Kontrast zwischen dem schieferblauen Geländer und den leuchtendroten Ästen schön.

Laubabwerfender Strauch Zone 6-

Salix alba* ssp. *vitellina, die Dotterweide, seit der Römerzeit in Europa bekannt, gehört wegen ihrer farbigen Äste zu meinen Lieblingsbäumen.

Der ideale Platz für sie ist am Wasser, aber in meinem Garten wachsen zwei Exemplare, die im Winter mit ihren 90 cm langen, leuchtend dottergelben Ruten wundervoll aussehen, auf kargem, trockenem Boden. Ohne Schnitt werden sie etwa 9 m hoch und 4,50 m breit.

Alle Weiden bewurzeln bereitwillig; wenn Sie Geduld aufbringen, erspart Ihnen ein Zweig, den sie bis mindestens zur Hälfte in die Erde stecken, den Kauf einer Pflanze. Sie sollten den Zweig jedes Frühjahr vor dem Steigen des Saftes köpfen. Ich habe mich entschlossen, das etwa 30 cm über dem Boden zu tun; dadurch ist ein knorriger Kopf in Größe eines Tennisballes entstanden, aus dem eine Menge goldfarbener Äste sprießt. In ihrer Dichtheit erzeugen sie eine eindrucksvolle Farbwirkung. S. alba 'Britzensis', eine Weide mit scharlachroten Ruten, kann ebenso behandelt werden.

Laubbaum Zonen (3a-9a)

***Salix daphnoides* 'Aglaia'** ist die beste Sorte der Reifweide. Ein Blick auf ihre tief purpurfarbenen jungen Triebe – mit weißem Reif überzogen – sagt Ihnen, wie sie zu ihrem Namen gekommen ist.

Das Schöne an diesem Baum sind die großen, blaßpurpurnen Kätzchen der männlichen Pflanze, die sich vor den Blättern entwickeln. An sonnigen Tagen im Februar oder sogar schon früher wirken sie, aus einiger Entfernung gegen den blauen Himmel betrachtet, wie ein Schleier aus Blüten. Wenn Sie näher kommen, können Sie sicher sein, die Bienen bei der Arbeit zu hören.

Ohne Schnitt wird sie zu einem kleinen, etwa 4,50 m hohen Baum; sie reagiert aber auch auf Köpfen, wenngleich ich finde, daß die besten Kätzchen am Holz des 2. Jahres erscheinen.
Laubbaum Zone (5)

Salix irrorata – wörtlich die taufeuchte Weide – ist im Südwesten der USA heimisch und wächst in den Bergen von Colorado und Arizona.

Sie ist die Weide, deren Äste mir im Winter am besten gefallen. Im Herbst noch kräftig, jung und grün, verfärben sie sich im Winter ins Purpurne und sind von einem pudrigen weißen Reif überzogen. Die auffallenden Kätzchen erscheinen im Februar vor den Blättern; die Staubfäden der männlichen sind ziegelrot und werden schließlich gelb.

Sie paßt sich an fast jeden Gartenboden an, gedeiht aber entlang eines Baches am besten, wo die feuchten Bedingungen im Sommer ein langes Wachstum ermöglichen. Sie bildet rasch einen verzweigten Busch. Der Austrieb eines jeden Jahres ist mit einem dicken, weißen, wachsartigen Reif überzogen. Geben Sie ihr zuerst ein paar Jahre zum Anwachsen, und schneiden Sie sie dann im Frühjahr stark zurück, um ihr für den Winter ein gutes Aussehen zu geben.

Behandeln Sie die Zweige sorgfältig, wenn sie für Dekorationen im Haus verwendet werden sollen: Der weiße Reif geht leicht ab. Wenn man die Zweige zu fest anfaßt, sieht man jeden Fingerabdruck.
Laubabwerfender Strauch Zone 5-

***Salix purpurea* 'Eugenei'**, ist eine Sorte der Purpurweide, obwohl sie mit 3 m Höhe nicht ganz als Baum gelten kann.

Sie bildet mit ihren steil aufragenden Zweigen eine elegante Kegelform. Jeden Februar erscheint eine Menge schlanker, graurosa Kätzchen, die regelmäßig entlang der blattlosen jungen und alten Zweige verteilt sind.

Wenn Sie im folgenden Jahr die purpurfarbenen Triebe voll zur Geltung bringen wollen, sollten Sie den Baum im Frühjahr rigoros stutzen. Das Holz der jungen Triebe ist unter der Rinde gelb.

Diese Weide kann aus Stecklingen gezogen werden, indem die Hälfte einer Rute an der Stelle, an der man den Baum später gerne hätte, in die Erde gesteckt wird.
Laubbaum Zonen (3b-9a)

Santolina chamaecyparissus stellt eine mündliche Verfälschung zweier lateinischer Wörter dar: sanctum linum, wörtlich »heiliger Flachs«. Die Pflanze ist als Heiligenkraut bekannt.

Eine Menge glänzender, silbrigweißer Blätter mitten im Winter haben diese aromatische, immergrüne Pflanze schon seit langem zur idealen Wahl für niedrige, geschnittene Hecken gemacht. Sie wurde für Parterres und Knotengärten verwendet und kann genausogut als Wall oder kleiner Hügel aus grauem Laub gestaltet werden, um in einer Ecke einen Blickfang zu bilden.

Sie sollten den Strauch jedes Frühjahr bis in das alte Holz zurückschneiden. Das erhält seine gute Form und läßt die lebhaft gelben Knopfblüten nicht zum Vorschein kommen. Er ist einigermaßen winterhart, sollte viel Sonne erhalten und im Winter nicht unter Staunässe leiden.
Immergrüner Strauch Zonen 7b-9a

***Sarcococca hookeriana* 'Digyna'** leitet ihren Namen von ihrer Frucht ab – sarkos ist das griechische Wort für »Fleisch«, und kokkos bedeutet »Beere«. Sie wurde 1908 aus Westchina eingeführt.

Im Winter erscheinen zuerst kleine weiße Blüten, die so dicht sitzen, daß eher der Duft der Blüten als ihr Erscheinungsbild die Aufmerksamkeit anzieht, gefolgt von vielen dikken, schwarzen Beeren. Wenngleich das immergrüne Laub dem von Buchs ähnelt, enthüllt eine nähere Betrachtung, daß die Blätter wechselständig, schlank und spitz sind.

Pflanzen Sie diesen kleinen Strauch in die Nähe eines Weges, wo Sie den Duft voll genießen können. Ich sehe ihn auch gern in Paaren zu beiden Seiten von Steinstufen, wo er archi-

***Sarcococca hookeriana* 'Digyna'**

Saxifraga x urbium

tektonische Gestaltungselemente hervorheben oder betonen kann.
Immergrüner Strauch Zonen (6-8)

Saxifraga x apiculata, der Krustige Polstersteinbrech, gehört zur Gruppe der Saxifraga-Kabschia-Engleria-Hybriden.

Er ist einer der am frühesten blühenden Steinbrechtypen und sicherlich einer der am einfachsten zu kultivierenden. Die im Frühjahr erscheinenden, blaß zitronengelben Blüten sitzen in einem dichten kleinen Büschel am Ende einzelner, 15 cm hoher Stiele.

Dieser Steinbrech ist ziemlich robust und ideal zum Füllen von Fugen im Pflaster auf der Terrasse oder einem Weg geeignet. Er wird auch als Steingartenpflanze viel verwendet. Wie alle Steinbrecharten verbreitet er sich durch Ausläufer.

Die Kabschiatypen neigen besonders zu einer frühen Blüte und ziehen Halbschatten vor. Die Sorte 'Kellereri' ist eine der ersten, die blüht; sie entwickelt zartrosa Blüten über Rosetten aus graugrünen Blättern.
Immergrüne Staude Zone 6b-

Saxifraga x urbium ist ein hochtrabender Gattungsname für eine so winzige Pflanze. Der volkstümliche Name Steinbrech ist die nahezu wörtliche Übersetzung: saxum ist das lateinische Wort für »Fels«, und frangere bedeutet »brechen«.

Im Winter färbt sich ein Teil der Blätter karmesinrot, und es bilden sich unkrautunterdrükkende Matten. Im frühen Sommer schweben die zahlreichen, kräftig rosafarbenen, 30 cm langen Blüten über dem Teppich aus ledrigen Rosetten.

Die Pflanzen werden durch Teilung vermehrt und wachsen in Sonne oder Halbschatten gleich gut. Wenn dieser Steinbrech einen Fehler hat, dann den, so gut zu gedeihen, daß er zu dicht wächst.
Immergrüner ausdauernder Bodendecker Zone 7b-

Scilla siberica, das Blausternchen, ist ein Opfer von Linnés falschen Namensgebungen. Scilla ist der volkstümliche griechische Name für die Meerzwiebel, die er ursprünglich mit dieser Gattung in einen Topf geworfen hatte, die aber jetzt neu eingeordnet wurde.

Das intensive Blau seiner nickenden, sternförmigen Blüten auf den 12 cm hohen Stielen ist bemerkenswert. Ich pflanze es gern so, daß es durch Gruppen von Veilchen hindurchwächst, gemischt mit Schneestolz und Traubenhyazinthen. Sie sind nicht gerade ideal für eine Pflanzung im Gras, vermehren sich jedoch unter Laubbäumen, wo im Sommer sonst nicht viel gedeiht.
Zwiebel Zone 5-

***Skimmia japonica* 'Rubella'** wurde schon 1838 kultiviert. Die Skimmien wurden geschickt gekreuzt, um männliche und weibliche Klone zu erzeugen.

'Rubella' ist die beste männliche Sorte. Ihre Knospen sind den ganzen Winter über rot und öffnen sich im April, um elfenbeinfarbene Blüten mit kräftigem Maiglöckchenduft zu enthüllen. Der beste weibliche Klon, den man dazupflanzen sollte, ist S. japonica 'Foremanii'. Für einen kleinen Garten ist die selbstbefruchtende Zwittersorte *S. reevesiana* 'Fortunei' aus China geeignet. Bedenken Sie, daß sich die aufsehenerregenden Beeren nur an den weiblichen oder zwittrigen Klonen entwickeln.

Skimmien mögen fruchtbaren, sauren Boden und bevorzugen Halbschatten. Die meisten bilden eine gute, fast 90 cm hohe Bodenbedekkung, und viele breiten sich durch Wurzeltriebe aus. Es sind industriefeste Pflanzen.
Immergrüner Strauch Zonen (7b-8b)

***Skimmia japonica* 'Rubella'**

***Sorbus aucuparia* 'Beissneri'** leitet ihren Gattungsnamen von den Früchten einer anderen Art dieser Gattung ab, dem Speierling (*S. domestica*).

Dieser 7,50 m hohe Baum ist eine Sorte der Eberesche. Der Stamm und die Äste glänzen kupferfarben-rostbraun, besonders an regnerischen Tagen. Die jungen Triebe ergänzen den Stamm mit einem korallenroten Leuchten.

Sie werden nach diesem Baum suchen müssen, weil ihn nur wenige Baumschulen in ihrem Sortiment führen. Pflanzen Sie Ihr Exemplar so, daß Sie auf ihn treffen, wenn Sie um eine Ecke gehen. Denken Sie daran, die Rinde zu bürsten, um den Glanz zu verbessern.
Laubbaum Zone (2-)

Sorbus vilmorinii erinnert an den großen französischen Botaniker Maurice de Vilmorin, der den ersten Baum davon 1905 nach Kew Gardens in London schickte; er gedeiht dort bis heute. Samen davon wurden von dem Pflanzensammler und Jesuitenpater Père Delavay in China gesammelt, der sie 1889 de Vilmorin schickte.

Ich betrachte sie als eine der besten Sorbusarten für den winterlichen Garten. Ihre Beeren halten bis gut in den Dezember. Anfangs blaßrot, färben sie sich allmählich rosa und werden schließlich fast weiß. Im Juni erscheinen lokkere Büschel weißer Blüten. Der 3,50 m hohe Baum bietet viele jahreszeitlich bedingte Vorzüge und bildet mit seinem farnähnlichen Laub und dem ziemlich ausladenden Habitus einen hervorragenden Solitärbaum, wenn keine große Höhe gefragt ist.

Ich habe die Sorbus-Arten so gern, daß wir 14 verschiedene Arten und Sorten der Schwedischen Mehlbeere und der Eberesche besitzen. Sie gedeihen alle gut auf kargem, trockenem Boden und verleihen dem Garten das ganze Jahr über interessante Blickpunkte.

Laubbaum Zone 6-

Stachyurus praecox wurde 1864 aus Japan eingeführt. Sein ebenso winterharter Verwandter, *S. chinensis*, dessen Blüten dunkler gelb sind, wurde in großen Mengen in China gefunden.

Von Februar bis April sind seine nackten Zweige mit etwas besetzt, das wie hängende Schnüre aus dichten, kleinen Primelglocken aussieht. Wenn Sie einen der Zweige schütteln, werden Sie eine Überraschung erleben: Jeder hängende Trieb ist in Wirklichkeit ziemlich steif und unbeweglich.

Er ist ein schöner Strauch mit rötlichbrauner Rinde und mittelgrünen, schlanken, spitzen Blättern, die nach den Blüten erscheinen. Er wächst gut im Schatten und erreicht 3 m in Höhe und Breite. Schutz vor rauhen Ost- und Nordwinden und ein gut dränierter Boden sind notwendig.

Laubabwerfender Strauch Zonen 7b-9a

Stipa gigantea, ein Pfriemen- oder Federgras, leitet seinen Gattungsnamen vom griechischen Wort stuppe für »Werg« ab, den Fasern von Hanf oder Flachs, die zur Herstellung von Seilen verwendet werden. Dies ist ein Hinweis auf die fedrigen Blütenstände.

Seine riesigen, goldfarbenen Federbüsche bleiben bei jedem Wetter ungebeugt stehen und sehen vor einer Kulisse aus Immergrünen phantastisch aus.

Dieses Gras wirkt in großen Gruppen am besten; überlegen Sie sich die Plazierung in Ihrer Rabatte also genau – in einem kleinen Beet kann es zu stark dominieren. Aus einiger Entfernung oder mit anderen Gräsern in einer fedrigen Masse aus weichen, sich ergänzenden Schattierungen gepflanzt, ergibt sich ein schöner Anblick.

Gras Zonen 5-9

Sycopsis sinensis wurde 1901 von E.H. Wilson auf seiner ersten Expedition nach China gesammelt.

Sie ist ein kompakter Strauch oder niedriger Baum von schlichter Schönheit, nicht zuletzt wegen der im Februar und März erscheinenden Blüten und der Fähigkeit, an einer Nordmauer zu gedeihen. *Sycopsis* gehört zur Familie der Zaubernußgewächse, besitzt einen aufrechten Habitus und blüht bereitwillig. Die Büschel tiefgelber Blüten oder Quasten sind von lanzenförmigen Blättern umgeben. Die gelben Staubgefäße haben auffallende karmesinrote Spitzen.

Ihre natürlichen Standorte sind hoch in den Bergen zu finden, wo sie als niedrige Bäume wachsen.

Immergrüner Strauch Zone 7b-

***Symphoricarpos orbiculatus* 'Foliis Variegatis'** kündigt in seinem Gattungsnamen die Art und Weise an, wie er seine Früchte trägt. Symphorein ist der griechische Begriff für »zusammentragen«, carpos für »Frucht«. Zusammen erklären sie, daß seine Früchte in Büscheln angelegt sind. Der allgemein als Schneebeere bekannte Strauch wurde schon 1732 aus Amerika eingeführt.

Die Stammform war eine Lieblingspflanze von Thomas Jefferson. Er schrieb an einen seiner Freunde: »Ihre Schönheit besteht in einer großen Anzahl von Beeren, tatsächlich so weiß wie Schnee, die während des Winters an dem Strauch hängen bleiben und ihn zu einem so einzigartigen wie schönen Gebilde machen.«

Sie besitzt eine Ausgeglichenheit und Helligkeit, wie man sie bei Wintersträuchern nicht oft findet: Durch den Verlust der Blätter, die mit einem feinen weißen äußeren Band gezeichnet sind, tritt ein zartes und zierliches Geflecht von Zweigen hervor, das gut mit den gewichtigeren Immergrünen kontrastiert.

Laubabwerfender Strauch Zonen (3b-6b)

Taxus baccata, die Gemeine Eibe, trägt unverändert ihren traditionellen lateinischen Namen taxus.

Die Eibe wurde von vielen Gärtnern geschätzt. Ohne Schnitt erreicht sie eine Höhe und Breite von 4,50 m. Meiner Erfahrung nach braucht eine etwa 50 cm hohe Hecke aus diesem dunklen Baum mit grünen Nadeln 5 Jahre, um auf 1,50 m heranzuwachsen. Am besten pflanzt man Eiben im Frühjahr und wässert sie im Sommer.

Schneiden Sie die neu gepflanzten Bäume im August oder September des zweiten Jahres nach der Pflanzung. Ihre Nadeln, nicht die roten Beeren, sind für das Vieh giftig.

Immergrüner Baum Zonen 6b-7b

Sycopsis sinensis

***Tellima grandiflora* 'Rubra'** ist wegen der ausgesprochenen Purpurtönung sowohl für den »Wintergärtner« wie auch für den Floristen von besonderem Wert.

Sie ist eine dieser raren Pflanzen, die ihre Blätter das ganze Jahr über behalten. Im Sommer trägt sie Ähren von rosa gesäumten, glokkenförmigen Blüten in grünlichem Weiß. *Tellima* können Sie zu jeder Zeit zwischen Herbst und Frühjahr pflanzen und Ihren Bestand durch Teilung vorhandener Pflanzen vergrößern; sie kann außerdem aus Samen gezogen werden.

Immergrüner Bodendecker Zone (5-)

Teucrium chamaedrys ist ein immergrüner Halbstrauch aus dem Mittelmeergebiet. Er ist nach König Teucer von Troja benannt, der den medizinischen Wert der Pflanze erkannt haben soll.

Im späten Sommer trägt der Halbstrauch schmückende, hellviolett-rosafarbene Blütenähren. Es sind jedoch die glänzenden Blätter, oberseits dunkelgrün und unten silbriggrau, die ihn zu einem willkommenen, wenn auch niedrig wachsenden Bestandteil des winterlichen Gartens machen.

Diese anpassungsfähige Pflanze läßt sich gut schneiden und wächst kräftig. Sie müssen entscheiden, ob Sie *Teucrium* blühen lassen oder zurückschneiden wollen. Ich habe sie mehrfach verwendet: mit Buchs und Heiligenkraut für die Fäden meines Knotengartens, als Einfassung einer niedrigen, genau nach Norden gewandten Stützmauer und als Block aus grünen Blättern und Herbstblüten in meinem Kräutergarten, genau nach Süden gerichtet.

Immergrüner Halbstrauch Zonen 6a-8a

***Thuja plicata* 'Atrovirens'** ist eine Sorte des Riesenlebensbaumes.

Ihr Reiz liegt in ihren glänzendgrünen Nadeln und dem schnellen Wachstum. Sie kann bis 15 m hoch werden, wird jedoch gern für immergrüne Hecken verwendet.

Eine Pflanzung als Hecke im Abstand von 60 cm oder versetzt mit Zwischenräumen von etwa 1 m ergibt in kurzer Zeit eine feste, dichte Abschirmung. In einer Gruppe von Solitärbäumen sollten sie jeweils etwa 3 m Abstand haben, damit sich jeder Baum voll entwickeln kann.

Der natürliche Wuchs ist kegelförmig, deshalb sollte sie an der Basis von selbst dicht bleiben. Sie läßt sich gut schneiden, und man beginnt damit schon im ersten Sommer nach der Pflanzung.

Immergrüner Baum Zonen (4a-7b)

***Tulipa* 'Shakespeare'**

Tiarella wherryi ist eine Art aus einer Gattung, die in Nordamerika zu finden ist. Die Bezeichnung »tiarella« ist ein Hinweis auf die Art, wie ihre Früchte wachsen: in der Form einer Kopfbinde oder Tiara.

Die Tiarella-Arten mit ihren federartigen Ähren aus weißen oder rosafarbenen, sternförmigen Sommerblüten sind eng verwandt mit Heuchera. Manche Gärtner neigen dazu, die Schaumblüte (*T. cordifolia*) öfter für Bodenbedeckungen zu verwenden, weil sich die kräftiggrünen Blätter im Winter stark bronzefarben tönen. Die Vorteile von *T. wherryi* sind, daß die blasser grünen Blätter schön kastanienbraun gefleckt sind, daß sie schlanke Blütentrauben bildet und keine Ausläufer entwickelt.

Alle Tiarella-Arten wachsen im Halbschatten am besten und werden durch Teilung oder Aussaat vermehrt. Sie bilden niedrige Bestände, die im Sommer wie im Winter schöne Farben zeigen und dem Unkraut keine Chance geben. Sie brauchen einen gut dränierten, vorzugsweise humusreichen Boden.

Immergrüne Staude Zone 6

Tilia platyphyllos ist volkstümlich als Sommerlinde bekannt.

Zwei Sorten, die einen nennenswerten Beitrag zum winterlichen Garten leisten können, sind 'Rubra' und 'Aurea'. Beide haben als 9 m hohe Exemplare schön gefärbte junge Zweige und zeigen im Gegensatz zur Holländischen Linde eine wohlproportionierte Form; an den Stämmen entwickeln sich keine Seitentriebe. Ich habe sie aus eben diesem Grund für unsere verflochtene Lindenallee gewählt. Später entdeckten wir, wie farbenprächtig und aufregend die Spitzen der Bäume im Winter aussehen können, wenn sie vor dem zeitigen Frühjahr nicht geschnitten werden.

Laubbaum Zonen (3b-8a)

Trachycarpus fortunei, die Hanfpalme, ist in China beheimatet und wurde wegen ihrer Fasern viel in Japan angebaut. 1830 wurde Samen aus Japan in die Niederlande geschickt, und ein paar Jahre später wurden Exemplare auf der Insel Chusan gesammelt. Die Hanfpalmen konnten gut aus Samen gezogen werden.

Sie ist die einzige winterharte Palme und verleiht einem Garten einen exotischen, tropischen Eindruck. Man sollte sie jedoch an einen warmen, abgeschirmten Platz pflanzen, wo ihre großen, fächerförmigen Blätter vor Wind geschützt sind. Im Mai und Juni entwickeln sich an einer Pflanze reichlich männliche und weibliche Blüten, denen blauschwarze Früchte folgen.

Immergrüner Baum Zonen 8b-9a

***Tsuga canadensis* 'Pendula'** ist eine hängende Form der Kanadischen Hemlocktanne.

Mit den dunkelgrünen, unterseits weißen Nadeln, der graubraunen Rinde und den grünen und purpurfarbenen Zapfen ist sie eine der schönsten hängenden Koniferen. Sie wächst ausladend und überhängend und erreicht etwa 2 m Höhe. Einen guten Kontrast bildet sie zu den vertikalen, schlanken Formen der Wacholder und vor allem zur Struktur immergrüner Laubsträucher wie der Portugiesischen Lorbeerkirsche und *Viburnum tinus*. Außerdem mildert sie harte Ränder.

Immergrüner Baum Zonen (3a-8a)

***Tulipa* 'Rotkäppchen'** ist eine Hybride von T. greigii.

Die graugrünen Blätter der Greigii-Sorten sind elegant mit purpurbraunen und bronzefarbenen Marmorierungen und Streifen gezeichnet. Die Blüten enden stumpf und zeigen Farbschattierungen von Orange bis Scharlachrot.

'Rotkäppchen' sollte für sich gepflanzt werden, damit die Schönheit ihrer gefleckten Blätter voll zur Geltung kommt. Diese Blätter schieben sich im Februar heraus und liegen fast direkt auf dem Boden auf. An warmen Märztagen öffnen sich ihre scharlachroten Blüten, die auf 20 cm langen Stielen sitzen, und zeigen ihre schwarzen Mittelpunkte.

Zwiebel Zonen 4-7

Tulipa kaufmanniana ist in Asien heimisch, ursprünglich in Turkestan.

Im Gegensatz dazu, wie sich die meisten Leute eine Tulpe vorstellen, weist T. kaufmanniana einen kurzen Stiel auf und sitzt mit ihren dunklen Blättern niedrig am Boden. Die Blüten mit den breiten Blütenblättern öffnen sich im späten Februar: Sie ist die erste der Tulpen. Das Innere der Blüten ist cremeweiß und wird zur Basis hin gelblich. Die Außenseiten der Blütenblätter sind leuchtend rot mit gelbem Zentrum.

Sie ist schwierig zu etablieren, jedoch noch schwieriger wieder zu entfernen, denn die Zwiebeln graben sich sehr tief in den Boden.

Es gibt etliche Hybriden, die von *T. kaufmanniana* abstammen; sie besitzen meist zweifarbige Blüten. 'Shakespeare' ist rot mit Gelb.
Zwiebel Zonen 4-8

***Viburnum x bodnantense* 'Deben'** wurde vor noch nicht allzulanger Zeit herausgebracht.

Der mittelgroße bis große Strauch besitzt einen kräftigen, aufrechten Habitus und blüht, bevor er seine Blätter abwirft. Er ist eine Kreuzung von *V. farreri* mit *V. grandiflorum* und *V. farreri* 'Candidissimum'. Das Endresultat ist ein Schneeball, der weder so hager noch so empfindlich ist wie *V. grandiflorum* und daher dem winterharten *V. farreri* im Verwandtschaftsgrad viel nähersteht, jedoch reinweiße Blüten bildet. 'Dawn', sein besser bekannter Vorgänger, ist ein wüchsiger und winterharter Strauch, dessen Unmengen an frostresistenten Blüten zwischen dem späten Herbst und dem Winter erscheinen.

Diese Schneeballtypen sind alle mit einem kräftigen, honigartigen Duft ausgestattet und erfreulicherweise winterhart. Die Vorstellung, daß in jedem Garten ein Exemplar davon stehen sollte, entspricht der vieler berühmter Gärtner. Ich liebe sie und möchte sie im Winter nicht missen.
Laubabwerfender Strauch Zonen (6-8)

Viburnum farreri ist der neue Name des ehemaligen V. fragrans. Es wurde zuerst 1750 von dem Jesuitenpater Pierre d'Incarville beschrieben und war damals in Nordchina weit verbreitet.

Er ist ein üppiger, etwa 3 bis 3,50 m hoher Strauch mit rosa Knospen, die beim Öffnen weiße Blüten mit Mandelduft freisetzen. Er beginnt im November, seine »Apfelblüten« zu bilden, und fährt bis in den März damit fort, außer er wird durch einen besonders strengen Frost gehemmt. Manche bemängeln seine zögernde Fruchtbildung.
Laubabwerfender Strauch Zonen 5a-8a

Viburnum tinus, der »Laurustinus« der Gärtner, kommt rund um das Mittelmeer und in Südosteuropa wild vor. Er wird seit dem 16. Jahrhundert kultiviert und von den meisten Gärtnern geschätzt.

Seinen spitzenartigen, weißen Blüten, die vom späten Herbst bis in März aus den rosa Knospen hervorgehen, folgen blaue Beeren, die sich später schwarz färben. Zu meinem Bedauern entwickelt von allen Schneeballtypen (einschließlich der Sorten von *V. opulus*) dieser eine keinen Duft. *V. tinus* 'Gwenllian' besitzt

Viburnum opulus

Winterhärtezonen

In den Pflanzenbeschreibungen sind Winterhärtezonen ausgewiesen, die ungefähr die Minimaltemperatur anzeigen, die eine Pflanze im Winter toleriert. Jede Zone bezieht sich auf einen Bereich mittlerer Wintertemperaturen.

Den Pflanzen wurden zwei Zonen zugeordnet; die erste stellt die nördlichste, in der die Pflanze wahrscheinlich überleben kann, und die zweite ihre südlichste Grenze dar. Wo keine zweite Zone angegeben ist, fehlt die entsprechende Information.

Außerdem wurden alle Zonen in Nord und Süd unterteilt, was durch »a« und »b« gekennzeichnet ist. Dies wurde bei Pflanzen so gehandhabt, die eventuell nur in der nördlichen oder südlichen Region einer Zone winterhart sind.

Klammern wurden benutzt, wo die Zonen eher für die Art als für die Sorte zutreffen; letztere gedeihen zwar unter ähnlichen Bedingungen, können jedoch mehr oder weniger winterhart sein.

Die Winterhärte einer Pflanze kann innerhalb eines relativ kleinen Gebietes je nach Höhe, Exposition, Feuchte und Bodentyp der jeweiligen Lage unterschiedlich sein.

Die unten angeführte Tabelle definiert den Bereich der Minimaltemperaturen für jede Zone:

1 unter -45 C	6 -23 C bis -18 C
2 -45 C bis -40 C	7 -18 C bis -12 C
3 -40 C bis -34 C	8 -12 C bis - 7 C
4 -34 C bis -29 C	9 - 7 C bis - 1 C
5 -29 C bis -23 C	10 - 1 C bis - 4 C

dunklere rosa Knospen sowie blaßrosa Blüten und fruchtet bereitwillig.

Eine Hecke aus diesem Schneeball wirkt immer gut, aber der Strauch kann genausogut dazu dienen, Ecken abzurunden. Er ist starkwüchsig, wird etwa 3 m hoch und breit und kann über Stecklinge vermehrt werden. Er blüht besser, wenn die alten Zweige in gewissen Abständen zurückgeschnitten werden.

Immergrüner Strauch Zonen 8a-9a

***Vinca major* 'Elegantissima'**, auch als *V. major* 'Variegata' bekannt, ist ein Abkömmling des gewöhnlichen Immergrüns. Sein lateinischer Name erinnert uns daran, daß es traditionell für das Binden von Kränzen verwendet wurde; vincire heißt »binden«.

'Elegantissima' ist interessanter als *V. minor.* Die cremefarben umrandeten, herzförmigen Blätter sind größer und zeigen zwei Grüntönungen; außerdem bildet diese Pflanze einen größeren Bestand.

Wenngleich sie nicht generell bei den Gärtnern beliebt sind, können Vinca-Sorten eine gute Bodenbedeckung bilden. Wir schneiden unsere während des Winters stark zurück, damit sich neue Triebe und im Frühjahr Blüten entwickeln können. *V. difformis* bildet eine Ausnahme: Seine blauen, interessant geformten Blüten erscheinen im Winter; später kann es zugeschnitten werden.

Staude Zone (7b-)

***Viola labradorica* 'Purpurea'** ist einer der härtesten Bodendecker und kommt in den kalten Gegenden Grönlands und Nordamerikas vor.

Dieses Veilchen mit seinen purpurfarbenen Blättern breitet sich rasch aus und bildet Matten, die willkommene Winterfarben liefern. Im Frühjahr entwickeln sich hell purpurblaue Blüten.

Ich habe es in gelungenen Pflanzungen zum Abrunden von Kanten und zum Ausfüllen von Fugen im Pflaster gesehen. Ich setze meine in Terracotta-Töpfe an die Basis von geschnittenem buntblättrigem Buchs, um im Winter Farbe zu erzeugen. Dieses Veilchen sät sich selbst aus. Wenn es sich einmal etabliert hat, werden Sie eine Menge Pflanzen zum Verschenken haben.

Staude Zonen 4-8

Viscum album hat, wie ihr Name andeutet, klebrige weiße Beeren. Viscus ist das lateinische Wort für »klebrig« und albus für »weiß«. Die Pflanze ist als Mistel bekannt und in Europa, Nordafrika und dem nördlichen Asien heimisch.

Sie lebt parasitisch und hängt in kurzen, 30 bis 60 cm langen Büscheln an den Zweigen ihres Wirtsbaumes. Ihre dicken, biegsamen Äste und Blätter sind gelblichgrün, die einsamigen Beeren durchschimmernd. Wenngleich sie nach der Überlieferung auf Eichen wachsen soll, ist es viel wahrscheinlicher, daß man die Mistel auf alten Apfelbäumen, auf Eschen, Haselnußsträuchern und auf Ahornbäumen findet.

Wenn die Beeren von Vögeln gefressen werden, bleibt das klebrige Fleisch an ihren Schnäbeln haften. Dort, wo sie ihre Schnäbel an Baumrinden säubern, übertragen sie die Mistel. Reiben Sie also reife Samen in die Rinde des Baumes, den die Misteln besiedeln sollen.

Immergrüner Strauch

Waldsteinia ternata ist überall in Mitteleuropa und nach Osten bis Sibirien und Japan zu finden.

Diese langsam wachsende immergrüne Pflanze bildet im späten Frühling oder frühen Sommer Bündel von leuchtendgelben Blüten und ergibt im Winter eine hervorragende Bodenbedeckung. Ihre kräftigen, grünen, dreiteiligen Blätter, die große Matten bilden, sehen jenen von alpinen Erdbeerpflanzen sehr ähnlich. Die unregelmäßig gezähnten Blättchen sind eiförmig.

Die Waldsteinie ist einer dieser seltenen Bodendecker, die in Schatten und Sonne gedeihen. Im Schatten wächst sie schneller an und breitet sich rascher aus, in der Sonne blüht sie besser, vorausgesetzt, der Boden trocknet nicht aus. Einmal etabliert, können die Matten leicht geteilt werden; sie müssen aber sofort wieder eingepflanzt werden.

Staude Zone 4-

NACHWORT

Rosemary Verey bringt in diesem Buch ihre ausgeprägte Beobachtungsgabe, ihre hervorragenden Pflanzenkenntnisse und langjährigen eigenen Erfahrungen ein. Sie bietet dem Leser eine Fülle von Ideen, um den eigenen Garten auch im Winter attraktiv und interessant erscheinen zu lassen.

Wenngleich sich die Beschreibungen und Vorschläge hauptsächlich auf das milde Klima Englands beziehen, berücksichtigt die Autorin doch auch die Gegebenheiten anderer Länder und ordnet die beschriebenen Pflanzen entsprechend ihrer Winterhärte bestimmten Temepraturzonen zu. In verschiedenen Teilen Deutschlands wird man wegen des mehr kontinentalen Klimas mit strengeren Wintern leider auf einige der erwähnten Arten oder Sorten verzichten, besonders geschützte Standorte wählen oder für speziellen Winterschutz Sorge tragen müssen.

Die Blütezeiten werden sich etwas verschieben, so daß bestimmte Pflanzen bei uns eher als Frühjahrsblüher einzustufen sind. Ebenso gelten einige von Rosemary Verey als immergrüne krautige Pflanzen klassifizierte Gewächse bei uns als Stauden, deren oberirdische Teile im Winter absterben.

Trotz dieser Einschränkungen gibt das Buch dem echten Gartenfreund eine Menge wertvoller Anregungen für lohnende Experimente. Bei der Auswahl der Pflanzen sollte jedoch der Rat einheimischer Fachleute in Gärtnereien und Baumschulen nicht außer acht gelassen werden.

Susanne Amberger-Ochsenbauer

REGISTER

*Seitenzahlen mit * verweisen auf Abbildungen.*

ANERKENNUNG UND DANK

Als ich einen Einstieg in das Thema "Der Garten im Winter" suchte, kam mir die Idee, Gartenfreunde anzuschreiben und ihre Erfahrungen mit ihren Gärten im Winter abzufragen. Ihre Anworten waren für mich sehr aufschlußreich, auch weil ich in vielen Fällen meine eigenen Überlegungen darin wiederfand. Eine ganze Reihe von Anregungen meiner Freunde haben in dieses Buch Eingang gefunden. Ihnen allen bin ich sehr dankbar, vor allem Lord Aberconway, Hardy Amies, Dick Balfour, Bob Dash, Valerie Finnis, William Frederick, Ryan Geiney, Penelope Hobhouse, Hugh Johnson, Christopher Lloyd, Allen Paterson, Poppa Rakusen, Nicholas Ridley, John Sales, Marina Schinz, Reresby Sitwell, Roy Strong und James von Sweden.

Ich danke auch denen, die mich ermutigt, mit Rat und Tat unterstützt und mir ihre Gastfreundschaft gewährt haben. Ihre Besuche, Briefe und Anrufe haben mir geholfen, die vielen Schwierigkeiten beim Schreiben zu bewältigen. Besonders möchte ich Tom Woodham, Marilyn Alaimo, Michael Balston, John Cook, Dagny Holland-Martin und Peter Coats nennen.

Meine Gärtnerfreunde Beth Chatto, William Frederick, David Hicks, Christopher Lloyd, Anne Scott-James und Graham Stuart Thomas haben mir dankenswerterweise erlaubt, aus ihren Veröffentlichungen zu zitieren.

Mein Dank gilt den Verlegern ihrer Bücher und den Verlegern anderer Autoren, deren Texte ich ebenfalls zitieren durfte: Collingridge, Collins, Country Life. J. M. Dent, Harper, Michael Joseph, Alfred Knopf, Merrill, Routledge & Kegan Paul, Thames & Hudson.

Ganz besonders dankbar bin ich Tim Rock und Katherine Lambert für die vielen Stunden, in denen sie mir geholfen haben, Andrew Lawson für seine Fotos, dem ganzen Team, das letztendlich für die Herstellung dieses Buches verantwortlich war, Erica Hunningher, Anne Wilson, Anne Fraser, Gian Douglas Home und Barbara Vesey von Frances Lincoln Ltd. eingeschlossen. Paul Miles, Tim Rees and Sue Spielberg halfen mir bei den Untersuchungen. Tony Lord führte mich durch das Feld der Pflanzennamen und stand mir beim Zusammentragen des Registers zur Seite. Rick Darke und Robert Herald halfen mir, die Pflanzen nach Winterhärtezonen zu klassifizieren. John Nelly und Marco Polo Stufano beantworteten mit größter Geduld alle meine Fragen über Pflanzen der amerikanischen Ostküste.

Rosemary Verey

Der Verleger dankt der Colour Scanning Ltd., Hongkong, für die Anfertigung der Farbreproduktionen.

Wir danken außerdem für die Erlaubnis, aus den folgenden Publikationen zitieren zu dürfen:

Thomas, G.S.: Colour in the Winter Garden. Seite 56 und 91, J.M. Dent & Sons Ltd., London.

Hicks, D.: Garden Design. Seite 76, Routledge & Kegan Paul Ltd., London.

Frederick, W.: 100 Great Garden Plants. Seite 86, Alfred A. Knopf Inc., New York 1975.

Acton, H.: Villas in Tuscany. Seite 88, Thames & Hudson Ltd., London 1973.

Bruce, H.: Winterthur in Bloom,. Seite 124, Winterthur Museum & Gardens, Delaware.

BILDNACHWEIS

Alle Fotos stammen von Andrew Lawson, mit Ausnahme der nachfolgend aufgeführten.

Angel, H./Biofotos: Abb. Seite 1, 64, 132 (links), 147 (links).
A-Z Collektion: Abb. Seite 70, 133 (links), 150 (rechts), 152 (rechts), 153, 154 (links).
Bailey, J.: Abb. Seite 81.
Baistow, P.: Abb. Seite 54, 82.
Balfour, R.C.: Abb. Seite 20, 73, 103, 132 (rechts), 134 (links), 137, 139 (unten), 143, 149 (Mitte), 155.
Dann, G.: Abb. Seite 142 (links).
Fell, D.: Abb. Seite 6, 40, 60, 108, 113, 114.
Fiedling, J.: Abb. Seite 107, 154 (Mitte).
Finnis, V.: Abb. Seite 125.
Harpur, J.: Abb. Seite 80.
Heuff, M.: Abb. Seite 14, 27, 39, 52/53.
Hurst, J.: Abb. Seite 71, 72.
Jannett, N.: Abb. Seite 51, 66/67.
Lvque, G.: Abb. Seite 74, 79, 87, 105.
Lord, T.: Abb. Seite 29, 32, 78, 126 (rechts).
Mathews, S. & O.: Abb. Seite 16, 111, 142 (Mitte), 147 (Mitte), 147 (Mitte), 160.
Miles, P.: Abb. Seite 133 (rechts).
Natur Photographers Ltd. (Blackburn, F.V.): Abb. Seite 123.
Oxford Scientific Films Ltd. (Maclean, G.A.): Abb. Seite 122.
Rees, T.: Abb. Seite 121.
Robinson, R.: Abb. Seite 34.
H. Smith Horticultural Photographic Collection: Abb. Seite 139 (oben), 154 (rechts).
Stufano, M.P.: Abb. Seite 145, 151 (rechts).
Strang, J.: Abb. Seite 30.
Toler, P. (IMPACT Photos): Abb. Seite 77.
Verey, R.: Abb. Seite 89.
Warren, M.: Abb. Seite 95, 126 (links), 130, 134 (rechts), 135, 136, 140, 141, 144 (oben), 146, 148, 149 (oben), 149 (unten), 150 (links), 151 (links), 152 (links), 157 (rechts), 158, 159.